A
MENINA
DO LAGO

© 2020 por Floriano Serra
© iStock.com/stock_colors

Coordenadora editorial: Tânia Lins
Coordenador de comunicação: Marcio Lipari
Capa e projeto gráfico: Equipe Vida & Consciência
Preparação e revisão: Equipe Vida & Consciência

1ª edição — 1ª impressão
2.500 exemplares — abril 2020
Tiragem total: 2.500 exemplares

CIP-BRASIL — CATALOGAÇÃO NA PUBLICAÇÃO
(SINDICATO NACIONAL DOS EDITORES DE LIVROS, RJ)

S496m
    Serra, Floriano
    A menina do lago / Floriano Serra. - 1. ed., reimpr. - São Paulo : Vida & Consciência, 2020.
    320 p. ; 23 cm.

    ISBN 978-85-7722-658-0

    1. Romance espírita. I. Título.

20-62488
                      CDD: 808.8037
                      CDU: 82-97:133.9

Todos os direitos reservados. Nenhuma parte desta edição pode ser utilizada ou reproduzida, por qualquer forma ou meio, seja ele mecânico ou eletrônico, fotocópia, gravação etc., tampouco apropriada ou estocada em sistema de banco de dados, sem a expressa autorização da editora (Lei nº 5.988, de 14/12/1973).

Este livro adota as regras do novo acordo ortográfico (2009).

Vida & Consciência Editora e Distribuidora Ltda.
Rua das Oiticicas, 75 – Parque Jabaquara – São Paulo – SP – Brasil
CEP 04346-090
editora@vidaeconsciencia.com.br
www.vidaeconsciencia.com.br

FLORIANO SERRA

A MENINA DO LAGO

APRESENTAÇÃO

Gosto de pensar que evolução tem tudo a ver com "refinamento".

Acredito que a pessoa que segue o caminho da evolução, necessariamente refina seu caráter, seus valores, suas escolhas e decisões — se não em todas as áreas da vida, pelo menos, com certeza, na maioria delas.

Trata-se de um campo bem vasto, pois se refere à evolução cultural, social, política, econômica e, sobretudo, espiritual. Esta direciona as demais, porque é abrangente.

Gratidão, compaixão, humildade e perdão são atitudes que resultam de um cuidadoso e extenso refinamento do espírito. Aprender a olhar o semelhante com o coração ancorado pela razão é uma das primeiras etapas a se seguir para um adequado desenvolvimento espiritual.

Certamente, há um preço a se pagar na busca da evolução, qualquer que seja ela. Na maioria das vezes, será preciso abrir mão de tolos orgulhos, apegos, tolas vaidades e ambições que criam uma "zona de conforto" em torno da pessoa, levando-a a pensar só em si mesma e nas vantagens e nos ganhos que poderá obter — com ou sem ética.

É importante destacar que ninguém precisa ser estudante obsessivo, carola, beato ou monge para evoluir. O desfrute dos prazeres e das alegrias da vida não impede o crescimento, desde que esteja distanciado do que seja amoral, ilegal, desrespeitoso, agressivo e contrário à natureza divina de todo ser humano.

Sim, eu disse natureza divina, porque "Somos deuses e nos esquecemos disso", como afirmou Helena Blavatsky (1831-1891), escritora russa e grande influenciadora da teosofia moderna. A vida, em si, é um milagre, e o ser humano é a prova viva dele, mesmo que apresente algumas imperfeições. Afinal, é a imperfeição que nos dá espaço e necessidade para a evolução.

Também é importante lembrar que evolução não significa necessariamente adquirir conhecimento, cultura ou mesmo possuir grande inteligência — a menos que estejamos falando de uma inteligência espiritual, aquela que se sobrepõe à razão e à emoção para se manter transcendente. Essa é a inteligência indispensável a quem se propõe evoluir.

Pela alta dose de discernimento que possui, só a inteligência espiritual pode impedir que a emoção seja causadora de impulsos destruidores — como os gerados pelo ódio ou pela inveja — e que a razão seja construtora de armas mortais e estratégias corruptas.

A razão e a emoção, quando usadas pelo indivíduo evoluído, são fontes de milagres que podem produzir soluções e ações em favor do bem da sociedade.

O ser evoluído é sensível, emotivo e, por isso mesmo, compassivo e solidário. Para ele, todas as demais pessoas são frutos da mesma planta e devem amadurecer juntas, dividindo entre si a seiva das raízes, os caules e as folhas, como irmãos que se amam.

A evolução conjunta dos membros de uma sociedade garantiria a ela a paz.

Não são os bens materiais, nem as paixões desenfreadas — aquelas que alimentam o ódio, o desejo de vingança, o ciúme desmedido — que nutrem o ser evoluído. Seu foco está na integração e no crescimento das pessoas, dando-lhes a oportunidade de uma vida saudável e pacífica através de atitudes adequadas.

O mais interessante é que essas premissas são válidas tanto no plano terreno, quanto no espiritual.

Após o desencarne de uma pessoa, ou morte dela — como costumamos nomear —, o espírito deve seguir sua jornada no plano espiritual, onde lhe são oferecidas todas as oportunidades de obter seu refinamento, para que, depois, de acordo com o processo reencarnatório, retorne à vida terrena, com muito mais condições de estar bem consigo e com as demais pessoas.

Infelizmente, nem sempre esse processo é seguido. Em nome do livre-arbítrio, de que é possuidor, aquele caminho evolutivo é opcional para o espírito, assim como também o é para o indivíduo em vida.

Se, ao se desligar dos laços terrenos, o espírito levar consigo sentimentos exclusivamente humanos — ódio, ressentimentos, desejo de vingança, inveja — não encontrará nem buscará paz. Será um espírito perturbado, até que reconheça sua nova condição, busque e aceite o caminho da Luz.

Como lembrou Pablo Neruda (1904-1973), grande poeta chileno, Nobel de Literatura em 1971: "Você é livre para fazer suas escolhas, mas é prisioneiro das consequências".

Essa afirmativa se aplica aos dois planos da vida, o nosso e o espiritual.

Se, ao desencarnar, um espírito rebelde insistir em levar consigo suas imperfeições terrenas, permanecerá sujeito às motivações humanas, ainda que já se encontre em outra dimensão. Tomado de rancores, se afastará da luz e da possibilidade de refinamento, ou seja, da evolução.

É assim que ele se tornará obsessor e, nessa condição, fará de tudo para incomodar os encarnados, que ele supõe terem lhe causado algum prejuízo, malefício ou alguma dor durante sua passagem na Terra. E essa ação perversa causará inúmeros transtornos para quem foi escolhido para "hospedeiro".

Em consequência, pessoas que até então se mostravam criteriosas, donas de suas atitudes e de seu comportamento, de repente, passam a agir de forma estranha, desconexa e até agressiva. Esses são apenas alguns dos efeitos da influência de um espírito obsessor sobre a mente do chamado obsidiado.

Em resumo, o espírito obsessor está perturbado e, dessa forma, irá perturbar a vida daqueles que estão na sua mira, muitas vezes, sem o saberem.

Este romance trata desse fenômeno e também de vida após a morte, acompanhando os ataques de um espírito rebelde e ressentido, que, recusando o crescimento, torna-se obsessor, colocando em risco outras pessoas.

Felizmente, em paralelo, há uma forte trama amorosa e muito romântica, mostrando como a vida pode ser bela e desfrutada de forma intensa, sem que se perca a lucidez e o desejo, apesar de eventuais dificuldades e ações contrárias.

E nada mais posso dizer, sob o risco de incorrer em *spoiler*, expressão muito usada hoje em dia, quando alguma sinopse, resenha ou apresentação comete a indiscrição de revelar detalhes da trama ou, pior ainda, seu desfecho.

Espero que gostem deste meu nono romance, que, assim como os anteriores, foi escrito com muito amor, não apenas para servir de entretenimento, mas, sobretudo, para provocar reflexões — e talvez até mudanças — no caminho da saudável espiritualidade.

Com carinho,
Floriano Serra.

CAPÍTULO 1

Em uma pacata cidade do interior de São Paulo.
Manhã do verão de 1995.

Com um calor ameno e agradável, o tempo não poderia estar melhor para aquelas crianças que adoravam brincar ao sol, na relva, bem perto da margem do grande lago que ladeava a mansão onde moravam.

Era uma cena corriqueira. Como de hábito, os pais das gêmeas Aline e Alícia, de 11 anos, tinham certeza de que as filhas não corriam perigo diante da proximidade do lago. Se houvesse necessidade de ajuda, bastaria que uma delas gritasse, e eles iriam correndo até elas.

Além disso, Alícia nadava muito bem e cuidaria direitinho da irmã, que, ao contrário, nunca se interessara em aprender a nadar — e, por isso mesmo, não chegava nem perto da margem e muito menos pensaria em entrar na água, ainda que fosse apenas para molhar os pés. Mas, se algum dia, resolvesse entrar, a irmã estaria ali para ajudá-la, se fosse preciso.

Eram essas as razões que levavam os pais das garotas a considerarem que não havia nada de errado ou perigoso em permitir que elas fossem sozinhas à beira do lago, até porque era muito próximo da casa. Em poucos passos, poderiam chegar lá.

Além das gêmeas, participava das brincadeiras o amiguinho Josias, filho dos caseiros, da mesma idade que as meninas. Os três, desde que se conheceram, estavam quase sempre juntos e se entendiam muito bem.

Aquele lago fazia parte da imensa propriedade da família Amaral, medida em muitos hectares. A residência era uma verdadeira mansão de dois andares, estilo colonial, ampla e bem cuidada, com um grande jardim embelezado por coloridas e variadas flores e plantas ornamentais.

Todo esse ambiente era praticamente cercado por um extenso e verdejante bosque, à exceção da parte do lago. O cenário era o que se poderia chamar de bucólico e altamente relaxante, pela beleza, pelo canto dos pássaros e pelo som contínuo da água jorrando das várias fontes ornamentais espalhadas pelo jardim.

De dentro da mansão, pela janela do amplo quarto do casal, Dóris e Edgar, os pais das gêmeas, não podiam ver as três crianças, ainda que estivessem a poucos metros da casa, mas ouviam claramente suas espontâneas gargalhadas e seus gritinhos irreverentes, demonstrando a alegria que sentiam. E ficavam tranquilos, deitados, trocando carinhos.

Naquela manhã, por não saber nadar, Aline preferiu ficar passeando no bosque cercado por altos muros que serviam de proteção contra estranhos e preservava a privacidade dos moradores. Cantarolando tranquilamente, ela colhia algumas flores silvestres para depois presentear sua mãe, como fazia com frequência.

A irmã Alícia e o amigo Josias permaneciam à beira do lago, divertindo-se com uma pequena bola colorida, que era jogada de um para o outro.

Ao contrário de Alícia, Josias não sabia nadar muito bem. Inclusive, algumas vezes por semana, a menina, a seu modo, ensinava o garoto a nadar no trecho mais raso da grande piscina da moradia.

Aquele lago tinha uma particularidade: a uma distância de cerca de 150 metros da margem, quase no seu meio, havia um pequeno relevo de terra, uma espécie de ilhota, com alguns poucos arbustos e uma rala vegetação. Alícia gostava de treinar nadando até lá, indo e vindo várias vezes, geralmente sob os olhares de seus pais, mas também não era raro encontrá-la sozinha, fazendo esse exercício às escondidas, o que demonstrava uma excessiva autoconfiança.

O pensamento dos pais de que aquele lugar era um pedaço do paraíso, de tão belo e tranquilo, dava-lhes um sentimento de segurança, que, muitas vezes, beirava a displicência e mesmo a irresponsabilidade. Afinal, suas filhas eram apenas crianças e, a rigor, deveriam ser observadas de perto, sempre que estivessem próximas do lago. As crianças, em geral, na sua elevada energia e inventividade, às vezes, aprontam travessuras que, vistas geralmente como inofensivas, podem se tornar muito perigosas.

A bem da verdade, com frequência, Dóris e Edgar até gostavam quando as filhas saíam para brincar lá fora, sobretudo nos fins de semana: era um momento em que podiam desfrutar da companhia amorosa um do outro, sem serem observados ou interrompidos pelas gêmeas. Eles formavam um casal ainda relativamente jovem e bonito, com toda a natural fogosidade dos enamorados românticos e saudáveis.

Nesses momentos, indiferentes a tudo, as crianças tratavam de se divertir, cada uma à sua maneira.

Aline e Alícia conheciam Josias havia pouco tempo. Ele era filho único de Tobias e Juliana, os novos caseiros da mansão, recentemente contratados pelos pais das meninas. Eles tinham por volta de 45 anos de idade, e, após testes e entrevistas, foram considerados aptos e muito competentes.

Josias nascera quando eles não pensavam mais no assunto. Assim, foi uma grande surpresa para ambos quando Juliana avisou ao marido que estava grávida. A surpresa era porque vinham tentando já havia muito tempo, mas algo não estava funcionando bem no organismo da mulher ou do marido e nada acontecia. Por falta de condições financeiras, nunca haviam feito exames, para tentar descobrir a causa do problema.

De qualquer modo, apesar da complicada gestação e do parto muito difícil, a chegada de Josias encheu-os de felicidade. Ele foi recebido como um presente dos céus.

Tobias era bem moreno — assim como sua esposa —, alto, muito forte e trabalhador, e isso lhe permitia ajudar os patrões não apenas cuidando dos jardins e da piscina, mas também em várias outras tarefas, sobretudo, naquelas que demandavam agilidade e esforço físico. Não que Edgar fosse fraco, mas era um homem pouco habituado a atividades braçais.

Como diretor de banco, sua experiência consistia em negociar, planejar e elaborar relatórios financeiros sobre o negócio.

Tobias e sua família moravam numa pequena, porém, confortável, casa nos fundos da mansão. Algumas vezes, um dos dois adultos ficava por perto enquanto as crianças brincavam no bosque ou nas cercanias do lago.

Naquele dia, infelizmente, não havia nenhum adulto perto delas, e o inesperado decidiu fazer uma surpresa.

Cansada de brincar com a bola, Alícia entrou na água e, agilmente, nadou até o pedaço de terra exposto, que ficava quase no meio do lago.

Chegando à ilhota, sentou-se e, de lá, passou a desafiar Josias para ir até ela. Ele permanecia na margem, agora brincando tranquilamente com algumas pedrinhas reluzentes escondidas por entre a grama.

— Venha até aqui, Jô. É legal ver o bosque daqui. A paisagem é linda.

O garoto olhou para ela, balançou a cabeça e respondeu bem alto, quase gritando, devido à distância:

— Vou não, Alícia, ainda não sei nadar direito. Você mesma está me ensinando, mas só começamos as aulas faz pouco tempo.

— Mas aqui é perto, Jô, não custa nada tentar, não tem perigo.

O garoto resistia educadamente ao insistente convite da menina. Lembrava que seu pai sempre o orientava a tratar bem as pequenas, porque, além de serem meninas, eram filhas do patrão. Se ocorresse algum desentendimento entre eles, os pais das gêmeas poderiam ficar aborrecidos, e Tobias não queria que isso ocorresse.

— Vou não, Alícia. Me desculpe, mas é muito longe para mim.

Ela tentou convencê-lo de outra forma.

— Olha, faz de conta que aqui é a ilha do tesouro, lembra-se do filme? Venha me ajudar a encontrar o tesouro. Ficaremos ricos.

Ele riu, percebendo a lorota, e voltou a balançar a cabeça, dessa vez sem nem mesmo olhar para Alícia.

— Vou não, Alícia, é perigoso.

Mas a menina insistiu:

— Que perigoso que nada, Jô, eu sei que você consegue, tenho certeza disso. Você nada muito bem na piscina.

— Não é tão fácil assim, Alícia. Você me treina na piscina, na parte rasa, mas nesse pedaço do lago, daqui até aí, é fundo e tem muita lama embaixo, o que pode ser perigoso. Você mesma me disse isso outro dia.

— Claro que é fundo, seu bobo, mas acontece que você não vem a pé, vem nadando, certo? Logo, não precisa nem tocar o fundo, nem se preocupar com ele. É para isso que se aprende a nadar.

Josias riu de forma nervosa.

— Pois, para mim, esse é o problema. Se fosse raso e eu sentisse os pés tocando no fundo, não teria medo, me sentiria mais seguro.

Ela falou com ironia:

— Ora, menino, se fosse raso não teria graça nenhuma. O legal mesmo é enfrentar o desafio.

Ele balançou a cabeça de modo decidido:

— Não adianta me chamar, porque eu não vou, não estou preparado ainda. Já disse que é perigoso para mim — e ele tentou fazê-la sorrir.

— Você consegue ir até aí porque é campeã de natação.

Em vez de curtir o elogio do garoto, Alícia mudou o tom de voz e decidiu provocá-lo de verdade:

— Deixe de ser medroso, moleque. Venha logo.

Como ela esperava, ele reagiu sério:

— Não sou medroso, apenas tomo cuidado.

— Conversa fiada. Você é molenga mesmo e está com medo, se borrando todo nas calças — e a menina começou a rir com deboche.

"Molenga e se borrando nas calças?", era demais, pensou o menino. Ele levantou-se irritado, deixando as pedrinhas caírem no chão.

— Calma lá, Alícia, não sou molenga, nem medroso e não estou me borrando de medo. Você está me insultando.

— Ah, é mesmo? Então, venha aqui e prove isso para mim. Quero saber se tem coragem de verdade ou é mentira sua.

Josias olhou sério para sua amiguinha, olhou para a água que cobria seus pés e depois se virou. Esperava ver algum adulto por perto, os pais dela ou os dele, o que lhe daria mais confiança ou até o impediria de aceitar aquele desafio. Mas, para sua frustração, não havia ninguém à vista.

Josias sabia que não era medroso e que sua resistência era devido à consciência de não saber ainda nadar muito bem. Por isso, recusava o convite de Alícia. Mas, diante da insistência dela, que passou a chamá-lo de bobo, molenga e covarde, o orgulho do menino falou mais alto. Josias foi tomando coragem, e daí, para a imprudência, foi apenas um segundo.

— O que é que você está esperando, moleque? Venha logo.

Josias voltou a olhar para sua amiga. E, finalmente, jogou-se na água morna e escura do lago.

Lá da ilhota, ela aplaudiu com entusiasmo.

— É isso aí, garoto! É assim que se faz! Estou esperando você.

O previsível aconteceu. Logo depois de algumas poucas braçadas, sentindo que não tinha onde apoiar os pés, Josias teve medo e entrou em pânico. A ilhota parecia-lhe estar a quilômetros de distância e, no seu pavor, imaginava uma lama escura e pegajosa puxando-o para baixo.

Gritou ofegante:

— Alícia, não vou conseguir. Vou voltar.

Ela não percebeu o perigo que o amigo estava correndo.

— Que voltar que nada, moleque! Vamos, força nesses braços.

Ele sentiu o medo aumentar. Sua voz estava cada vez mais ofegante e já sentia a água atingindo seus lábios.

— Alícia, não estou conseguindo nadar, acho que vou afundar.

Nem assim, vendo o pânico na fisionomia dele, a menina teve consciência de que o amiguinho corria perigo real.

— Deixe disso, Josias, não tenha medo, use os braços como lhe ensinei. Não vai afundar, pode acreditar em mim! — mas sua vozinha agora demonstrava que ela já não tinha tanta certeza disso, apenas tentava estimular o garoto.

Desesperado, Josias agora se debatia, freneticamente, sem ritmo nas braçadas. Gritou já em total pânico:

— Alícia, socorro, me ajude, por favor. Estou afundando, Alícia. Me ajude, pelo amor de Deus!

Somente então ela percebeu que a situação estava mesmo difícil para ele e que seu amigo estava em perigo.

— Aguente firme, Josias, vou ajudá-lo — e, rapidamente, mergulhou, nadando na direção dele.

Enquanto isso ocorria no lago, Aline, alheia a tudo, estava tranquilamente passeando no bosque, colhendo flores silvestres. De repente, ouviu os apelos de Josias e veio correndo até a margem do lago, de onde vinham os gritos. Chocada, viu os dois dentro do lago e percebeu quando sua irmã abraçou o menino, tentando ajudá-lo a manter-se na superfície da água.

Com horror, notou que, no seu desespero para não afundar, Josias se agarrava a Alícia, e, então, ambos estavam em perigo. Agarrados um ao outro, ora afundavam, ora voltavam à tona, ambos com expressão de medo e pânico, tentando gritar, mas impedidos pela água que agora lhes cobria a boca.

Percebendo a gravidade daquela situação, Aline pôs-se a gritar, desesperadamente, chamando pelos seus pais.

Chorando e gritando a plenos pulmões, Aline viu quando Josias e sua irmã desapareceram da superfície do lago. Sua angústia era ainda maior porque, não sabendo nadar, nada podia fazer para ajudá-los e, assim, se sentia totalmente impotente e isso aumentava o seu desespero.

— Socorro! Pai! Mãe! Venham aqui depressa, pelo amor de Deus! Acudam!

De vez em quando, as mãos das duas crianças apareciam na superfície da água, mas logo submergiam.

Aline continuava gritando:

— Pai! Mãe! Acudam! Socorro!

Tobias e Juliana, os pais de Josias, nada ouviram porque estavam na casa dos fundos. Quem primeiro apareceu foi Dóris, seguida por Edgar. Demoraram um pouco para entender o que estava acontecendo:

— O que foi, minha filha? Por que está gritando assim? O que está acontecendo? Quem está precisando de ajuda?

Soluçando, Aline mal conseguia falar:

— Mãe, minha irmã e o Josias! Eles afundaram no lago! Ajudem, por favor, depressa, pelo amor de Deus!

Edgar entrou em desespero:

— Mas onde, minha filha? Onde eles estavam?

— Não sei direito, estavam mais ou menos por ali — e apontou com a mão trêmula para um ponto do lago.

O pai de Aline tirou apenas os sapatos e rapidamente entrou no lago, mergulhando na direção indicada pela filha. Foram segundos angustiantes. Nesse momento, Tobias, tendo ouvido gritos, apareceu correndo, seguido pela mulher.

— O que está acontecendo, patroa?

Dóris estava em total desespero e mal conseguia falar.

— Nossos filhos, Tobias. Alícia e Josias afundaram no lago. Meu Deus! Como isso foi acontecer?

Tobias pareceu não entender ou não acreditar no que ouvira.

— Meu filho, no lago? Mas ele não sabe nadar, ainda está aprendendo.

— Não sei, Tobias, mas foi o que Aline disse. Meu marido já mergulhou e está procurando por eles. Vá ajudá-lo, homem de Deus! Não fique aí parado!

Tobias também mergulhou com a roupa do corpo.

De vez em quando, os dois homens subiam à superfície para respirar e logo voltavam a mergulhar.

Juliana chorava e gritava, já com os pés dentro da água.

— Josias, meu filho, onde você está?

O repetido eco de sua voz, ao longe, dava um ar mais dramático à situação.

Dóris também não parava de chorar e gritar, acompanhada pela filha.

— Não parem, pelo amor de Deus! Achem nossos filhos!

A busca durou minutos angustiantes, que pareciam não ter fim. Os dois homens subiam e voltavam a mergulhar sem cessar, mas a lama espessa e escura os impedia de localizar as crianças.

Aline chorava desesperada, abraçada às pernas da mãe.

— Eu não sei nadar, mãe, não pude fazer nada para ajudá-los!

— Eu sei, minha filha, você não tem culpa de nada! — E, voltando-se para a outra mulher, implorava: — Juliana, peça ajuda, ligue para a polícia, os bombeiros, alguém deve vir nos ajudar. Depressa, por favor!

— Meu Deus! — e ela voltou correndo para a casa em busca do telefone.

Edgar cansou primeiro. Ofegante, saiu do lago e desabou na grama, à beira do lago, chorando e gritando muito.

— Minha filhinha, eu quero a minha filhinha!

Tobias demorou um pouco mais para sair do lago, não queria desistir. Mas sentiu que, a partir de um dado momento, sua resistência chegara ao fim e não conseguiria mais mergulhar. Saiu do lago também aos prantos, gritando:

— Meu filho! Eu quero meu filho! Josias, cadê você? — e jogou-se no chão, esmurrando a grama.

O quadro era dramático, com o desespero tomando conta daquelas pessoas. Dóris e Aline haviam se ajoelhado ao lado do corpo caído de Edgar e choravam sobre seu peito. Juliana, assim como o marido, também esmurrava o chão, transtornada:

— Deus, cadê você que não vem salvar nossos filhos? Por favor, meu Deus, nos ajude! Nós estamos implorando!

Indiferentes ao drama que ali se desenrolava à beira do lago, os pássaros nos jardins continuavam cantando, e as fontes espalhando aquele som repetitivo de água jorrando. Mas havia um silêncio sufocante no bosque e nenhum vento corria entre as árvores naquele momento. Era como se a natureza tivesse parado em respeito ao sofrimento daqueles pais.

Quando os bombeiros chegaram, já não havia mais nada a fazer. Mesmo assim, alguns homens continuaram mergulhando durante muito tempo, em várias direções, com a ajuda de botes.

Horas depois, os corpos das duas crianças foram encontrados, abraçados, a cerca de cinquenta metros do local onde haviam afundado, levados pela correnteza do lago escuro e silencioso.

As consequências desse drama foram terríveis.

Inconsolável e muito abalada, Juliana precisou ser hospitalizada imediatamente, devido ao forte estresse provocado pela tragédia, entrando e permanecendo em estado de choque por muitos dias. De lá, infelizmente, não sairia viva. Quase um mês depois, veio a falecer de infarto, em meio a uma profunda crise depressiva, durante a qual seu coração cansou de continuar batendo em vão.

Tobias, totalmente abatido com as duas tragédias em sua vida, ficou quase um mês deitado, prostrado e chorando, sem forças, nem ânimo para se levantar. Foi Dóris quem, apesar de também estar sofrendo, se encarregou de levar refeições até ele, insistindo para que se alimentasse.

Tobias, que já estava fragilizado pela perda do filho, assistiu à morte da sua mulher, e isso foi o golpe final para seu desespero. Quando conseguiu levantar-se, pediu demissão do emprego e desapareceu. Não poderia mais ficar naquele lugar.

A partir desse dia, Dóris e Edgar nunca mais souberam do seu paradeiro.

Por sua vez, durante todo esse tempo, Aline não parava de chorar e de se considerar responsável pelo que acontecera.

— A culpa foi minha! Eu não pude ajudá-los! Eu não sei nadar!

Mesmo tristes, seus pais tentavam convencê-la de que aquilo fora uma fatalidade pela qual não se podia culpar ninguém. Contudo, todas as constantes palavras de consolo soavam em vão para a menina, que não se conformava com a perda da irmã e também do amigo.

Aline só começou a apresentar alguma melhora depois de várias sessões de psicoterapia, que se prolongaram por algum tempo.

Alguns meses depois desses fatos, os pais de Aline decidiram mudar-se dali, pois não havia mais condições de continuarem em um local agora marcado pela tragédia e cheio de tristes recordações.

Com o dinheiro da venda da mansão e do amplo terreno, Edgar comprou uma fazenda numa cidade pequena e afastada, no interior paulista. O casal não queria mais ter contato social com pessoa alguma.

Da alegria de antes, só restava para o casal uma profunda tristeza e apatia pela vida.

Em companhia de Aline, eles viajaram, convencidos de que não há paraísos na Terra. Mesmo no meio do conforto e da alegria, entenderam que é preciso que todas as pessoas fiquem sempre atentas aos inevitáveis perigos da vida e que, para tentar evitá-los ou diminuí-los, aprendam a sempre fazer as escolhas mais positivas e adequadas, que a maturidade e o bom senso possibilitam.

Mesmo amando muito seus pais, Aline não se adaptou à vida na fazenda. Pacientemente, esperou o tempo passar.

No ano de 2002, quando completou 18 anos de idade, ainda que contrariando a vontade de Dóris e Edgar, Aline mudou-se para a capital, a fim de prosseguir com seus estudos e conseguir um bom emprego, para completar a mesada que passou a receber mensalmente de seu pai, que também assumiu o aluguel de um pequeno apartamento para ela. A moça sabia da responsabilidade que lhe cabia para atingir seus objetivos.

Seus pais também sabiam dos riscos e das dificuldades de viver sozinha numa grande metrópole para uma jovem na idade da filha, mas confiavam no bom senso e na responsabilidade dela, agora já adulta. Sabiam que não poderiam mantê-la por muito tempo naquele lugar isolado, com poucas oportunidades de desenvolvimento. Ela precisava alçar voo, seguir seu caminho, por mais doloroso que fosse o afastamento.

Aline tinha algumas ideias em mente, mas só o futuro lhe diria se conseguiria colocá-las em prática. Por motivos compreensíveis, uma dessas ideias incluía tornar-se uma das melhores nadadoras e, se fosse possível, transmitir essa técnica a todas as crianças que quisessem aprender. Ou seja, estudaria Educação Física, faria bacharelado e seria professora de natação de crianças e adolescentes.

CAPÍTULO 2

São Paulo, capital, 16 anos depois.
Dia 9 de dezembro de 2018, manhã de domingo.

Sem muito entusiasmo, Aline fazia compras em um supermercado, naquela bonita manhã ensolarada. Sendo um dia de domingo, ela preferia ter ficado mais tempo na cama, mas tinha algumas compras a fazer e preferiu não deixá-las para depois, decidida a não se deixar tomar pelo mau humor.

A proximidade do Natal sempre lhe causava um sentimento de melancolia, quase tristeza, que ela não compreendia exatamente o porquê. Os preparativos para a ceia com seu marido e sua filha traziam-lhe algum ânimo, mas, no fundo, tinha a sensação de que lhe faltava algo que não sabia definir.

Sem dúvida que o distanciamento dos seus pais, já passados dos 60 anos de idade e que moravam numa cidade do interior, poderia ser um dos motivos, mas essa situação já durava muitos anos, e, assim, de certa forma, ela já se habituara à ausência deles no seu cotidiano. Portanto, esse não era o motivo daquele sentimento, sempre àquela época.

A propósito, planejara visitá-los nos próximos dias na fazenda, para cumprimentá-los pela data natalina, levar-lhes presentes e verificar como estava a saúde deles. Pretendia levar a filha junto, sabendo que teria que enfrentar e contornar suas habituais objeções quando se tratava dessa visita.

Havia anos, Dóris e Edgar sofriam de uma espécie de depressão crônica. Aline sabia que havia um motivo claro para estarem naquela situação, mas não gostava de se lembrar dele. Consolava-a saber que fizera tudo o que estava ao seu alcance para ajudá-los e mantê-los, tanto quanto possível, saudáveis e perto dela, mas eles preferiram continuar no isolamento.

Assim, Aline não teve alternativa senão cuidar da própria vida, da qual, aliás, não podia se queixar.

Não eram poucas as vezes em que, nos seus momentos de reflexão, ela se recriminava. Aos 34 anos, já devia saber o que esperar da vida e desfrutar do que era possível — mas não conseguia. Algo a deixava insatisfeita, como se estivesse incompleta, principalmente no campo emocional.

Tinha o maior orgulho de Emily, sua filha única, de 11 anos. Uma garota saudável, disciplinada, estudiosa e muito bonita, como a mãe, na verdade. Ambas loiríssimas, com lindos olhos verdes e longos e lisos cabelos esvoaçantes ao menor sinal de vento. Aline considerava a filha um presente de Deus.

E, quanto ao casamento, reconhecia que Téo, atualmente, não era mais o marido com quem toda mulher sonha em se casar e por quem se apaixonara ao conhecê-lo, mas também não tinha queixas irreparáveis contra ele, uma pessoa honesta, inteligente e esforçada. Faltavam-lhe apenas mais sensibilidade e romantismo, como havia mostrado nos primeiros anos do casamento.

Na verdade, ela já devia esperar por isso. Algumas amigas da faculdade já lhe haviam prevenido de que todo casamento era assim mesmo; que o tempo trazia rotina ao relacionamento e isso fazia o romantismo esfriar ou, em certos casos, até desaparecer, muitas vezes levando o casal à separação. Isso não poderia ser considerado uma regra, mas era, segundo suas amigas, uma tendência comum, sobretudo nos dias de hoje, em que as relações parecem mais vulneráveis.

A situação de Aline era agravada pelo fato de ela ser muito sensível, sonhadora e romântica, fazendo com que essa atitude apática do marido causasse nela um estado de permanente carência afetiva.

De qualquer forma, deixando de lado a saudade dos pais e a frieza do marido no campo afetivo, Aline reconhecia que tinha tudo para sentir-se quase feliz. Morava com a família em um tranquilo e seguro condomínio, em uma confortável e ampla cobertura no bairro Jardins, zona nobre da capital, tinha o próprio carro e, na casa, trabalhava Lenice, uma excelente auxiliar doméstica. Além disso, Aline desfrutava de uma saúde de ferro e adorava seu trabalho como treinadora de natação para crianças, qualificação adquirida no bacharelado em Educação Física.

Por ironia, apesar de tudo isso, sempre ficava melancólica quando chegava o mês de dezembro, época em que a mídia começava a veicular na televisão, nos jornais e nas revistas anúncios e comerciais natalinos, e as lojas eram enfeitadas para a data. Em todos os lugares só se ouviam músicas natalinas e as vitrines ostentavam lindas figuras de Papai Noel, renas, pinheiros artesanais com os galhos salpicados com imitação de neve e bolinhas coloridas, além de outros artigos correspondentes à época.

Felizmente, ninguém percebia a melancolia de Aline, porque ela sempre se mostrava alegre, comunicativa e bem-humorada com todos. Na verdade, este era o seu jeito real e natural de ser — a melancolia era uma indesejável intrusa na sua vida, com data marcada para visitá-la.

Às vezes, nessa época, sua filha, apesar da pouca idade, abraçava-a com carinho e perguntava:

— Tudo bem, mami? Algum problema?

Aline adorava o jeito terno da filha, chamando-a de "mami", achava fofo. Nessas ocasiões, costumava se questionar: será que Emily percebia seu desconsolado estado de ânimo? Possivelmente não. Emily era também muito sensível, mas seria pouco provável que percebesse a tristeza da mãe, cuidadosamente disfarçada por belos sorrisos e carinhos constantes.

— Não há nenhum problema, filha, está tudo muito bem comigo, principalmente tendo uma filha tão maravilhosa como você — e retribuía o beijo, tratando de mudar de assunto. — E a natação, como vai?

Emily adorava esportes em geral, com destaque para a natação. Treinava duas vezes por semana com outras garotas, também alunas de sua mãe, e nadava por conta própria nos demais dias, na piscina da escola, do condomínio ou da cobertura.

Carinhosamente, sentou-se no colo da mãe.

— Quer saber, mami? Acho que não tenho mais nada que aprender. Já nado muito bem, e você, como minha treinadora, sabe que é verdade. E vou mostrar isso para todo mundo na travessia.

Ela se referia à competição aquática de fim de ano, da qual iria participar dali a poucos dias.

Quando não estava treinando, Emily adorava ficar lendo no seu quarto, cercada por todos os apetrechos, instrumentos e aparelhos eletrônicos que os jovens adoram ter e curtir. Uma vez ou outra, convidava algumas de suas amigas da escola para fazer-lhe companhia, ainda que a leitura não fosse o *hobby* da maioria delas.

Em resumo, Aline sabia que tudo estava indo muito bem. Devia era deixar de lado seus grilos e curtir a boa vida que tinha. Se não conseguisse, talvez devesse procurar um psicólogo ou psiquiatra. Quem sabe, qualquer dia desses, fizesse isso.

Como fazia todo ano, dera férias a Lenice para que ela pudesse curtir as festas natalinas com sua família e também porque Aline costumava viajar para o litoral logo após o Natal, o que já virara tradição.

Lenice acompanhava-a desde que Aline se casara, em 2006. Era uma simpática e talentosa baiana, baixinha, de corpo cheio, com cerca de 45 anos. Não apenas cozinhava muito bem, como também possuía um excelente bom gosto e grande agilidade para manter o apartamento arrumado e limpo. E, mesmo estando de férias, Aline sabia que, se precisasse, bastava chamá-la que ela interromperia seu descanso e voltaria ao trabalho — o que era facilitado pelo fato de morar perto, em uma pequena, mas confortável casa, cujo aluguel era pago pela patroa.

Lenice — na verdade, Helenice — nascera e vivera até então na cidade de Jacobina, a cerca de 350 quilômetros de Salvador, a capital da Bahia. A localidade tem perto de 90 mil habitantes e é rodeada por serras, morros, lagos, rios, fontes e cachoeiras, o que a torna excelente destino para o turismo ecológico.

Aline conhecera-a justamente durante um passeio que fizera àquela cidade, logo após seu casamento. Lenice vendia alguns quitutes em um tabuleiro, na rua, e Aline simpatizara logo com ela, pela maneira educada e prestativa com que atendia aos clientes. Aline pediu-lhe algumas informações e ficou encantada com a boa vontade com que Lenice dera orientações a ela com relação a passeios, pontos turísticos e lojas.

Naquela época, a baiana estava enfrentando sérios problemas pessoais, pois, havia meses, estava desempregada e com ordem de despejo da sua pequena casa. Alguns anos antes, seu marido a abandonara quando soubera que ela não conseguiria engravidar.

Não só por ter se condoído da situação daquela mulher, mas também porque imaginou que seria uma ajuda útil e necessária agora que tinha um enorme apartamento para administrar e também porque pretendia engravidar logo, Aline decidiu convidá-la para vir para São Paulo e trabalhar consigo. Lenice gostou tanto do convite que até chorou de felicidade na ocasião. Ao longo dos anos, a simpática mulher demonstrou sua gratidão prestando excelentes serviços a Aline, sobretudo depois que Emily nascera.

Aline estava no supermercado providenciando, com antecedência, alguns ingredientes para a ceia de Natal, dali a alguns dias. Gostava de fazer compras, tanto nos *shoppings* quanto nos supermercados. Achava aquela algazarra muito divertida, porque nunca tinha pressa, e dinheiro não lhe faltava. Além disso, principalmente no supermercado, ela sentia-se cumprindo parte do seu papel de dona de casa, além de esposa e mãe, e isso lhe trazia satisfação.

Estava entretida escolhendo frutas numa das bancas quando sua atenção foi atraída por um bonito rapaz que, ao seu lado, parecia estar com sérias dificuldades para abrir um daqueles saquinhos de plástico à disposição dos clientes para acondicionar os produtos. Sorriu ao perceber que a luta do rapaz era inglória; com as mãos grandes e dedos grossos, ele se esforçava bastante, mas inutilmente, embora não mostrasse sinais de aborrecimento ou impaciência. De certa forma, parecia até estar se divertindo com a dificuldade, como que pensando: "Eu não acredito que, mais uma vez, não estou conseguindo abrir este negócio".

Com roupas esportivas e usando tênis, ele tinha rosto jovem, muito simpático, era alto e forte, com cabelos negros bem penteados.

Sorrindo diante da cena hilária, Aline pensou em ajudá-lo naquela batalha, mas hesitou por um instante. Como será que ele reagiria a essa intromissão? Poderia se aborrecer ou até interpretá-la mal.

"Ora, vamos, Aline! É tempo de Natal, fraternidade, solidariedade. Então, por que não o ajudar?", pensou enquanto se aproximava dele.

— Posso ajudar?

Ele se voltou para ela, com expressão de surpresa.

— Oi?

Ele era incrivelmente bonito e, por alguns segundos, Aline pensou que não deveria ter tomado aquela iniciativa. O que ele poderia pensar dela? Que iria dar em cima dele? Bom, agora o "mal" estava feito e só lhe cabia continuar. Se ele fizesse ou dissesse algo inconveniente, ela saberia colocá-lo no seu devido lugar, com classe.

— Desculpe, moço, parece que você está tendo dificuldade para abrir o saquinho. Posso ajudar? Tenho muita experiência com isso. Frequento supermercados há anos e já me tornei uma *expert*.

Ele sorriu, mostrou-se agradecido, mas algo incomodado, ao passar o saquinho de plástico para as mãos dela.

— Aceito sua ajuda, moça, mas devo confessar-lhe que me sinto envergonhado, um completo incompetente. Venho tantas vezes aqui e ainda não aprendi a abrir esses complicados saquinhos. É um verdadeiro teste de paciência.

Aline sorriu compreensiva.

— Não precisa se envergonhar. No começo, eu também penei bastante — de forma ágil, ela conseguiu abrir o saquinho, devolvendo-o ao rapaz. — Viu? É simples, é só uma questão de jeito — e sorriu.

— Muito obrigado, moça, mas estou humilhado, porque nunca aprendi esse jeito de que você fala.

Ela balançou a cabeça, sorrindo.

— Desculpe, não foi minha intenção humilhá-lo. Boas compras.

— Para você também. E, mais uma vez, obrigado.

Rapidamente, Aline empurrou seu carrinho de compras e continuou sua tarefa.

Podia ser pretensão sua, mas tinha quase certeza de que, modéstia à parte, aquele rapaz continuava olhando-a se afastar.

O que era absoluta verdade. Ela tinha um corpo de parar o trânsito, quanto mais um simples e simpático frequentador de supermercado.

Algumas pessoas dizem que não existem "coincidências" ou "acasos", afirmando que tudo que nos acontece é resultado de uma "conspiração cósmica". Aline pensou justamente nisso quando entrou na fila do caixa do supermercado para pagar suas compras. Quem estava à sua frente?

Ele mesmo, o rapaz que ajudara, minutos antes, a abrir um saquinho plástico. Mas, dessa vez, ela ficou quieta. Achou que ele poderia pensar que, se voltasse a puxar conversa, ela estaria tentando seduzi-lo. Por isso, limitou-se a ficar observando a cena, sem abrir a boca.

À frente do rapaz, um senhor já idoso, com uniforme de gari, estava tendo algum problema com suas compras. Aline aproximou-se mais um pouco e percebeu que ele, ao sair de casa, se esquecera da carteira com dinheiro, e, assim, não tinha como pagar pelas compras, já amontoadas sobre o balcão.

O idoso estava desconsolado e sem jeito diante da jovem caixa, que se mostrava irredutível:

— Sinto muito, mas o senhor não pode levar as compras sem pagar.

Ele argumentava visivelmente constrangido:

— Mas, moça, são minhas compras para o Natal, e eu moro longe daqui. Não posso ir para casa, pegar o dinheiro e voltar para pagar. É muito longe. Só estou neste bairro por causa do meu trabalho.

— Eu entendo, mas não posso fazer nada, senhor. São as regras da casa. Espero que o senhor me compreenda.

Mas ele insistia:

— Veja, eu posso deixar meus documentos aqui com a senhorita e peço a um colega de trabalho para vir pagar — e tirou do bolso um surrado RG e o CPF. — Veja, se eu andar sem isso, posso até ser preso como vagabundo, por isso, pode confiar que meu colega vai pagar a conta.

A moça do caixa começou a mostrar alguma impaciência.

— Já disse, senhor, não posso fazer nada. O senhor não pode levar as compras sem pagar. Posso até perder meu emprego se deixar isso acontecer.

Foi então que o rapaz decidiu interferir:

— Um momento, por favor.

Aline ficou espantada quando percebeu que o moço à sua frente iria entrar naquela quase discussão. Ficou observando, curiosa, o que ele pretendia fazer.

A moça do caixa e o gari olharam com curiosidade para o rapaz, que continuou dirigindo-se à funcionária:

— Moça, por favor, pode deixar meu amigo aqui levar as compras. Eu pago a conta dele.

O idoso vestido de gari olhou-o entre espantado e desconfiado:

— Como assim? O que é que o senhor está dizendo?

O rapaz colocou uma das mãos no ombro do idoso.

— Desculpe, amigo, eu não o havia reconhecido. Há algum tempo, fomos colegas de trabalho, e um dia você me emprestou uma grana. Acho que este é um bom momento para devolvê-la.

O velho estava cada vez mais espantado.

— Eu lhe emprestei dinheiro?

— Na certa, você não vai se lembrar, já faz meses que isso aconteceu. Estou até envergonhado de ter levado tanto tempo para devolver-lhe o empréstimo.

O gari iniciou um protesto.

— O senhor deve estar enganado. Não nos conhecemos. E eu...

O rapaz interrompeu-o:

— Ora, deixe disso. Eu garanti que um dia iria devolver-lhe o dinheiro. Não o fiz antes porque não sabia onde encontrá-lo. Mas agora posso fazê-lo graças a esta feliz coincidência de encontrá-lo aqui.

O velho estava hesitante.

— O senhor tem certeza disso?

— Claro que tenho — E dirigiu-se à caixa. — Por favor, moça, libere as compras do meu amigo que eu já vou inserir meu cartão aqui — assim dizendo, colocou o cartão de crédito na maquininha.

O gari continuava olhando para ele ainda surpreso e, ao mesmo tempo, desconfiado de que fosse algum novo golpe ou pegadinha.

— O senhor é muito gentil, mas não posso aceitar.

O rapaz riu alto, divertido.

— Ah, agora é tarde, meu amigo, a moça já passou meu cartão. Não tem mais jeito, já estão pagas suas compras de Natal. Espero que me desculpe por só agora estar pagando minha dívida — o gari ainda ia retrucar, mas o rapaz pegou as sacolas onde estavam as compras e colocou-as nas mãos do homem, batendo no seu ombro. — Vamos fazer a fila andar antes que reclamem com a gente. E feliz Natal, amigo. Agora, deixe-me pagar minhas compras.

Devagar, o velho gari foi se afastando lentamente, carregando suas sacolas e olhando para trás de vez em quando. Na última vez, balançou a cabeça, como quem não estava acreditando no que lhe acontecera.

Finalmente, ainda sorrindo, o rapaz passou suas compras, pagou, pegou as duas sacolas e saiu.

CAPÍTULO 3

Aline apressou-se em pagar suas compras e, empurrando seu carrinho, a passos largos, seguiu o rapaz até o estacionamento.

Ela assistira a toda a cena, achara aquela uma atitude incrivelmente bonita e sentiu que tinha de falar com o rapaz sobre o que presenciara. Queria cumprimentá-lo por aquele gesto, numa época em que as pessoas pareciam tomadas pelo egoísmo e pela indiferença com as outras.

Ele caminhava com rapidez, e ela teve que apressar o passo. Quando o rapaz já estava com a mão na maçaneta da porta do carro, Aline se aproximou:

— Ei, você!

— Oi? — ele se voltou, inicialmente surpreso, mas quando viu de quem se tratava, sorriu. — Ora, vejam, a linda jovem abridora de saquinhos plásticos.

Aline chegou perto dele e sorriu também.

— É a segunda vez, hoje, que você me diz *oi*, e eu queria saber se isso é hábito antigo ou uma limitação de vocabulário?

— Ah, pode ter certeza de que é um hábito. Tenho percebido que as pessoas atualmente reagem assim quando ficam surpresas. Resultado: peguei essa mania.

Ela sorriu.

— Agora entendi.

— Bom, mas, então, eu é que queria saber agora: espero não ter me enganado, mas tive a impressão de que você se dirigiu a mim, confere?

— Não se enganou, foi mesmo. Espero que não me ache indiscreta ou intrometida, trata-se apenas de uma pequena curiosidade a seu respeito.

Ele mostrou-se surpreso.

— Curiosidade em relação a mim? — O rapaz, que já tinha aberto a porta do carro, colocou as sacolas dentro dele, voltou a fechá-la e ficou de frente para Aline.

— De jeito nenhum, pode perguntar o que quiser, numa boa.

— Você conhece mesmo aquele homem que estava à sua frente na fila do caixa, aquele com uniforme de gari?

O rapaz olhou para os lados e falou baixinho, como se fosse um segredo:

— Para falar a verdade, nunca o vi antes em toda minha vida.

Ela apertou os lábios e balançou a cabeça, triunfante.

— Eu sabia, foi justamente o que pensei. Isso quer dizer que ele não lhe emprestou dinheiro algum.

Divertido, o rapaz balançou a cabeça como se a estivesse repreendendo.

— Ah, então você ouviu nossa conversa!

Ela sorriu, meio sem graça.

— Desculpe, não quis ser indiscreta, mas vocês falavam tão alto que não pude deixar de ouvir. Eu estava logo atrás de você.

Quando ele falou, parecia estar se desculpando pelo que fizera.

— Veja, eu não tinha alternativa. O senhor esqueceu o dinheiro em casa e já estava com as compras feitas. Estamos perto do Natal, certo? Aquelas compras deviam ser para a ceia dele. Resolvi presenteá-lo.

— Presentear um desconhecido?

Ele continuava com uma expressão divertida.

— Ué, e por que não?

Aline apertou os lábios novamente e balançou a cabeça de um lado para o outro, como quem não estivesse acreditando no que ouvia. Olhou fixamente para ele.

— Escuta aqui, você faz filantropia ou gosta de bancar o bom samaritano?

Ele sorriu simpaticamente.

— Nem uma coisa, nem outra, mas admito que fiquei com dó dele. Naquela idade, nem deveria mais trabalhar como gari. Aliás, nem deveria trabalhar mais em nada, e sim estar aposentado.

— Concordo plenamente com você.

— E, além disso, o que ele tinha que pagar não era tanto assim.

— Imagino que também não era tão pouco assim.

— O presente que eu dei a ele não vai me levar à falência e ainda vou ganhar alguns pontinhos no céu.

— Certo... — Aline sorriu, olhou para o lado, como que tomando coragem para a pergunta que queria fazer. — Posso saber como você se chama?

Ele sorriu, maliciosamente.

— Só digo meu nome se você garantir que também vai me dizer o seu.

— Eu me chamo Aline — e estendeu a mão direita. Ele retribuiu.

— Muito prazer, Aline, eu sou Marcelo.

— Muito prazer. Então, Marcelo, você deve estar me achando uma intrometida, uma abusada, com vontade de me perguntar: "Mas o que é que você tem a ver com isso?" Mas acontece que...

Ele a interrompeu, balançando a cabeça.

— De jeito nenhum, Aline. Numa boa.

Ela gostou do modo como ele pronunciou seu nome pela segunda vez.

— Você há de concordar comigo que o que acaba de fazer em favor de um desconhecido não é algo que se vê a toda hora, nem a todo dia.

— O que é uma pena, mas eu acho que o que fiz...

Ela o interrompeu gentilmente:

— Por favor, não banque o modesto. Assuma que você acaba de praticar uma ação maravilhosa. Com certeza, você fez aquele homem muito feliz.

— Também fico feliz de você achar isso, mas, para mim, foi normal. Eu tinha o dinheiro, e ele, não. Simples assim.

— Simples? Nos dias de hoje? Bem, não vou discutir isso — mudou de tom. — O que você faz da vida, Marcelo? Não sei se isso é, digamos, normal, mas fiquei muito curiosa para saber mais de você, depois do que presenciei. Achei admirável seu gesto.

— Você também foi admirável quando se ofereceu para me ajudar a abrir o saquinho plástico.

— Ora, aquilo não foi nada, comparado com o que você fez. Não é comum.

— Isso não é tão comum, mas deveria ser. As pessoas deveriam se comunicar mais, como você está fazendo. Acho isso muito legal, conhecer pessoas.

— Concordo inteiramente. As pessoas hoje andam muito fechadas, parece que desconfiam de todo mundo. Mas, me fale de você.

— Bom, não há nada de extraordinário para contar. Meu pai tinha uma livraria e, logo após minha adolescência, avisou-me que deixaria para mim a loja. Então, fiz o óbvio: formei-me em Letras e me especializei em Literatura. Ainda muito jovem, assumi a livraria, mas com conhecimento de causa, ou seja, vivo no meio de livros.

— Que interessante. E isso é tão rentável assim, a ponto de você se dar ao luxo de pagar a conta de um desconhecido?

— Rentável, infelizmente, não é. Você deve saber que se lê muito pouco no Brasil. Por isso, para completar a renda, dou aulas de Literatura em algumas faculdades, no outro expediente.

— Que legal, Marcelo, muito interessante mesmo. E quem toma conta da livraria enquanto você dá aulas?

— Minha irmã Maísa. Ela é psicóloga, tem um consultório e atende durante a tarde, e assim revezamos. Ela, de manhã, e, eu, de tarde. No fundo, eu e ela somos dois espertos: aqui na livraria, só trabalhamos um turno por dia, o que é suficiente, porque a livraria tem pouco movimento — falou baixinho. — Às vezes, dá até para tirar um cochilo.

Ela riu da piada.

— Vocês dois exercem um trabalho muito interessante: uma psicóloga e um professor-livreiro. Ambos voltados para o crescimento das pessoas.

— Bom, depois dessa conversa, sinto-me autorizado a também lhe perguntar o que você faz da vida.

Ela cruzou os braços:

— Bom, sou formada em Educação Física e dou aulas de natação para crianças, em escolas, ONGs, comunidades e clubes. Ou seja, na semana, passo a maior parte do tempo dentro d'água.

Marcelo riu e vibrou.

— Muito legal! Deve ser um trabalho muito interessante e nada fácil ensinar crianças a nadar. Mas vou seguir seu roteiro de perguntas: isso é rentável?

— Minha resposta é igual à sua: infelizmente, não, até porque a maioria das minhas atividades é realizada como voluntariado. Assim como você, não é apenas o dinheiro que me move.

Ele foi à forra.

— Então, no fundo, somos iguais: você também faz filantropia ou banca a boa samaritana.

Ela sorriu ao se perceber flagrada.

— Entendi sua "vingança", mas, no meu caso, há uma boa explicação.

— E qual seria?

— Sou casada com um banqueiro, e é ele quem paga os boletos.

Marcelo se mostrou surpreso.

— Sério? Tão jovem e já é casada? Caramba, como sou desligado, nem tinha percebido sua aliança.

Ela ficou lisonjeada, mas disfarçou.

— Jovem, eu? Rapaz, já tenho uma filha de 11 anos.

Ele balançou vigorosamente a cabeça.

— Ah, não acredito, você deve estar brincando!

Ela sorriu, contente.

— É sério, fico até lisonjeada por você achar que é brincadeira.

— Olha, então, já que é verdade, vou passar a praticar natação para parecer tão jovem quanto você.

— Você está querendo ouvir um elogio, pois sabe que é jovem também.

— Caso lhe interesse saber, já fiz 34, minha amiga.

Ela abriu o rosto num belo sorriso.

— Que coincidência, eu também tenho 34! Então, somos ambos jovens! — e cada um, com a mão aberta, bateu na palma da mão do outro, como fazem os adolescentes. — E também tem filhos?

Ele ficou subitamente sério.

— Não sou casado.

Aline ficou sinceramente surpresa: um homem bonito daquele jeito, simpático, já com 34 anos e ainda solteiro?

— Ah, não? Agora, quem não acredita sou eu.

— Bem, na verdade, fui casado, agora sou viúvo. Meu casamento durou apenas seis anos. Não tivemos filhos, porque ela era atriz e viajava muito por conta do trabalho.

Aline não esperava por isso e ficou realmente perturbada com a revelação, pondo uma mão no ombro dele.

— Puxa, Marcelo, desculpe ter perguntado isso. Não quis ser indiscreta, nem lhe trazer recordações tristes.

Intimamente, ele curtiu o suave contato morno da mão dela sobre seu ombro, e não deixou de ser gentil.

— Ah, não se preocupe, já faz três anos que isso aconteceu e, depois da perda, fiz quase dois anos de psicoterapia para aguentar a barra.

— Desculpe perguntar, mas o que aconteceu com sua esposa?

— Acidente de carro, sabe como é.

— Lamento muito, Marcelo. A terapia funcionou?

— Para falar a verdade, acho que não. Bom, pode ser que o problema não tenha sido da terapia, nem do psicólogo. Na certa, eu é que devo ser um caso perdido.

— Como assim? Você me parece muito... muito... "normal".

— Posso até parecer, mas tenho muitos grilos.

— Por exemplo?

— Quer um exemplo? Eu sei que você pode até achar que é bobagem minha, mas a verdade é que não consigo tirar minha mulher da cabeça. É como se eu ainda estivesse de luto e admito que isso tem atrapalhado meus relacionamentos afetivos.

Aline não estava certa se deveria ter dito o que passou pela sua mente, mas, antes de pensar, já tinha dito.

— Bem, me desculpe dizer isso, mas ela já morreu, não é? A vida segue.

— Eu sei, você está certa. O psicólogo passou quase dois anos me dizendo isso. E minha irmã Maísa, que também é psicóloga, não para de encher meus ouvidos com essa cantilena, não me dá trégua. Mas eles precisam entender que não é tão fácil assim apagar lembranças, não é um processo lógico, palpável, que você amassa e joga fora. Pode até existir alguém que consiga, mas eu não consegui. Ainda não, pelo menos.

Aline estava desconcertada.

— Sinto muito, Marcelo, eu não queria...

Ele a interrompeu:

— Não sinta, Aline, já passou e não há como voltar no tempo. Já tive minha fase de desespero, tristeza, raiva e solidão, mas agora tenho me esforçado em viver o presente e esperar um futuro melhor.

— Que bom, já é um progresso. Afinal, como dizem, a fila anda.

— Eu sei, reconheço que não estou acompanhando a fila, mas, como disse, não é algo tão simples assim de fazer.

Ambos ficaram alguns segundos em silêncio, ela olhando para um dos lados, ele olhando para o chão.

Aline quebrou o silêncio:

— Bem, Marcelo, foi muito bom tê-lo conhecido. O papo foi muito interessante e agradável. Você é muito simpático, deve ser fácil para você fazer amigos.

— Também achei você muito simpática e divertida, Aline. Ah, eu gostaria de saber se você gosta de ler.

— Eu? Adoro. Aliás, sou um verdadeiro rato de livraria, como se diz. Não consigo passar na frente de uma sem entrar.

Ele se mostrou alegre:

— Ah, é? Então, vou espalhar um monte de pedaços de queijo por lá para ver se você aparece no meu cantinho.

Ela riu divertida.

— Nem precisa do queijo. Se descobrir onde fica sua livraria, vou aparecer.

— Então, fique com o meu cartão e dê uma passadinha lá. Só estou na parte da tarde, até as 19 horas. Vou oferecer-lhe um livro de sua escolha como presente de Natal. — Tirou do bolso um cartão e entregou-o a ela.

Ela recebeu, leu-o e o colocou na bolsa.

— Agora, sim, irei, com certeza. Até sei onde fica.

— E tem mais: se você tiver livros novos ou antigos, com a capa solta, amassada ou rasgada, pode levar. Tenho um funcionário que é mestre na restauração de livros e revistas.

Aline levou a mão à boca aberta.

— Gente, Marcelo, você caiu do céu! Minha filha também adora ler, mas não sei o que ela consegue fazer com os livros que acaba descolando a capa da maioria deles. É impressionante.

Marcelo sorriu divertido.

— Alguns jovens têm o hábito de dobrar o livro enquanto leem. Acaba nisso.

— Pois, no estado em que ficam os livros da Emily, eu acho que ela sapateia em cima deles.

Marcelo soltou uma risada tão gostosa e espontânea, que fez Aline corar involuntariamente. Tinha algo de excitante naquilo. Ela estava um pouco assustada com algumas reações estranhas e adormecidas que estava tendo, parecendo uma adolescente diante de um príncipe encantado.

— Tchau, Aline. Feliz Natal, se a gente não voltar a se ver até lá.

— Para você também, Marcelo, mas, se der, apareço na sua livraria antes do Natal, para pegar meu presente.

— Vou torcer para isso acontecer.

Ele entrou no carro, e ela voltou por onde viera, empurrando o carrinho de compras. Seu carro estava em outro piso do estacionamento, mais afastado. Que raios estava fazendo ali? O que a fez seguir o moço?

Sem saber por que, sentia a face acalorada, o que não era comum. Concluiu que, de fato, precisava urgente de uma psicoterapia.

CAPÍTULO 4

Dia 9 de dezembro, noite de domingo.

Depois do jantar, já em seu pequeno apartamento, Marcelo deitou-se para repousar um pouco. O rapaz ficou olhando o teto com as mãos cruzadas atrás da cabeça e refletiu sobre sua vida.

Quando concluíra a graduação em Letras, seu pai lhe passara o comando da livraria. Então, transformou em dormitório o pequeno escritório e depósito que ficava nos fundos da loja, ali instalando também banheiro, lavatório e uma minicozinha, só para emergências. De hábito, fazia o desjejum e as demais refeições numa excelente padaria, bem próxima à loja.

Anteriormente, morava com seus pais no bairro da Lapa e, como a livraria situava-se à Rua Augusta, próximo ao centro, a distância diária a percorrer era muito grande, mesmo de carro — que também ganhara de seu pai. Assim, morando na livraria, economizava bastante com o que gastaria com combustível e com o aluguel de alguma moradia mais próxima.

Tempos depois, com o progresso do negócio e as aulas de Literatura, que passara a ministrar em algumas faculdades, foi possível alugar um modesto apartamento que lhe proporcionasse mais conforto que o dormitório improvisado nos fundos da livraria. Fez uma reforma no salão principal e conseguiu deixar ali um espaço onde montou uma salinha, para substituir o antigo escritório nos fundos. O local ficou mais prático e funcional, permitindo-lhe acompanhar a entrada e saída dos clientes.

No geral, sentia-se bem, mas, com a proximidade do Natal, como acontecia nos anos anteriores, sentia-se triste, pois as lembranças de sua vida com Patrícia ainda eram muito fortes e recentes. Sentia que três anos eram muito pouco para esquecer algo que fora tão grande e especial.

Enquanto namoravam, ele e Patrícia chegaram a passar um Natal juntos, e seis outros, quando já estavam casados. Eles sempre comemoravam essa data fora do Brasil, o que aumentava a quantidade de recordações: em cada cidade, faziam festas e brindes diferentes, seguindo a tradição do país onde estavam.

No começo do ano seguinte ao último Natal juntos, aconteceu o acidente de carro que a levou.

Patrícia era atriz e viajava com frequência para apresentações em outras cidades — às vezes, no interior paulista, outras vezes, em diferentes estados, chegando a ausentar-se até por um ou dois meses.

Haviam se conhecido durante o ano de 2007, quando ele concluiu o curso de Letras, e ela, o de Artes Cênicas, na mesma faculdade. Por mero acaso, encontraram-se na lanchonete durante o intervalo das aulas, começaram a conversar, e ele ficou fascinado pela beleza dela, seu jeito irreverente, sua forma engraçada, graciosa e sedutora de se relacionar — e o sentimento foi recíproco. Nesse sentido, eram muito parecidos.

Em pouco tempo, apaixonaram-se, e a relação logo ficou séria — pelo menos no que se referia a Marcelo, sempre sentimental e sonhador. Dali, para o casamento, foram apenas dois anos.

Na sua forma gentil de amar, ele era inteiramente influenciado pela esposa e se esforçava para atender todas as suas vontades e seus caprichos.

Em compensação, com frequência, ela dizia-lhe que ele era o grande amor de sua vida e que a relação deles seria infinita. Ela costumava declarar-se a ele, amorosamente. Um dia, ela chegou a dizer-lhe:

— Você nunca achará uma mulher como eu e que te ame tanto. E, mesmo que eu me vá primeiro, você jamais conseguirá me substituir.

Uma semana depois, numa noite, quando ela voltava do litoral depois de uma apresentação, na companhia de um colega de trabalho, também ator, o carro em que viajavam caiu em um barranco, chocando-se contra uma enorme rocha. Nenhum dos dois sobreviveu.

Ela e Marcelo estavam completando seis anos de união.

No momento em que soube da tragédia, o rapaz sentiu o chão se abrir sob seus pés e, depois disso, achou que sua vida não tinha mais sentido. Aquelas palavras de Patrícia, uma semana antes de sua partida, não saíam de sua mente e, sem que ele percebesse, foram internalizadas e viriam a afetar seu comportamento afetivo dali por diante.

Profundamente infeliz, Marcelo caiu em uma forte depressão e foi preciso usar medicamentos psiquiátricos e fazer quase dois anos de psicoterapia, com duas sessões semanais, para tirá-lo da letargia e fazê-lo retomar o gosto pela existência — ainda que de forma cambaleante, com altos e baixos.

Deixou sua irmã Maísa cuidando da livraria com a ajuda de uma estagiária e fez algumas viagens sem destino e mergulhou em um mundo de pesquisas, leituras e experiências, muitas das quais sobre religiões e doutrinas, na tentativa de encontrar uma explicação ou justificativa para sua enorme e precoce perda.

Com o passar do tempo, à custa de muito esforço e com a ajuda de amigos e ex-colegas da faculdade, Marcelo recuperou aos poucos seu antigo jeito descontraído e alegre de se relacionar com as pessoas. Afinal, os outros não tinham culpa da sua infelicidade. Sua irmã e seus pais, com os quais conversava bastante, foram muito importantes nessa fase de recuperação.

Tomado pela dor desde a morte de Patrícia, Marcelo jamais voltou a se envolver seriamente com outras mulheres. Até porque, nas vezes em que tentou, a inevitável comparação das namoradas com a esposa não o ajudava em nada, porque as garotas sempre saíam perdendo e, assim, ele preferia continuar só.

Algumas vezes, apenas em nome do social, para manter as aparências e atender às insistências de seus pais e de sua irmã, chegou a sair mais assiduamente com algumas antigas colegas do curso de Letras, mas essas relações nunca duravam muito tempo, por mais que se esforçasse. Nenhuma delas atendia às suas expectativas, baseadas em um modelo que não mais existia. Sua irmã chamava a isso de idealização.

Até que, "por acaso", aconteceu aquele encontro com Aline, no supermercado, que causou um inesperado rebuliço no seu coração, o que havia muito tempo não acontecia consigo. Ela, de fato, e, certamente, sem o saber, deixara-o profundamente abalado.

Apesar de terem conversado por um tempo relativamente curto, Marcelo ficara positivamente impactado. Sem dúvida, Aline era, de todas, a mulher que tinha ou aparentava ter um perfil semelhante ao da sua finada esposa: alegre, espirituosa, comunicativa, inteligente e bonita.

Sem a menor sombra de dúvida, ela era uma garota muito interessante, mas que, apesar disso, não resolvia as angústias e carências do rapaz que ainda fantasiava com um improvável clone de Patrícia.

Além de Aline ser casada, Marcelo não se sentia ainda no direito de "trair" Patrícia. Adulto e inteligente, ele tinha absoluta consciência de que esse sentimento era absurdo e sem sentido, quase infantil. Inclusive, trabalhara muito isso, especificamente na psicoterapia — mas de nada adiantara. Sentia como se ainda tivesse um compromisso afetivo com a esposa, com quem fora tão feliz. Acreditava que não seria justo agora, com tão pouco tempo da partida dela, permitir-se interessar-se por outra mulher. Era como se seu coração ainda estivesse de luto e, portanto, fechado para novas possibilidades.

Sua irmã Maísa não se conformava com essa atitude. Convidara-o para conversar no consultório, no apartamento dela e até em barzinhos, mas ele se mostrava irredutível, para irritação dela.

A verdade era que, de forma inesperada e para surpresa dele, Aline abalara suas convicções. Nunca antes se sentira assim, tão dividido, entre manter-se "fiel" à memória de Patrícia ou abrir-se para uma nova oportunidade de amar.

Ele sentia que, agora, precisava decidir o que fazer. Pela primeira vez, considerou que as palavras do seu psicoterapeuta e todos os sermões de sua irmã poderiam fazer algum sentido.

Enfim, estava chegando o Natal, e ele devia se preparar para comemorá-lo com seus pais e sua irmã. No tempo em que Patrícia vivia, comemoravam o Natal apenas eles dois, mas, depois do acidente, Marcelo retomara à festividade com sua família. Era sempre muito bom, sobretudo devido ao carinho que recebia, mas que não o impedia de sentir falta da mulher que amara.

Estava tão imerso em seus pensamentos, que se assustou quando seu celular tocou. Quem poderia estar ligando àquela hora da noite?

— Alô?

Uma voz suave respondeu do outro lado da linha:

— Estou decepcionada. Esperei ouvir você dizer um *oi*, em vez do convencional *alô*.

Sem que ele esperasse, sentiu o coração bater mais forte. Perguntou surpreso, mesmo sabendo da resposta:

— Aline?

Ela também mostrou surpresa:

— Não acredito! Você reconheceu minha voz?

Ele sorriu, feliz em ouvi-la:

— Na verdade, não. Essa história do *oi* denunciou você. Mas fique sabendo que não é sempre que digo isso, só quando encontro garotas interessantes em supermercados e que me ajudam a abrir saquinhos plásticos.

Ela deu a risada gostosa que ele já conhecia e aprendera a adorar.

— Você é sempre galanteador assim, meu caro livreiro?

— De jeito nenhum, só com mulheres especiais, pode acreditar.

— Sabe o que estou percebendo? Por telefone, você é bem mais...

Ele riu de forma gaiata e completou:

— Assanhadinho?

Ela soltou mais uma risada cativante:

— Você é quem está dizendo... Eu apenas ia comentar que, por telefone, você diz muitas palavras agradáveis a uma mulher, para mim, pelo menos, e que parece não ter coragem de dizer pessoalmente.

— Vou ser sincero com você. Não sou sempre assim, como você diz, galanteador. Era e deixei de ser, devido a uma fase difícil. Mas, até para minha própria surpresa, quando estou com você, acontece comigo algo estranho, uma transformação, uma sensação que havia muito tempo não sentia.

Aline prendeu a respiração e ficou ruborizada.

— Verdade? Que sensação é essa?

— Hummm... Não sei. Só sei que me sinto muito à vontade com você, como se eu a conhecesse há muito tempo. Acho que esse seu jeito de ser, descontraído, engraçado, espontâneo, tudo isso me cativa.

Aline perguntou com voz sempre suave:

— Acho bom você tomar cuidado com as palavras que usa, moço. Você sabe o que significa *cativar*?

Marcelo fechou os olhos e respondeu devagar, como se estivesse declamando uma poesia:

— É algo quase sempre esquecido pelas pessoas. Significa criar laços.

Aline voltou a prender a respiração para que ele não percebesse que ficara ofegante pela emoção ao ouvir aquela resposta — que sabia ser do livro *O Pequeno Príncipe* — que já lera inúmeras vezes e adorava.

Marcelo ia completar:

— A bem da verdade, essa frase não é minha, é...

Ela o interrompeu e completou, emocionada:
— Eu sei, é de Antoine de Saint-Exupéry.
Ele ficou encantado com esse conhecimento dela. Provava que realmente tinha o hábito da leitura e citou logo um dos seus livros prediletos desde a adolescência.
— Viu só? É por essas e outras que você me cativa.
Aline ficou feliz de ouvir essas palavras e decidiu ser sincera, da mesma forma que ele estava sendo.
— Pois eu também vou ser sincera com você. Senti o mesmo quando conversamos no supermercado. Parecia que éramos amigos íntimos há muito tempo. Não me lembro disso ter acontecido antes comigo. E o pior é que não sei explicar o motivo. Sabe, fiquei até com receio de que você me interpretasse mal quando tomei a iniciativa de segui-lo até o estacionamento. Até agora não sei onde encontrei tanta coragem e ousadia para seguir um desconhecido.
— Você pensou que eu poderia julgá-la mal por aquilo?
— Pensei. Não tenho o hábito de puxar conversa com quem não conheço, como fiz com você. Foi loucura, falta de juízo.
— Que nada, minha amiga, ainda bem que o fez, senão não estaríamos agora conversando.
— É, mas depois fiquei preocupada com minha intromissão. O que será que ele vai pensar de mim? Que dou trela a qualquer um?
Marcelo decidiu brincar com ela.
— Pois fique sabendo que eu pensei mal de você mesmo.
Ela se assustou:
— Pensou?
— Claro! Pensei assim: "Mas que mulher interessante, bonita e divertida. Quero vê-la mais vezes!".
Aline deu uma risada mais sensual que as anteriores.
— Ainda bem que estamos conversando pelo telefone. Assim você não notará como fiquei ruborizada com seu galanteio. Não estou acostumada, faz muito tempo que ninguém contribui tanto para aumentar minha autoestima. Meu ego agradece.
A voz dele ficou rouca. Isso acontecia sempre que ele se emocionava.
— Mas essas palavras, Aline, não são galanteios, são sentimentos verdadeiros, que, aliás, também faz muito tempo que não digo à mulher alguma. Espero que você não confunda com assédio.

— Assédio? De jeito nenhum. E, além disso, o que você pensou não é "julgar mal" como você disse.

— Eu sei, estava brincando, mas também fiquei preocupado com minhas palavras. Depois que você foi embora, pensei que talvez eu tivesse exagerado, que fora inconveniente, abusado. Afinal de contas, você é uma mulher casada.

Ela perguntou brejeira:

— Ué, mulheres casadas não podem ter amigos, nem receber elogios?

Agora, foi ele quem riu.

— Depende do marido.

Aline falou com certo descaso.

— Ah, o Téo? Ele não se importa, é muito desligado. E, depois, trabalha tanto que nem tem mais tempo para observar esses pormenores. Ele nunca sabe com que roupa eu saio, nem para onde vou.

— Fico surpreso, porque, se eu fosse seu marido, pensaria de outra forma a seu respeito e a trataria de modo diferente.

Aline se sentiu algo vaidosa.

— Verdade?

— Verdade absoluta. Inclusive, não entendo como ele pode ser assim. Eu não deixaria uma mulher como você muito tempo longe de mim. A propósito, o que seu marido faz na vida?

Ela respondeu séria:

— Eu já lhe disse uma vez. Téo é diretor de um banco.

Marcelo se arriscou a brincar.

— Ah, então está explicado. Banqueiro só pensa em dinheiro, lucros, relatórios, mercado financeiro... que, aliás, detesto e não entendo.

Aline voltou a sorrir.

— Você acaba de descrever meu marido.

Ambos riram descontraidamente, mas Marcelo procurou amenizar suas palavras, para não parecer tão crítico.

— Mas isso tem um lado bom, não é? Conforto, luxo, vida boa...

Ela silenciou por um instante antes de responder.

— Nada disso que você falou compra a felicidade.

— Ué, você não me parece uma mulher infeliz.

Novamente, ela silenciou alguns segundos e bruscamente mudou de assunto. Na percepção dela, o papo estava passando de alguns limites.

— Bom, meu amigo, liguei para lhe desejar um feliz Natal e uma deliciosa ceia, provavelmente com a namorada da vez.

— Quase você acertou: a ceia, com certeza, terei e será deliciosa, mas, sinto dizer, sem a namorada.

Aline se surpreendeu.

— Como assim?

— É simples: não tenho namorada — fez uma pausa, e ela esperou. — Estou dando um tempo.

Aline ficou curiosa.

— Dando um tempo? Para quê?

— Na verdade, depois que perdi minha esposa, fiquei inseguro com as mulheres. Não estou preparado ainda para conquistar alguém.

Ela ironizou.

— Você, inseguro com as mulheres? Pois não tive essa impressão no supermercado. Conta outra.

Ele riu, meio sem graça.

— É que eu finjo muito bem. E, além disso, já disse que com você foi tudo diferente, porque você é uma pessoa diferente e me faz sentir diferente.

Aline insistia em não acreditar que um jovem bonito e educado daqueles não tivesse namorada.

— Bem, diante disso, eu nem sei o que dizer, Marcelo. Passar o Natal sozinho não deve ser muito bom. Estou falando por experiência própria.

— Ah, mas não se preocupe, estou numa boa, de verdade. Vou passar o Natal com meus pais e minha irmã.

Ela se animou um pouco.

— Então vai ser bom da mesma forma.

— Com certeza. Espero que sua ceia seja bem legal também, ao lado da Emily e do seu marido.

A voz dela pareceu conter um pouco de amargura.

— Bom, minha filha certamente estará comigo na ceia, mas não tenho certeza quanto ao meu marido.

Agora quem se surpreendeu foi ele.

— Oi?

Nova e deliciosa gargalhada dela.

— Ah, até que enfim! Já estava com saudade do seu *oi*! — ela esperou que ele também acabasse de rir. — O que eu quis dizer é que o

Téo trabalha muito, principalmente quando se aproxima o final do ano. Nessa época, pelo que aprendi, os bancos costumam preparar o balanço, e os diretores trabalham bastante. Ele já me avisou que vai trabalhar até tarde na última semana do ano e não será a primeira vez.

Novo silêncio.

— Bom, amiga, espero que, pelo menos, ele chegue antes da meia-noite.

A voz dela continuava um pouco triste quando respondeu:

— Assim também espero — novo silêncio. — Bom, Marcelo, eu queria mesmo era lhe desejar um feliz Natal, por isso, liguei.

Tinham consciência de que estavam sendo repetitivos, mas era evidente que nenhum dos dois queria desligar.

— Foi ótimo ouvi-la, Aline. Para você também um Natal com bastantes panetones, queijo e vinho.

— Ah, lá se vai minha dieta...

— Não seja modesta, você não precisa de dieta.

— Meu Deus, como você é galanteador. Por isso, ainda não acredito que não tenha namorada.

— Eu já disse a você que não falo essas frases para qualquer mulher, só para as especiais, como você.

— Está bem, Marcelo, faz de conta que acredito.

— Pois acredite — desta vez, o novo silêncio ficou embaraçoso para ambos. Nenhum deles queria tomar a iniciativa de se despedir. — Olha, que ótimo: como você ligou no meu celular, o número do seu ficou registrado.

— Então, aproveite, pode ligar quando tiver vontade.

Ele brincou.

— Então, vou ligar todo dia, várias vezes.

Mesmo não querendo admitir, ela gostou do que ouviu, mas retrucou procurando esconder o orgulho.

— Marcelo, para com isso. Com todos esses elogios, você está fazendo meu ego ficar enorme de vaidade.

— Não se preocupe. Ego inflado não engorda.

— Ainda bem. Agora, deixe-me dizer-lhe uma frase absolutamente original.

— Estou ouvindo.

A voz dela estava sussurrante:

— Feliz Natal, meu amigo.

Ele respondeu também baixinho:
— Para você também, minha amiga.
Quando desligaram, ambos ficaram olhando durante longo tempo para o celular. Em que será que pensavam?
Inquieto, Marcelo voltou a se deitar. Na verdade, sentia-se um pouco culpado diante de seu inesperado sentimento por Aline, mulher que conhecera havia pouco tempo.
"Patrícia, me perdoe, mas essa Aline é muito interessante e é do bem. Poderia tornar-se uma grande amiga minha, você não acha?", pensou o rapaz.
Ele sabia que Patrícia não poderia responder, teria que decidir sozinho, o que não seria fácil, porque, apesar de ainda se considerar "de luto", Marcelo estava fortemente impressionado com Aline. Havia muito tempo que não se interessava por mulher alguma, com essa intensidade. Saíra algumas vezes com garotas, mas sempre voltava para casa frustrado. É muito difícil competir com um bloqueio dessa natureza, ou seja, competir com um fantasma.
Ou ele as achava muito alienadas, de pouca cultura, muito inibidas, que mal falavam, ou, de modo inverso, eram exageradamente tagarelas, algumas reprimidas, outras permissivas demais. Não que buscasse a "mulher-maravilha", mas esperava um mínimo de perfil interessante, que aguçasse sua vontade de revê-las, que o estimulasse a dialogar ou a tocá-las, mas isso nunca acontecia. Concluiu que se tornara um chato.
Na época, decidiu não levar muito a sério esses encontros, nem criar expectativas relevantes. Achou melhor manter relações inconsequentes, descompromissadas e de curta duração.
Era assim que tocava sua vida afetiva, até que, "de repente, não mais que de repente" — como diria o saudoso poeta Vinicius — surgiu Aline em sua vida.
Na percepção de Marcelo, ela se diferenciava de todas as que ele conhecera. Além de outras qualidades que via nela, achava-a também muito sedutora. Seu olhar era algo que prometia intensidade, era muito convidativo — e talvez nem ela tivesse consciência disso, o que a tornava mais interessante.
Marcelo tinha vontade de revê-la e torná-la sua amiga. O fato de ser casada gerava nele certa resistência, como se estivesse fazendo algo proibido ou ilegal. Mas ele tinha consciência de que, em nenhum momento, faltara-lhe com o respeito, nem ultrapassara os limites

do galanteio elegante e bem-humorado. Em nenhum momento tentara assediá-la.

Mesmo assim, continuava com profundas dúvidas se deveria alimentar aquela amizade, até porque, mesmo como simples amiga, poderia estar "traindo" sua esposa, por mais bizarro que fosse esse sentimento.

Talvez fosse melhor afastar-se de Aline, esquecê-la. Talvez devesse continuar pensando em Patrícia, nos bons momentos vividos durante o curto período em que ficaram juntos. Talvez isso fosse mais justo e leal para com suas lembranças, para com o espírito dela, se é que isso existia.

A diferença entre as duas era que pensar em Patrícia deixava-o triste, deprimido e, inversamente, pensar em Aline enchia-lhe o coração de sentimentos embaralhados, mas todos com ingredientes positivos, como alegria, afeto, parceria, afinidade e, embora relutasse em admitir, também um quase incontrolável desejo.

Mas a maior das diferenças, e que Marcelo parecia ou não queria perceber, era que uma já morrera, e a outra estava bem viva.

Isso não era nada simples para ele, que não estava acostumado a mergulhar em grandes conflitos. Sua vida sempre fora muito certinha, desde a juventude.

Seu pai, Fausto, foi livreiro durante muito tempo, no passado. Talvez, por influência dele, Marcelo também se tornara um apaixonado pela leitura, principalmente quando ficou sabendo que herdaria a livraria. Assim, era inevitável que, ao concluir o colegial, buscasse a formação em Letras, com especialização em Literatura, o que deixou seu pai muito feliz. Sua mãe, Sofia, preferia que o filho seguisse outra carreira, mais bem remunerada, como Medicina, Direito, Engenharia, algo assim. Mas não houve jeito, a paixão de Marcelo era mesmo pelos livros.

Seus pais eram criaturas boníssimas e lhe deram uma formação moral sólida, o que o moldou com um forte caráter e senso de ética e justiça.

Alto, bonito, culto e gentil, não permitiu que essas caracterísiticas o tornassem mulherengo. Respeitava as mulheres e gostava de tê-las como amigas. O que aconteceu com Aline fora uma exceção, que nem mesmo ele sabia explicar, mas não poderia deixar de considerar que tivera muita sorte nesse feliz acaso de estarem no mesmo supermercado, na mesma hora.

Mal teve esse pensamento, veio-lhe à mente uma frase de Richard Bach, escritor norte-americano, autor de *Fernão Capelo Gaivota* e *Longe é um lugar que não existe*: "Nada acontece por acaso. Não existe a sorte. Há um significado por detrás de cada pequeno ato. Talvez não possa ser visto com clareza imediatamente, mas sê-lo-á antes que se passe muito tempo".

CAPÍTULO 5

Por sua vez, Aline também não conseguia parar de pensar em Marcelo: "Mas que raios está acontecendo comigo? Mal acabei de conhecer o sujeito, e já estou me comportando como uma adolescente inexperiente e precipitada, isso não faz o menor sentido! Onde estou com a cabeça?".

Uma mulher de 34 anos, casada há tanto tempo, saudável, mãe de uma linda pré-adolescente, profissional responsável e competente, uma bela cobertura no Jardins, ampla e funcional. Além das confortáveis instalações, havia uma espaçosa piscina no andar de cima, incluindo a tradicional churrasqueira e um *deck* para desfrutar do sol em cadeiras apropriadas, quando havia sol.

O que mais poderia desejar da vida? Qual era o problema de Aline, que a deixava tão inquieta e vulnerável?

A infidelidade nunca lhe passara pela cabeça. Por mais que Téo não preenchesse suas aspirações e seus desejos de mulher, traí-lo era uma opção que nunca esteve em seus planos. Quem sabe, um dia, poderiam discutir a relação e consertar tudo, revivendo os primeiros anos de casados?

Via Marcelo como um amigo confiável, gentil e agradável para conversar. Ele era divertido e galanteador, mas em nenhum momento lhe faltara com o respeito — e, na verdade, aqueles galanteios eram bons para sua autoestima, já que seu marido, havia anos, esquecera-se de ser romântico com ela. Em consequência, ela sentia falta de sentir-se mulher, o que Marcelo aparentemente lhe proporcionava facilmente.

Analisando friamente sua situação conjugal, era forçoso admitir que não estava tão bem assim no campo afetivo. Téo não era mais o marido atencioso, companheiro e amoroso dos primeiros meses de casados.

Aquele período inicial fora muito bom, mas, logo em seguida, Aline engravidou. Após o nascimento de Emily, e nos seus primeiros anos de vida, com as inevitáveis noites mal dormidas, crises de choro, cuidados com a saúde e as demais tarefas naturais exigidas dos pais, Téo começou a impacientar-se, alegando estresse e cansaço e que, para o seu trabalho no banco, precisava estar em boa forma e descansado.

Desde então, passou por uma brusca e indesejável transformação e se tornou apático, distante e nada carinhoso, pelo contrário, muitas vezes verbalmente agressivo com ela. Passou a focar sua vida e atenção exclusivamente na profissão.

E depois que fora promovido a diretor, virou um autêntico *workaholic*, um viciado em trabalho, e aí o clima entre o casal piorou de vez. Ele só tinha tempo para aquilo que dissesse respeito ao seu trabalho.

Nem para a filha ele dava atenção, mesmo quando ela atingiu idade para perceber isso. Ainda que a menina não reclamasse, Aline percebia suas reações, seus olhares tristes, quando o pai estava próximo e a ignorava.

Por outro lado, fazia muito tempo que o casal não mais saía para jantar fora, dançar ou mesmo assistir a um filme ou ir ao teatro. Quase todo dia, Téo chegava tarde e, logo depois do banho, caía na cama, para dormir logo em seguida. Só restava a Aline esperar o sono chegar lendo ou assistindo a um filme na televisão, algumas vezes na companhia da filha.

Numa noite dessas, Aline chegou a pensar em convidar o marido para saírem, com a finalidade de discutir a relação. Queria questioná-lo: ele não a amava mais? Ou aquele descaso era apenas preocupação com o trabalho, como alegava, quando ela cobrava mais atenção? Por confiar nele, Aline afastava inteiramente a hipótese de que seu marido tivesse uma amante, o que, se fosse o caso, seria uma explicação para o comportamento dele, mas ela não o achava capaz disso. Ele respondera que não havia nada a ser discutido, que o casamento deles estava indo muito bem.

Ela lembrava, com nostalgia, que, no começo da união, depois que a filha já estava dormindo, costumavam abrir um bom vinho e ficavam conversando até altas horas da madrugada ou ouvindo música romântica e, às vezes, até dançando na sala. Falavam da vida em geral, das mudanças políticas, econômicas e sociais pelas quais o Brasil vinha passando e, sobretudo, riam muito.

Com entusiasmo, ela falava do seu trabalho com as crianças e comentava com orgulho o desempenho escolar de Emily; ele, por sua vez, contava algum acontecimento pitoresco ocorrido no trabalho — e continuavam a rir com vontade até altas horas da noite.

Infelizmente, isso pertencia ao passado, pois havia anos que não mais acontecia. Pelo contrário, agora se destacavam o silêncio, as ausências, o descaso e a absoluta falta de carinho e atenção. A verdade era que, do ponto de vista afetivo e emocional, Aline vinha se sentindo muito só e carente — inclusive na esfera sexual.

Enfim, não era uma situação fácil para a sensível e romântica Aline, mas não explicava, nem justificava, porque ela ficara tão positivamente impressionada com o livreiro Marcelo em tão pouco tempo.

O fato era que ela era uma mulher casada e ponto final.

Com certeza, aquilo passaria logo, era apenas resultado do fato de terem tido uma conversa agradável e alegre, em um momento em que estava emocionalmente fragilizada, só isso.

Simples assim.

Não, não era tão simples assim, pois o seu racional não conseguia vencer o emocional e logo vinha à sua mente a imagem do belo sorriso de Marcelo.

De forma contraditória, Aline não parava também de se punir: "Deus, mas por que tive a infeliz ousadia de puxar conversa com um desconhecido, apenas por causa de um saquinho de plástico num supermercado qualquer? De onde tirei aquela coragem? O que me deu na cabeça?".

O que a surpreendia era o fato de que nunca fizera isso antes. Era uma mulher comunicativa, mas isso só valia para os amigos, parentes e alunos, incluindo os pais. Não deveria jamais acontecer com estranhos. Aquilo fora um impulso estranho e absolutamente inexplicável.

No meio dos seus pensamentos confusos, ela buscava uma explicação lógica. Ao ver o rapaz tendo dificuldade para abrir o saquinho, com uma expressão calma, mas desconsolada, ela sentira uma súbita ternura por ele, tão desprotegido lhe pareceu. Ora, por que isso? Muitas outras pessoas têm a mesma dificuldade com aquelas embalagens.

Logo, aquela cena não era nada tão incrível assim, a ponto de despertar sua atenção.

Ainda bem que o rapaz fora receptivo e simpático, mas poderia tê-la interpretado mal e se insinuado, o que teria criado uma situação constrangedora. Felizmente, ele não fez nada disso, mostrando-se agradecido e gentil.

A questão era que tudo poderia ter terminado ali, não havia nenhuma razão para que tivesse continuidade. Mas teve.

Foi logo depois que presenciou o episódio na saída, quando o viu pagar as compras de um desconhecido, apenas por compaixão. Ela concluiu, naquele instante, que, definitivamente, Marcelo não era uma pessoa comum e que precisava saber mais sobre ele. Por que essa curiosidade tola?

E para complicar, o papo que se seguiu, já no estacionamento, foi algo muito perturbador pela simpatia, espirituosidade e bom humor dele.

No íntimo, ela tentava reprimir aqueles pensamentos e sentimentos.

"Ok, Aline, Marcelo é um cara legal, como devem existir tantos outros. Então, por que esta insistência em ficar pensando nele? É melhor tomar juízo, jovem senhora casada"!

Mas quem entende as coisas do coração? Por tudo isso, com todo esse emaranhado de pensamentos e sentimentos incompreensíveis e contraditórios, Aline não resistiu à tentação de ligar para ele, a pretexto de desejar-lhe feliz Natal — sem se lembrar que já tinha feito isso pessoalmente. Ou será que lembrava?

Ela estava consciente de que era realmente um mero pretexto. Ainda que não quisesse admitir, ela queria mesmo era ouvir a voz do rapaz, conversar com ele. Algum raciocínio do tipo: "eu não devia fazer, mas eu quero fazer!", o que, convenhamos, não era exatamente o que se poderia chamar de atitude razoável para uma mulher casada de 34 anos de idade e já com uma filha de 11.

Por mais que pensasse, ela não compreendia porque ficava completamente à vontade para conversar com Marcelo, espontaneamente, como velhos amigos, sem ter que escolher palavras para impressionar, agradar ou não magoar. Ela percebeu que, com Marcelo, podia se dar ao luxo de ser ela mesma, de agir e se comportar de acordo com seu verdadeiro jeito de ser. Mesmo com Téo, de uns anos para cá, tinha que pensar com cuidado antes de lhe dirigir a palavra, pois era grande o risco de, sem querer, provocar uma nova discussão, que ele sempre encerrava de forma áspera ou batendo portas.

Havia outro fator que Aline considerava de maior importância: era o fato de Marcelo ter lhe inspirado imediata confiança, o que parecia inacreditável. Como era possível confiar em um estranho, com quem conversara por menos de uma hora ou, talvez, só um pouquinho mais?

O papo pelo telefone também fora incrível, reforçou tudo o que de bom ela sentira por ele, ao vivo.

"Gente, que estranho! Estou assim tão fragilizada diante do sentimento de solidão e carência afetiva, que me tornei presa fácil para um galanteador desconhecido? Isso é um absurdo"!

Concluiu que precisava readquirir maior controle de si mesma. Se continuasse insistindo em procurá-lo, Marcelo poderia até pensar que ela queria tornar-se amiga íntima dele — ou algo mais.

Ao ter esse pensamento, sentiu o coração pulsar mais forte: "Deus, então seria essa a explicação? Será que, sem consciência, estou querendo isso mesmo"?

Definitivamente, precisava parar com aquilo. Sua feroz luta interna entre atender aos seus valores morais ou ceder aos impulsos da fantasia provocava-lhe um considerável desgaste emocional.

Então, tomou uma decisão: ligou seu celular e apagou o número de Marcelo. Assim, não seria tentada a ligar para ele, como fizera, com o pretexto de desejar-lhe feliz Natal. Sim, era uma amizade, mas algo no seu íntimo dizia que fagulhas podiam se transformar em chamas, se alimentadas. Portanto, antes que algum sopro inesperado criasse fogo, deletou o número dele. Pronto, estava feito.

E se ele ligasse? Bom, aí a culpa não seria dela. Certo, mas como ela reagiria?

Aline não encontrou resposta.

CAPÍTULO 6

Dia 11 de dezembro, início da tarde de terça-feira.

Marcelo estava arrumando os livros na prateleira pela terceira vez desde que chegara da faculdade, onde ministrara mais uma aula de Literatura. Na verdade, não havia nenhuma boa razão para essa tarefa, pois, como sempre, os volumes estavam rigorosamente enfileirados, em ordem alfabética por autor, em diferentes prateleiras classificadas por assunto.

De fato, estava nervoso e queria preencher seu tempo para distrair o pensamento.

Adorava seu trabalho de livreiro e a própria livraria. Via os livros como amigos valiosos, por isso cuidava tanto deles, com carinho e respeito. A livraria pertencera ao seu pai, que, depois de aposentado, passou-a para o filho, então com 24 anos.

Marcelo foi até sua salinha particular, a um canto do salão, depois das estantes, e sentou-se um pouco na poltrona de sua mesa de trabalho. Era ali que atendia autores, editoras, fornecedores e alguns clientes. Tudo muito simples: uma pequena mesa, com duas cadeiras à frente, diante da sua. Ao lado, havia uma pequena estante com material de escritório. Seu *notebook* ficava sobre a mesa. A divisória da frente da sala e do seu lado esquerdo era feita metade de madeira fina na parte inferior, e metade de vidro, na parte superior, dando-lhe ampla visão para a entrada da loja. Assim, de lá de dentro, podia observar a chegada de algum cliente e sair para atendê-lo.

A divisória da direita separava-o do que ele chamava de "oficina", local de trabalho do Tobias, o velho restaurador de livros.

Sentou-se, folheou sem muito interesse algumas notas fiscais, conferiu alguns pedidos, navegou um pouco na internet para tomar conhecimento das novidades do país, mas logo se levantou, impaciente.

Foi até a sala ao lado beber um pouco de água. Ali havia papéis e papelões, de várias cores, tesouras, régua, grampeadores, vários tipos de cola, agulhas de costura e outros materiais desse tipo.

Como de costume, seu velho amigo e colaborador estava restaurando a capa de um volume, que, pela aparência e cor das páginas, devia ser bem antigo e estava bem maltratado.

Homem observador, Tobias percebeu a agitação do chefe.

— Está tudo bem com o senhor, patrão?

Marcelo se surpreendeu com a pergunta:

— Claro, Tobias, está tudo bem comigo. Não parece?

Antes de responder, Tobias olhou para o livro em suas mãos e tornou a olhar para o chefe.

— Bem, para falar a verdade, o senhor parece nervoso, ansioso, não sei identificar, mas não deve estar nos seus melhores dias.

Marcelo tratou de disfarçar:

— Não é nada, amigo, apenas estou um pouco cansado, só isso.

Marcelo sabia que o velho restaurador de livros estava certo e não se surpreendeu com o grau de percepção dele. Não era para menos: estavam juntos havia cerca de dez anos, já se conheciam muito bem.

Numa tarde de 2008, Tobias aparecera em sua livraria e ficara folheando alguns livros ilustrados com belas fotografias sobre jardinagem. Marcelo calculara que ele deveria ter por volta de 60 anos de idade, talvez um pouco menos.

Aproximou-se dele:

— Gosta de jardinagem, amigo?

Tobias respondera à pergunta com um sorriso triste.

— Fui jardineiro durante muitos anos, meu jovem.

O livreiro ficara agradavelmente surpreso.

— Mas que legal, vejo que está matando a saudade dos jardins, acertei?

— Em cheio. Durante algum tempo, vivi entre as flores.

— Pois fique à vontade para apreciar este e qualquer outro livro que o interesse. Atualmente, o que o amigo faz?

Tobias fechou o livro e sorriu.
— Agora passo os dias procurando emprego.
Marcelo se surpreendeu com aquela resposta.
— Mas o senhor não devia já estar aposentado?
O homem balançou a cabeça:
— Devia, sim, mas fui tolo: quando mais jovem, preferia trabalhar como prestador de serviços em vez de funcionário com carteira assinada só para não pagar impostos. Daí, quando tentei me aposentar, não tive como comprovar o tempo de serviço, e agora é tarde.
Marcelo ficou penalizado de ver o velho naquela situação.
— Permita-me perguntar-lhe, amigo: além de cuidar de jardins, o que mais o senhor sabe fazer?
Carinhosamente, o velho passou uma das mãos calejadas e enrugadas sobre alguns livros à sua frente.
— Sei cuidar de livros, tratar deles.
Marcelo não entendeu.
— Como assim?
— Depois que deixei a jardinagem por motivos alheios à minha vontade, trabalhei muitos anos na biblioteca pública da cidade do interior onde morava e para onde voltei depois que saí do emprego.
— E o que o senhor fazia nessa biblioteca?
— Como tinha pouca instrução, pois só havia feito o primário, no começo cuidava de serviços gerais, como faxina e limpeza, fazia entregas, tirava a poeira dos livros, arrumava-os nas prateleiras. Então, um dia, minha chefe, dona Euzébia, me incentivou a voltar a estudar numa escola pública e foi assim que fiz o ginásio. E a partir daí, depois, ela mesma me ensinou a restaurar livros velhos ou maltratados, principalmente as capas e páginas soltas ou rasgadas.
Marcelo ficou contente.
— Não me diga! Então, o senhor é um restaurador de livros?
Com um sorriso de falsa modéstia, ele respondeu:
— Olhe, não é que eu queira me gabar, mas isso eu sei fazer muito bem, se tiver uma boa cola e tesoura à disposição.
O livreiro pensou rápido.
— Como você se chama, meu amigo?
— Tobias.
— Tobias, eu sou Marcelo, o dono desta livraria — e estendeu a mão para cumprimentar o senhor, no que foi correspondido. — Tobias,

o senhor aceitaria trabalhar aqui na minha livraria durante três meses, como experiência remunerada?

Os olhos do bom velho brilharam.

— Se o senhor me aceitar, eu também aceito. E desde que o senhor pare de me chamar de *senhor* — e ambos sorriram.

E foi assim que começou a amizade entre os dois homens. No início, o pai de Marcelo relutara um pouco em contratar um funcionário para não aumentar as despesas, mas depois se convenceu de que a restauração de livros poderia ser um serviço oferecido aos clientes, como algo diferenciado das concorrentes.

Diante da competência, pontualidade e educação de Tobias, aqueles três meses de experiência logo se transformaram em contratação efetiva, com carteira assinada, os benefícios de praxe e algo mais.

Uma semana depois da contratação efetiva, Marcelo chamou o restaurador na sua salinha:

— Tobias, vamos conversar um pouco. Por favor, sente-se — timidamente, o restaurador acomodou-se na cadeira à frente da mesa do chefe. — Agora que somos colegas de trabalho, posso lhe fazer uma pergunta?

— Até duas, patrão.

— Onde você mora?

— É bem longe daqui. Cheguei à sua livraria por acaso, batendo perna. Já estava caminhando havia quase duas horas.

— Puxa vida, amigo! Mas me diga uma coisa: imagino que você pague aluguel em algum lugar.

— Estou numa pensão já há algum tempo e todo mês tenho que penar para não atrasar o aluguel. Um bico aqui, outro ali e vou levando.

— Bom, não se ofenda com o que vou lhe propor. E, sendo uma proposta, você tem todo o direito de aceitar ou recusar, numa boa.

— Fique à vontade, patrão.

— Você sabe que temos lá no fundo um espaço que é meu escritório, o estoque da livraria e, principalmente, meu dormitório, com banheiro e até cozinha, tudo com pequenas dimensões, mas quebra um galhão.

O velho surpreendeu-se:

— O senhor dorme aqui?

— Sim, meu caro. E olhe: economizo muito dinheiro e ganho muito tempo. Depois, fiz esta salinha e, com a melhoria do negócio, graças a

Deus, agora tenho condições de alugar um pequeno apartamento que seja perto daqui. Só o estoque deve continuar lá nos fundos.

— Acho que o senhor fez muito bem.

— Já tenho um apartamento em vista e devo me mudar o quanto antes. Então, Tobias, o que eu quero lhe propor é o seguinte: depois que eu me mudar, por que você não dorme aqui, lá nos fundos, como eu faço todos esses anos? Está limpo, bem conservado e arrumado, eu acho um lugar decente e confortável. E, para as refeições, temos aqui pertinho uma ótima e barata padaria, a menos que você queira preparar sua própria comida, pois ainda temos uma minicozinha lá no quarto.

— Mas assim eu vou desalojar o senhor.

— De jeito nenhum. Eu já tinha decidido me mudar, mesmo antes de você aparecer aqui.

Tobias hesitou para fazer a pergunta:

— E quanto eu pagaria de aluguel?

— Quanto pagaria? Nada, meu velho, absolutamente nada. A ideia é que você tenha as mesmas vantagens que eu tive: economizar dinheiro e ganhar tempo. Não vai precisar mais de ônibus, nem de metrô. Será só tomar café, atravessar o jardim e já estará no local de trabalho.

— Deixe ver se entendi, patrão: eu moraria de graça?

— Essa é a ideia, seria uma espécie de benefício. Só precisa dar uma ajeitada lá para o lugar ficar melhor.

O rosto do restaurador abriu-se num largo sorriso.

— Mas isso é bom demais, patrão! Com sua permissão, vou usar meus conhecimentos de marcenaria e pintura e dar uma mexida lá.

— É isso aí. Faça o que for melhor para você se sentir bem.

Quando Tobias já ia saindo da salinha, parou na porta, voltou-se e disse emocionado:

— O senhor é gente do bem, patrão. Deus lhe pague.

Desde então, Tobias estava com Marcelo já havia anos.

Ao longo desse tempo, habituaram-se a conversar, quando não havia trabalho, nem clientes a atender.

Numa dessas conversas, Marcelo ficou sabendo que Tobias tivera uma esposa, Juliana, que morrera de causa nunca revelada pelo amigo. Da mesma forma, ficara sabendo que o casal havia tido um filho, Josias, que também morrera quando ainda adolescente — mas também não soube dos detalhes e nem se sentiu à vontade para perguntar, pois achou que, além de parecer uma curiosidade invasiva, poderia reacender lembranças devastadoras no velho.

Na maior parte do tempo, Tobias mantinha-se calado, em sua "oficina", mas não parava de trabalhar. Quando Marcelo precisava sair na parte da tarde, o velho o substituía no atendimento aos clientes. E saía-se muito bem nessa tarefa, devido à sua experiência na biblioteca da cidade onde morara, depois que deixara a mansão do lago.

Na parte da manhã, quem atendia os clientes era Maísa, a irmã de Marcelo. Ela chegava cedo e só saía quando o irmão voltava das aulas.

Naquele momento, a percepção do seu funcionário era correta. Marcelo estava um tanto nervoso porque precisava ver Aline de novo ou, pelo menos, ouvir sua voz e aquele riso espontâneo e cativante.

Tinha o número do celular dela, mas receava ser inoportuno. E se ligasse e o marido dela estivesse por perto, causando algum desconforto entre eles? Essa dúvida deixava-o tenso e nervoso.

Ao mesmo tempo, contra-argumentava consigo: "mas se ela não pudesse atender, fingiria que fora uma ligação errada e desligaria". Simples assim. E ele voltava a se recriminar: "talvez ela achasse invasiva aquela ligação. Droga, que fazer?".

Marcelo lembrou-se de que Aline lhe prometera ir à livraria levar uns livros que estavam com as capas danificadas. Poderia fazer uma ligação profissional, nada demais. Algo do tipo: "a senhora não teria algum livro que esteja precisando de restauração"?

Pronto, estava resolvido o problema — e isso era tudo o que ele queria dizer a si mesmo. Portanto, encheu-se de coragem e ligou.

Quando ela atendeu com o tradicional *alô*, ele falou para brincar:

— Oi?

A reação dela foi espantosamente alegre e espontânea, quase um grito:

— Marcelo, é você!

Ele respirou aliviado, pois pela reação, pelo visto, ela poderia conversar.

— Puxa, reconheceu minha voz?

— Claro que não. Reconheci o *oi*, sua marca registrada. Que bom ouvi-lo, senhor Oi!

— Você pode falar agora?

— Posso, estou no intervalo entre duas turmas. Tenho algum tempo antes de começar a próxima aula.

— Então não estou atrapalhando seu trabalho?

— Fique tranquilo. Estou adorando que você tenha ligado, depois de tanto tempo!

— Como assim *tanto tempo*? Nós nos falamos há apenas dois dias!

— Pois então, para mim, isso é uma eternidade quando se quer ouvir uma voz amiga.

Ele ficou aliviado e feliz com a receptividade dela.

— Então liguei na hora certa.

— Ligou. Como disse, estou no intervalo das aulas. Mas ligou na hora certa por outro motivo, também.

Ele ficou curioso.

— Sério? Qual o outro motivo?

No entusiasmo, ela deixou escapar.

— Eu estava querendo ouvir sua voz — mas logo se corrigiu. — Quero dizer, estava querendo conversar com você. Até parece que leu meus pensamentos.

— Ah, bem que eu gostaria de ter esse poder...

— Ficaria decepcionado. Não rola nada de interessante aqui dentro da cachola. E por que você ligou?

Ele ficou desconcertado:

— Hummmm... Acho que... Deixe ver... Digamos que para oferecer meus serviços de restauração de livros.

Aline fingiu que ralhava com o amigo.

— Marcelo, que tal falar a verdade? Você nem sabe fingir, cara.

— Bem, você quer saber por que liguei? — fez uma pausa e decidiu ser sincero. — Na verdade, queria ouvir sua voz — achou que foi muito direto e tentou consertar. — Quero dizer, queria conversar um pouco com você.

Pelo tom de voz, percebeu que ela ficara feliz com a resposta.

— Pensamos igualmente, então quer dizer que estamos conectados.

— Isso mesmo, muito conectados.

— Incrível, não é, Marcelo? A gente se viu apenas uma vez e já nos tornamos amigos. Parecemos dois velhos conhecidos.

Ele não gostou da expressão "velhos conhecidos", pois era muito formal. Ora, recriminou-se, mas o que esperava ouvir?

— Muito curioso mesmo, Aline. Não é sempre que isso acontece comigo. Geralmente, levo algum tempo para gostar, quero dizer, para me tornar amigo de uma pessoa, mas, com você, foi vapt-vupt, fulminante.

Ela brincou com o perigo.

— Isso se chama amizade à primeira vista.

Ele aproveitou a oportunidade e disse, rindo, com malícia:

— Eu conheço essa expressão com outras palavras.

Novamente, ela outra vez fingiu ralhar com ele:

— Marcelo, não se esqueça de que sou uma mulher casada.

Ele pigarreou, sem jeito:

— Desculpe, Aline, era para ser uma piada, não uma cantada.

— Eu entendi, seu bobo... — ela percebeu que fora uma reação muito íntima e precoce chamá-lo de *bobo*. — Desculpe, não quis dizer isso. Quis dizer que entendi que era uma brincadeira sua.

Ele decidiu retomar o clima de "velhos conhecidos".

— Bom, liguei também para lhe desejar um feliz Natal.

Ela soltou aquela risada encantadora:

— De novo? Já falamos sobre isso umas quinhentas vezes, não se lembra? Desse jeito, vou ter o Natal mais feliz da vida.

— Ora, amiga, é claro que lembro, mas assim você detona meu pretexto para ligar para você.

— Ora, e precisa de pretexto para ligar para mim? Amigos se falam na hora que têm vontade. Pode me ligar sempre que quiser.

— Obrigado, amiga. Pensei que só nos falaríamos nos Natais.

— Você bebeu, livreiro? Conversar só uma vez por ano? Nada disso, vamos nos falar muitas vezes ainda — ambos riram muito. — Agora preciso desligar, meus anjinhos já estão chegando aqui na piscina.

— Boa aula, Aline.

— Obrigada. Ah, e feliz Natal para você também.

Ambos tornaram a rir antes de desligar o telefone.

Nunca as crianças haviam visto a professora de natação tão alegre e brincalhona como naquela aula.

Por sua vez, Marcelo ficou sorrindo, feliz como um adolescente ao falar com a nova namorada.

O rapaz saiu da sua sala e entrou na oficina de Tobias assobiando alegremente. O velho restaurador olhou-o com um sorriso maroto, mas nada comentou. Foi o próprio Marcelo quem quebrou o silêncio:

— Viu, Tobias, já melhorei, não disse que o nervosismo passava logo?
Ele balançou a cabeça, sorrindo maliciosamente.
— Deve ter usado um santo remédio, chefe... — e soltou um risinho travesso, voltando a olhar para seus livros.

⁂

Faltando cerca de uma hora para encerrar o expediente, aconteceu um incidente curioso na livraria.

Um senhor idoso, visivelmente de baixa visão, entrou na loja, guiado por uma adolescente, provavelmente sua neta.

Marcelo ouviu-o dizer:

— Pronto, querida, pode escolher seu presente de Natal.

— Está bem, vô, mas fique parado aqui que vou procurar o livro que quero de presente — e aproximou-se de Marcelo. — Você tem aqui *O Pequeno Príncipe*?

— Do Saint-Exupéry? Mas é claro que tenho. Jamais poderia deixar de ter. É para você mesma?

— É, meu vô está me dando de presente de Natal, mas fui eu que escolhi.

Enquanto se dirigia à estante onde estava o livro, Marcelo comentou:

— Pois está de parabéns, você tem muito bom gosto. Depois de publicado pela primeira vez em 1943, nos Estados Unidos, esse livro tornou-se um dos mais traduzidos no mundo, já tendo sido publicado em mais de duzentos idiomas e dialetos diferentes. Sabia disso? E é muito lindo.

— Eu sei. Na verdade, já o li algumas vezes, emprestado por uma amiga, mas quero ter meu próprio exemplar para deixar na cabeceira e reler de vez em quando.

Marcelo bateu carinhosamente no ombro da menina.

— Parabéns de novo, garota. Pela sua escolha, tenho certeza de que você é uma jovem sensível e inteligente.

Ela sorriu timidamente.

— Obrigada, moço.

— Vou embrulhar para presente, mas acredito que você só vai abri-lo na noite de Natal, acertei?

Ela sorriu.

— Em cheio — e foi até o avô. — Pronto, vô. Já escolhi o livro, e o moço o está embrulhando para presente.

— Que livro você escolheu, querida?

— O Pequeno Príncipe.

O avô mostrou um largo sorriso de satisfação.

— Ah, bela escolha! No tempo em que enxergava direito, eu o li dezenas de vezes. E me emocionava toda vez.

— Sério, vô?

— Juro pelos meus escassos cabelos brancos. Mas lembre-se: o livro vai ficar comigo. Só vou lhe dar no Natal.

Marcelo piscou sorrindo para ela, querendo dizer: "não falei?".

A menina não protestou.

— Combinado, vô, eu já sabia. Muito obrigada pelo presente — e beijou-o carinhosamente na face.

— Tome, veja quanto custa e pague.

A jovem recebeu o dinheiro, dirigiu-se ao caixa onde Marcelo já a aguardava. Ele deu-lhe o pacote e o troco.

— Boa leitura. Aliás, releitura.

A menina sorriu, agradeceu e devolveu o troco ao avô.

— Até logo, moço — e dirigiu-se ao idoso, conduzindo-o com cuidado à saída. Mas, ao sair, involuntariamente, o velho senhor bateu com o braço numa pilha de livros que estava bem na entrada da livraria, pois se tratava de um lançamento.

A menina se assustou.

— Vô, cuidado!

O velho pareceu surpreso:

— O que eu fiz dessa vez?

Marcelo apressou-se em atendê-lo.

— Nada de mais, meu amigo, não se preocupe. Está tudo bem, apenas caiu um livro no chão.

A menina olhou surpresa para Marcelo, que piscou para ela. O idoso se surpreendeu com a informação do livreiro.

— Um só? Mas eu ouvi um barulhão de livros caindo, parecendo que era uma pilha deles. Se estraguei algum deles, faço questão de pagar.

— Nada disso, amigo, foi apenas um, e ele estava mesmo mal colocado na pilha. E não aconteceu nada com ele, continua novinho em folha, não se preocupe. O senhor deve ter se confundido pelo barulho do trânsito aqui na frente da loja. O importante é saber se está tudo bem com o senhor.

— Está, sim, mas eu peço que me desculpe pelo esbarrão. Minha visão já não é a mesma de antes.

— O senhor não tem do que se desculpar. Essas coisas acontecem.

A garota se aproximou de Marcelo e perguntou baixinho:

— Você quer que eu o ajude a arrumar os livros?

Ele respondeu também sussurrando:

— Não, amiguinha, está tudo bem, não se preocupe — e em voz alta: — Feliz Natal para vocês e toda a família.

Eles agradeceram e saíram devagar, a menina sempre orientando os passos do avô, segurando-o por um dos braços. Da porta, ela voltou-se para Marcelo e jogou um beijo, levando a mão aos lábios e atirando-o na direção dele, que, sorrindo, retribuiu, imitando o gesto dela. Ficou olhando avô e neta se afastarem.

Então, o livreiro surpreendeu-se ao ouvir uma conhecida e cativante voz de mulher atrás de si.

— Eu também deveria mandar um beijo para você. Que gesto lindo acabei de presenciar! E novamente do bom samaritano em ação.

Marcelo voltou-se e viu Aline, encostada no balcão do caixa, sorrindo, de braços e pernas cruzados.

— Ei, você aqui?

Ela gracejou:

— Oi?

E ele repetiu, sorrindo:

— Oi?

De forma muito natural e espontânea, ele se aproximou dela e deu-lhe um leve beijo na face, que ela retribuiu.

— Você não existe, Marcelo. É a segunda vez, em poucos dias, que vejo você praticando uma boa ação. O homem derrubou um monte de livros, quase uns vinte, e você disse a ele que foi apenas um?

— Mas o pobre senhor não enxerga direito, você não percebeu?

— Claro que percebi e achei lindo o que você fez, justamente por isso.

— Obrigado, mas agora me diga: há quanto tempo você está aqui, me observando sem eu saber?

Ela soltou uma divertida risada, já conhecida de Marcelo.

— Mais tempo do que você pode imaginar. Aproveitei que você estava distraído, atendendo a garota e o avô, e decidi ficar observando, antes de me manifestar. Foi muito divertido e até emocionante.

Ele se aproximou mais dela.

— Estou feliz de vê-la aqui, Aline. Se soubesse da sua visita, teria organizado melhor o ambiente para recebê-la à altura.

— Ah, mas eu quis mesmo fazer-lhe uma surpresa.

— E conseguiu, pode ter certeza — e completou, galante: — aliás, literalmente uma bela surpresa.

Ela corou.

— Entendi e agradeço seu elogio, mas eu quero que você me explique direitinho essas coisas que você faz. É alguma promessa?

Ele se fez de desentendido.

— Que coisas?

— Essa de bom samaritano. Além daquele lance no supermercado, onde pagou a conta de um desconhecido, agora aquele senhor derrubou um monte de livros e você disse a ele que foi apenas um.

— Ele derrubou os livros sem querer. Ele tem baixa visão e não viu a pilha. Se eu dissesse que ele derrubou tudo, ele ficaria constrangido.

— Eu sei, querido, mas a netinha dele bem que poderia ter arrumado, colocado os livros de volta.

— Ela bem que se ofereceu, eu é que não quis.

— Viu o que eu disse? Coisa de bom samaritano.

— Escuta aqui, moça, você é sempre durona assim?

Ela riu novamente:

— Eu, durona? Mas que nada, amigo, sou uma banana, uma molenga de coração mole. A Emily faz de mim o que quer. Estava só testando você, para descobrir até onde vai seu bom samaritanismo, porque eu nunca vi ninguém fazer essas coisas.

— E posso saber a que conclusão chegou?

Sua voz tornou-se doce quando respondeu:

— Que você tem um coração enorme e uma sensibilidade maior ainda. Um cara do bem, como dizem os jovens.

— E isso é bom?

Aline pensou um pouco antes de responder:

— Depende. Pode haver quem queira se aproveitar da sua generosidade.

— Um espertalhão, um sem caráter?

63

— Por exemplo.

— Então, amiga, o problema está com ele, não comigo.

Ela deu um tapinha carinhoso no ombro dele.

— Marcelo, não vou me cansar de dizer: você não existe. Ou você está esse tempo todo fingindo ser bonzinho ou é mesmo uma pessoa muito especial, um fofo.

Ele cruzou os braços, sorrindo.

— O que você acha?

Aline se fez de difícil:

— Hummmm, eu acho que... Ainda não sei.

— Então me responda uma coisa: por que motivo eu fingiria para você ser um sujeito que não sou?

— Não sei. Talvez para me impressionar.

— Repito a pergunta: impressionar você para quê?

Ela ficou embaraçada com a esperteza dele. Sabia exatamente onde aquelas perguntas levariam.

— Para quê? Ora, talvez para... — fez uma pausa, viu que tinha se enroscado e preferiu fugir pela tangente. — Não sei.

Ele amenizou o "interrogatório".

— Não se preocupe. Uma hora dessas, você descobrirá. Quem sabe eu seja mesmo um cara especial?

Aline achou melhor mudar de assunto. A conversa estava seguindo por um caminho embaraçoso para ela.

— Quem sabe? Bom, eu vim lhe trazer dois livros que minha filha quase destruiu — e entregou um pacote, que ele imediatamente abriu.

Surpreendeu-se ao ver o estado dos volumes.

— Nossa, como ela conseguiu fazer isso?

— Energia de adolescente, meu caro, só pode ser.

— Que energia, hein? Mas não se preocupe, daremos um jeito neles — olhou para os lados. — Ela não veio com você?

— Veio, sim. Daqui a pouco, ela aparecerá aqui, e, então, você poderá perguntar isso para ela. Emily parou numa loja de moda juvenil, quase vizinha à sua.

— Eu sei, é da minha amiga Raquel. Que bom que vou conhecer sua filha. Venha até meu escritório. É pequeno, mas cabemos nele.

Marcelo não se sentou na cadeira que sempre usava, mas sim ao lado de Aline, em uma das cadeiras que ficavam à frente da mesa.

— Onde você encontrou esse restaurador? Não é fácil encontrar um desses profissionais, são raros.

— Acredite que ele apareceu do nada. Estava procurando emprego e creio que entrou aqui para espairecer e descansar um pouco. Daí, começamos a conversar e descobri que ele tinha esse conhecimento.

— Que sorte. Com esse talento, ele lhe permite oferecer um serviço especial e diferenciado aos clientes.

— Essa foi a ideia. — Marcelo mudou o tom de voz, ficando mais sério. — Tobias, este é o nome dele, tem quase 70 anos e uma história de vida muito dramática. De vez em quando, volta ao passado e passa o dia sem dizer uma palavra.

— Que triste e estranho, ao mesmo tempo.

— Sem dúvida, mas é totalmente inofensivo, honesto, uma excelente pessoa, criatura boníssima e com muito talento.

— Acredito e acho louvável de sua parte empregar uma pessoa com a idade dele, pois sabemos que, por incrível que pareça, o mercado de trabalho tem preconceito contra os profissionais que já passaram dos 50 anos de idade, imagine.

— Eu sei e acho isso um absurdo. Apesar de sua competência, Tobias estava numa situação muito difícil, justamente por causa desse preconceito. Dei-lhe uma oportunidade, e seu desempenho superou todas as minhas expectativas e eu decidi contratá-lo. É um excelente profissional naquilo que faz.

— Mas, com essa idade, ele não deveria já estar aposentado?

— Deveria, mas, como ele mesmo me contou anos atrás, se descuidou com seus direitos trabalhistas. Estou tentando ajudá-lo a regularizar essa situação, mas, mesmo que consiga aposentá-lo, tenho absoluta certeza de que ele insistirá em continuar trabalhando. Deve ser uma forma de manter-se saudável, física e emocionalmente.

— Parabéns, Marcelo, como tenho dito, isso que você faz é coisa de gente solidária e sensível.

— É que você me vê com olhos generosos...

Estavam tão envolvidos na conversa que se assustaram quando ouviram batidinhas no vidro da sala. Olharam e viram Emily sorrindo travessamente do outro lado. Era uma graça de garota.

Com um gesto, Aline chamou-a:

— Entre, filha, venha conhecer meu amigo Marcelo.

Quando ela se aproximou, o livreiro pode observá-la melhor. Emily era tão loira quanto a mãe e, da mesma forma, tinha os cabelos lisos e compridos, olhos verdes graúdos e a expressão esperta. Uma cópia miniaturizada da mãe.

— Oi, Emily, sou o Marcelo. Venha me dar um beijo.

A garota aproximou-se dele e abraçou-o, retribuindo o beijo na face. Depois, foi sentar-se no colo da mãe, que também a beijou. Marcelo ganhou um sorriso encantador da garota quando disse:

— Deixe-me dizer-lhe uma coisa, Emily. Até conhecer você, eu achava que não existia uma mulher tão bonita quanto sua mãe. Mas agora que a vi, já mudei de ideia. Você é tão ou mais bonita que ela.

Emily retrucou orgulhosa.

— Agradeço seu elogio, mas ninguém é mais bonita que minha mãe. Talvez eu fique em segundo lugar quando crescer mais.

— Que legal! E ainda é modesta.

Aline brincou.

— Ai, meu Deus, agora tenho uma filha coruja.

A garota não era nada inibida.

— Marcelo, eu já conheço você de nome.

— Sério? Quem anda falando tanto de mim?

— Minha mãe, ora. Ela me disse que você era muito bonito.

Aline fingiu ralhar com a filha.

— Emily, não seja indiscreta! Assim você me mata de vergonha.

— Ué, mas você disse mesmo...

Marcelo sorriu.

— E você, o que acha?

— Eu? Bem.... — ela se fez de envergonhada, olhou para a mãe e depois para o livreiro. — Eu concordo com ela.

Marcelo riu e levantou os dois braços para o alto.

— Meu Deus, ganhei o dia!

Emily perguntou:

— Marcelo, posso chamá-lo de tio?

— Claro que pode. Adoraria ter uma sobrinha tão linda e esperta assim.

— Tio Marcelo, quem vai consertar meus livros?

— É o meu amigo Tobias, excelente profissional. Ele está lá dentro, na oficina dele, atrás daquela porta sanfonada.

Aline sugeriu à filha:

— Por que você mesma não leva os livros para ele e se apresenta?

— Posso, tio Marcelo?

— Mas claro que pode. O Tobias é gente do bem. E tenho certeza de que ele também vai gostar de conhecê-la.

A garota pulou do colo da mãe, pegou os dois livros que estavam sobre a mesa e saiu da sala em direção à oficina do restaurador.

Aline brincou.

— Ufa! Me livrei dela antes que cometesse outras indiscrições.

Marcelo aproveitou a deixa.

— Ah, e tem outras? Gostaria de saber quais.

Ela corou, e ele percebeu.

— Marcelo, não seja curioso!

Quando Emily afastou a porta sanfonada e entrou na oficina, Tobias estava próximo à sua mesa de trabalho, mexendo com um livro enorme, com a capa literalmente destruída. Ele tinha a pele bem morena, olhos espertos e o pouco cabelo encaracolado, todo branco, resultado dos seus quase 70 anos.

Só percebeu que era uma visita quando a menina já estava perto, defronte à sua mesa. Pensou que tinha sido Marcelo quem entrara.

A menina falou com simpatia.

— Olá, eu sou a Emily.

Então, ele levantou o rosto, e os dois ficaram se olhando, sem falar nada.

De repente, a fisionomia de ambos iniciou uma mudança: o rosto de Tobias assumiu uma expressão de choque e medo. O de Emily transformou-se numa expressão de maldade, de raiva e toda sua fisionomia se alterou como se fosse outra garota.

Quando falou, a voz dela era irônica e ameaçadora:

— Ora, ora, vejam que surpresa agradável! Não esperava encontrá-lo aqui depois de tanto tempo. Se bem me lembro, você se chama Tobias, não é mesmo? Será que você se lembra de mim, Tobias?

A voz de Tobias saiu rouca pelo choque, comprovado pelas mãos trêmulas.

— Senhorinha Alícia, o que você está fazendo aqui?

— Mas que bom! Vejo que o tempo passou, mas você ainda não se esqueceu de mim, não é mesmo? Tenho certeza de que você se lembra de tudo, pois sua consciência não lhe dá sossego, não é, Tobias?
— O que você fez com a Emily?
Ela fez um gesto de desprezo com os lábios.
— Nada demais. Ela está me emprestando a mente e o corpo por algum tempo, durante alguns momentos do dia.

Os longos anos que passara estudando o espiritismo permitiram a Tobias reconhecer naquela garota o rosto de Alícia, uma das filhas gêmeas dos seus antigos patrões, Dóris e Edgar, a mesma que morrera afogada no lago, juntamente com seu filho Josias. Era o mesmo olhar, a mesma expressão, os mesmos cabelos, os mesmos trejeitos. Não era mais a Emily que estava à sua frente.

Ele repetiu a pergunta:
— O que fez com a Emily? O que você está fazendo aqui entre os vivos? Este plano não é mais o seu lugar.
A voz da menina era dura, raivosa:
— Este plano aqui poderia agora ser meu lugar se você e sua mulher estivessem tomando conta da gente, inclusive do seu filho, naquele dia. Vocês eram pagos para isso, mas nem você, nem sua mulher, nem mesmo meus pais se preocuparam com isso, com a nossa segurança.
— Falando dessa maneira, não acredito que você seja mesmo a esperta e divertida Alícia que conheci e que chamava respeitosamente de senhorinha.
— Quem mais poderia ser, Tobias? Não está reconhecendo meu rosto, minha voz? Pois eu nunca vou me esquecer de vocês, da minha irmã Aline e de meus pais, que deixaram que acontecesse aquilo comigo. Deixaram que minha vida acabasse quando eu tinha apenas 11 anos de idade, com muito para viver ainda.

Tobias se esforçava para falar em voz baixa e calma, tentando não demonstrar seu nervosismo e espanto. Como espírita praticante e experiente, sabia do que se tratava aquele fenômeno, mas, mesmo assim, a imagem da menina não deixava de ser impressionante, sobretudo por fazer parte de um período triste da sua vida.

Com sua vivência, ele sabia que devia tentar acalmar o espírito de Alícia, claramente perturbado.
— Ninguém teve culpa do que aconteceu, Alícia, tudo não passou de uma fatalidade.

Ela quase gritou:

— Fatalidade nada! Foi descaso de vocês quando deixaram crianças brincando sozinhas na beira de um lago perigoso, fundo e lamacento.

Uma voz se ouviu lá fora:

– Emily, vamos embora, filha!

Ao ouvir a voz de Aline chamando-a, o rosto da menina empalideceu, todo seu corpinho tremeu violentamente, e ela voltou com rapidez a mostrar o semblante calmo daquela Emily que entrara na oficina.

— Oi, mami, já estou indo — e, voltando-se para o velho, disse numa voz gentil: — estes são os meus livros para o senhor restaurar. Estão muito danificados, espero que ainda tenham jeito. — Ainda assustado e sem tirar os olhos da garota, Tobias pegou os livros e viu-a sair sorrindo. — Até a vista, senhor Tobias.

Ele não teve forças para responder.

Aline, que continuava conversando entusiasmada com Marcelo na salinha, virou-se quando a filha retornou.

— Oi, filha, entregou os livros ao senhor Tobias?

— Entreguei, sim, mamãe, mas não sei se ele vai conseguir consertá-los, pois estão muito estragados.

Aline brincou, fingindo ralhar.

— Graças a você, né, filha?

Marcelo interveio, pacificador:

— Não brigue com minha sobrinha, por favor. Essas coisas acontecem com quem lê. E o Tobias vai dar um jeito, sim. O que você achou dele, Emily?

— Já é bem velhinho, mas é muito simpático.

Aline ficou curiosa.

— E sobre o que vocês conversaram?

Emily ficou olhando para a mãe, buscando na memória.

— Eu... eu não me lembro.

Aline voltou-se para o livreiro:

— Vê como é essa juventude, Marcelo? Acabou de falar com o homem e já não se lembra do que conversaram, pode?

A garota tentou justificar, enquanto Marcelo só sorria.

— Ele estava trabalhando, mãe.

— E você não quis atrapalhar, não foi, filha?

— Isso mesmo.

Marcelo interrompeu as duas:

— Queridas, vamos combinar o seguinte: quando os livros estiverem prontos, devidamente restaurados, telefonarei avisando.

Emily puxou sua mão.

— Então, tio, anote o número do meu celular.

Ele brincou com ela:

— Você já tem celular, menina?

— Lógico, tenho um monte de amigos e amigas da escola e eu quase sempre preciso falar com eles e eles comigo.

— Pois agora acaba de ganhar mais um amigo — Marcelo pegou caneta e papel e anotou. — Pronto, Emily, ligo para você assim que o Tobias terminar o serviço. Talvez leve dois ou três dias.

A garota respondeu, sorrindo:

— Tudo bem, vou esperar sua ligação, mas, se eu não atender, é porque estou treinando.

Marcelo ficou curioso.

— Treinando? Para quê?

— Minha mãe não lhe disse? Eu pratico natação. Treino todos os dias, durante muito tempo, depois das aulas.

Marcelo ficou surpreso.

— Todos os dias?

— Isso mesmo. Às vezes, treino na piscina da escola, com minha mãe, outras vezes, sozinha, na piscina de casa ou do condomínio.

— Mas precisa treinar todo santo dia?

— É preciso, tio. Vou competir numa travessia com outras garotas.

Marcelo brincou novamente.

— Gente, mas estou falando com uma importante nadadora, que vai competir numa travessia, e eu não sabia disso!

Emily sorriu e se fingiu de modesta.

— Importante ainda não sou, mas serei. Basta vencer essa primeira competição. Aí, todo mundo vai saber quem eu sou!

Aline sorria, apreciando aquele diálogo, visivelmente mostrando como era vaidosa sua filha.

— Ah, mas eu vou querer assistir. Vou torcer por você. Aline, você precisa me informar o dia, a hora e o local. Faço questão de comparecer.

— Esta menina sabe fazer o marketing dela. Está bem, Marcelo, depois te passo esses dados. Agora, precisamos ir.

— Não esqueça, hein? Vou esperar.

A menina estava orgulhosa.

— Você vai mesmo, tio?

— Mas é claro que vou, não tenha dúvida disso! Não perderia esse espetáculo por nada deste mundo.

Emily voltou a segurar na mão do rapaz.

— Gostei muito da sua livraria, tio Marcelo. Tchau! — ele se levantou e abaixou-se para beijar a face da menina e depois a de Aline, procurando parecer bem natural, mas, intimamente, esse simples gesto mexia fortemente com ele.

Quando a garota já ia saindo, voltou-se e sorriu.

— Gostei de você também, tio Marcelo. É muito bonito e simpático, exatamente como minha mãe disse.

Aline fingiu dar um tapinha no ombro dela, ralhando.

— Emily!

Marcelo fez de conta que não percebeu a indiscrição da garota e devolveu-lhe o sorriso.

— Muito obrigado, Emily, você também é linda e muito simpática. Venha aqui outras vezes.

— Tá legal — Aline também sorriu, principalmente quando ouviu o comentário seguinte da filha, em voz baixa: — Ele é bem bonitão, né, mami?

Depois que saíram, Marcelo voltou para perto de Tobias, deixando a porta sanfonada aberta, para o caso de aparecer algum cliente. O velho estava sentado na sua mesa, olhando para o vazio.

— Pensando na vida, amigo?

Tobias não respondeu logo. Ficou olhando para o livreiro durante algum tempo em silêncio.

— De onde o senhor conhece essa garota, patrão?

— A Emily? É filha da minha amiga Aline.

Tobias empalideceu ao ouvir o nome.

— Aline? A mãe dela se chama Aline?

— Foi o que eu disse.

— Meu Deus!

Marcelo achou estranha a reação assustada do velho.

— Ué, o que isso tem de estranho?

Tobias pigarreou, procurando disfarçar seu nervosismo.

— Não, nada demais, patrão. É que ela lembra uma pessoa, mas deve ser apenas uma coincidência.

Marcelo viu sobre a mesa os dois livros que Emily trouxera.

— Você acha que dará um jeito na capa desses livros, Tobias? A menina está muito esperançosa.

Ele pegou os dois volumes, examinou-os com cuidado e voltou a colocá-los sobre a mesa.

— Realmente, foram bem maltratados, mas já vi piores, patrão. Fique tranquilo, darei um jeito neles.

Marcelo falou com calma para não parecer que estava dando uma bronca do senhor:

— Caramba, Tobias, você continua a me chamar de senhor e patrão. Já lhe disse mil vezes para me chamar pelo meu nome ou me tratar por você.

— Mas isso não seria certo. O senhor é meu patrão.

— Viu só? Duas teimosias na mesma frase: patrão e senhor. Patrão coisa nenhuma, Tobias. Você é meu colaborador, meu funcionário e principalmente meu amigo. Quando muito, se você quiser, pode me chamar de chefe. Isso de patrão lembra o tempo da escravidão.

Tobias sorriu.

— Está bem, chefe. Não precisa ficar bravo.

Marcelo sorriu.

— Assim é melhor, mas eu preferia mesmo era que você me chamasse apenas de Marcelo. A propósito, você sabe como Aline me chama, às vezes?

— Nem imagino.

— Senhor Oi.

O velho arregalou os olhos, surpreso:

— Senhor Oi? — e soltou uma gostosa gargalhada. — Senhor Oi? — Tobias repetiu e continuou rindo.

Marcelo se fingiu de bravo.

— Muito engraçado, não é?

— Desculpe, chefe, mas é muito engraçado mesmo.

Quando Marcelo saiu, Tobias voltou a ficar com o semblante de preocupação.

Fora pego totalmente de surpresa, pois nunca imaginara que aquilo pudesse acontecer.

As recordações que tinha das gêmeas mostravam duas crianças lindas e loiras, muito alegres e brincalhonas. Estavam quase sempre juntas, tratavam-se carinhosamente e se entendiam bem, apesar do temperamento distinto.

Alícia era agitada, hiperativa, sempre correndo ou pulando e falava muito alto. Aline, pelo contrário, era serena, caminhava a passos lentos e falava baixo e gentilmente. Tobias nunca a ouvira soltar um grito ou conversar em voz alta, mesmo quando estava brincando.

Ele ficara muito feliz ao ver que seu filho Josias, que tinha a mesma idade delas, fora muito bem aceito pelas gêmeas que, com frequência, o convidavam para fazer-lhes companhia nas travessuras. Seus pais, Dóris e Edgar, haviam educado as filhas daquela maneira, sem preconceitos, sem discriminações e muito educadas.

Seus patrões eram pessoas de ótimo coração e muito boas maneiras. Tratavam a ele e sua esposa Juliana com muito respeito e muita consideração. Não podia querer emprego melhor.

No entanto, numa manhã do verão de 1995, acontecera a tragédia que levou seu filho, uma das gêmeas e, alguns meses depois, sua esposa.

Apesar de passados tantos anos, ele ainda tinha pesadelos com a cena com que se deparou quando correu para atender aos gritos de socorro da pequena Aline.

Em certos momentos, vinha-lhe à mente a imagem de Josias sorrindo, mostrando os alvos dentes destacando-se na sua pela morena. Ouvia-o chamá-lo de pai ou pedindo para fazer-lhe companhia na cama enquanto pegava no sono.

Outras vezes, angustiava-se, imaginando seu filho se afogando, sofrendo, pedindo sua ajuda, e, nessas ocasiões, chorava no escuro do seu quarto, até lhe faltarem as lágrimas.

Também sofria muito pela ausência de sua querida Juliana. Ao seu lado, acompanhara todo o sofrimento dela após a perda do único filho, até o desenlace no meio da depressão.

Depois dessas tristes lembranças, Tobias levava algum tempo para se recuperar e se esforçava para que ninguém notasse sua angústia. Para isso, procurava fixar-se nas lembranças alegres dos tempos em que vivia na mansão.

E, claro, vinha logo à mente a imagem sorridente das gêmeas.

Por isso, estava chocado com o aparecimento do espírito de Alícia, com todo aquele rancor e desejo de vingança. Como uma menina tão educada e alegre poderia ter desviado sua alma para o caminho da raiva? Sua irmã Aline não tivera culpa de nada e não merecia sofrer as consequências das maldades que estavam sendo planejadas por Alícia.

"Precisava fazer alguma coisa a respeito", pensou o senhor, aflito.

CAPÍTULO 7

Dia 11 de dezembro, noite de terça-feira.

Deitada na sua cama, Emily não conseguia dormir.

Mesmo sem saber exatamente o porquê daquela insônia, a garota estava muito agitada naquela noite. Já chegara assim do passeio que fizera com sua mãe, incluindo a ida à livraria do tio Marcelo. Alguma coisa lá a incomodara, mas ela não fazia a menor ideia do que poderia ter sido. A livraria era muito agradável e o tio Marcelo, muito simpático e educado. E o Tobias? Bem, conversara muito pouco com ele e, assim, não tinha uma opinião formada sobre o restaurador de livros.

Como não conseguia dormir, e como sempre fazia quando lhe acontecia isso, ficou pensando no que lhe acontecera durante aquele dia.

Apesar de muito jovem, não era boba: durante a visita à livraria, havia percebido certo "clima" entre tio Marcelo e sua mãe, mas não comentou isso com ninguém. O livreiro era mesmo um gato, além de muito divertido. Torcia para que ele continuasse amigo de sua mãe, porque assim o veria com frequência.

Também estava impressionada pois não conseguia lembrar-se do seu diálogo com Tobias. Recordava apenas que afastara a divisória sanfonada, cumprimentara-o e entrara na oficina dele.

O velho estava próximo à mesa de trabalho e não percebeu quem entrara. Depois que a viu, empalidecera e olhara-a de maneira muito estranha, como se tivesse se assustado. Naquele momento, ela lembrava que sentiu seu rosto esquentar, um tremor no corpo e um frio a percorrer sua espinha. Só recordava até esse ponto.

A lembrança seguinte era de ter ouvido a voz de sua mãe chamando-a, e ela entregando os livros para o velho, que continuava olhando-a com uma expressão esquisita, quase de pavor. Depois, saíra da oficina ao encontro de sua mãe na sala do tio Marcelo. Por mais que se esforçasse, não se lembrava de ter conversado com o velho. Mas será que simplesmente entrara na oficina dele, entregara os livros e saíra, sem dizer nada? Logo ela que gostava muito de conversar? Bom, talvez não tivesse ocorrido mesmo nenhuma conversa, e, nesse caso, estava se preocupando sem razão.

Outro assunto que a incomodava muito e que piorara demais a partir de quando completara os 11 anos, era a sua difícil relação com seus avós Dóris e Edgar, pais de sua mãe. De vez em quando, sua mãe convidava-a para visitá-los, mas ela sempre tinha uma desculpa para fugir desse compromisso.

Até onde lembrava, nunca sentira afeto por nenhum dos dois, para surpresa e tristeza de sua mãe. Respeitava-os, mas era só. Que recordasse, eles nunca haviam lhe feito mal, ela simplesmente não simpatizava com eles. Nada sabia sobre o passado deles, apenas que ambos estavam morando numa fazenda, no interior havia muito tempo e, conforme sua mãe uma vez comentara, quase não recebiam, nem faziam visitas, o que Emily achava muito estranho. Era como se estivessem fugindo ou se escondendo de alguém ou de alguma coisa.

Só fora vê-los uma vez, quando tinha por volta de oito anos, mas não se sentira bem e, depois daquela visita, nunca mais voltara àquele lugar. Quando sua mãe resolvia vê-los novamente, sempre insistia para que Emily a acompanhasse e só não a forçava a ir graças à caridosa intervenção do seu pai.

— Ora, Aline, se a menina não quer ir, por que forçá-la?

— Mas, Téo, são os avós dela, meus pais!

— Eu sei disso, mas acho perda de tempo essas idas lá. Eles já estão muito idosos, já nem conversam direito e nem se lembram de mais nada.

Aline não gostou dessa observação do marido.

— Téo, isso que você disse foi muito cruel, além de não ser verdade. Eles conversam, sim, e não perderam a memória. E não se esqueça de que eles são meus pais, preciso vê-los de vez em quando.

— Mas é verdade que não falam nada que possa interessar ou divertir uma criança. Esta é a realidade, querida, quer você goste ou não. Além do mais, aquela fazenda é distante, não tem atrativos, e a estrada é poeirenta, você sabe disso.

Nesse aspecto, Emily concordava com o pai — o que era raro de acontecer. Aquela única vez em que estivera lá, fora suficiente para fazê-la decidir que não gostaria de voltar.

Mas, agora, especialmente depois que completara 11 anos, não gostava nem de pensar nos avós, quanto mais visitá-los. De jeito nenhum.

Mas, aí vinha a questão: por que que esse sentimento, de forma tão radical assim, só aparecera depois que fizera 11 anos? Na certa, pensava, porque deixara de ser criança e agora era uma adolescente, com pensamentos e vontades próprias, quem sabe? Devia ser isso. Aliás, só poderia ser isso, não havia outro motivo.

"E esse sono que não chega?", pensou, aflita.

Bom, o melhor agora era pensar na sua próxima competição: a 11ª travessia para crianças e adolescentes, que aconteceria dali a alguns dias, exatamente no dia 18, em um dos lagos de Riacho Grande, um distrito do município de São Bernardo do Campo. Participaria na prova na categoria dos 300 metros para meninas, um nível apropriado para a idade dela. Que bom que o tio Marcelo iria assisti-la, porque seu pai, certamente, não teria tempo, pois estaria trabalhando.

Admitia — só para si mesma — que estava um tanto ansiosa, pois era a primeira vez que participaria de uma competição externa. Até então, sua experiência eram as aulas na piscina do colégio, sempre sob a supervisão de sua mãe. Ali, de vez em quando, simulavam competições, e ela vencia quase todas, mas a travessia seria algo muito mais disputado, com garotas já experientes.

Interrompeu os pensamentos quando percebeu que sua mãe entrara silenciosamente no quarto e logo vira que a filha ainda não dormira.

— Ainda acordada, filha?

— Estou sem sono, mami.

Aline aproximou-se e sentou-se na beira da cama, ao lado da filha, acariciando seus lisos cabelos loiros.

— Está preocupada?

Aline conhecia muito bem a filha e não deixava nada escapar. Logo, não adiantava negar.

— Acho que um pouco, com a travessia. Não sei se estou preparada mesmo.

— A decisão é sua, filha. Se não se sentir segura, deixe para o próximo ano. Você não é obrigada a ir.

A garota pensou um pouco:

— Pensando bem, acho que não vou desistir. Ainda tenho alguns dias para treinar.

— Tudo bem. Se resolver competir, precisa ir com confiança. Se entrar na água achando que vai perder, com certeza perderá. Já conversamos sobre isso.

— E, se isso acontecer, se eu não conseguir vencer, você ficará chateada ou decepcionada comigo?

— De jeito nenhum, filha, que ideia! Não ouviu dizer que o importante é competir? Em qualquer disputa, se ganha ou se perde. Se ganhar, ótimo. Se perder, ganhou experiência, que vai deixá-la mais capaz na próxima vez. Com qualquer resultado, você continuará sendo minha filha amada.

Emily levantou o corpo e abraçou Aline fortemente.

— Amo você, mami. É a melhor mãe do mundo.

— Também amo você, querida. Agora, trate de dormir — Aline levantou-se e já estava com a mão na maçaneta da porta, quando ouviu o comentário da filha:

— O tio Marcelo é mesmo bem bonitão, não acha?

Aline voltou para perto da filha.

— Sim, ele é bem simpático.

Emily falou gaiatamente, com travessura no olhar.

— Acho que ele tem uma queda por você.

O coração de Aline bateu forte.

— O que é isso, filha, ele sabe que sou casada!

— Ué, mas ele pode gostar de você mesmo assim, que mal tem?

— Emily, controle essa imaginação fértil e trate de dormir — puxou o lençol até o pescoço da filha para agasalhá-la melhor e deu-lhe outro beijo. — Bons sonhos.

— Para você também — e brincou quando a mãe estava novamente saindo. — E não vá sonhar com o tio Marcelo, viu? Você é casada...

Aline voltou-se rapidamente, fingindo-se de brava.

— Menina, pare com isso!

A garota deu uma gargalhada travessa e virou-se para o outro lado. Assim, não viu que sua mãe saíra do quarto com um sorriso enigmático e insinuante.

Apesar do desejo da mãe, Emily não teve bons sonhos naquela noite.

No meio da madrugada, sonhou que estava nadando em um lago lamacento e que sentia muito medo, pois não estava conseguindo se movimentar.

Viu que seus pais estavam na margem, olhando-a, de braços cruzados.

Ela começou a gritar, pedindo ajuda. Para surpresa dela, seus pais começaram a rir, como se ela estivesse fingindo.

Quanto mais ela gritava por socorro, mais eles riam e até gargalhavam.

Emily entrou em pânico quando percebeu que ia afundar na água escura e lamacenta. Tentou gritar mais uma vez, mas, quando começou a sentir a água entrando pela sua boca, acordou assustada e inteiramente suada.

— Mãe! — foi uma das pouquíssimas vezes em que ela não usou a expressão habitual *mami*, talvez levada pelo pânico.

Em instantes, Aline entrou correndo no quarto e abraçou a filha, que estava sentada na cama e chorando muito.

— O que foi, filhinha, um sonho ruim?

— Foi, eu estava me afogando...

— Acalme-se, filha, foi um pesadelo.

— Mas parecia tão real, mami.

— Os pesadelos são assim mesmo. Na certa, você está preocupada com a travessia, isso é absolutamente normal. Fique tranquila, filha, já lhe disse que se não quiser competir, você não precisa.

Aline trocou o pijama de Emily que estava ensopado de suor e enxugou o corpinho da filha.

— Fica um pouquinho aqui comigo, mami. Espere eu dormir.

— Claro, meu bem. Ficarei aqui ao seu lado — e deitou-se na cama, com o corpo bem juntinho ao da filha. E cantou várias músicas que sabia que Emily gostava. Uma das suas preferidas era um sucesso do cantor e compositor brasileiro Roberto Carlos:

"*Eu tenho tanto pra lhe falar,
Mas com palavras não sei dizer,*

Como é grande o meu amor por você..."

Quando percebeu que a filha já ressonava, Aline moveu-se lenta e cuidadosamente, levantou-se, cobriu melhor a menina e mais uma vez beijou-a carinhosamente na testa, e voltou para o seu quarto, ao lado.

Téo ainda não chegara — o que não era novidade. Esse era um dos fatos que incomodavam Aline. Já havia tempo, o pai de Emily nada sabia sobre o dia a dia da filha, seus sonhos, planos e temores — e até mesmo sobre sua saúde. Não acompanhava os acontecimentos que caracterizam a vida de qualquer adolescente. E quando Aline se dispunha a comentar a respeito, ele alegava cansaço e pedia-lhe para deixar a conversa para outro dia. E esse "outro dia" nunca chegava.

CAPÍTULO 8

Dia 13 de dezembro, final da tarde de quinta-feira.

Dois dias depois que recebera a visita de Aline acompanhada pela filha, no final da tarde, Marcelo ligou para ela:

— Oi?

— Oooooi! — respondeu exultante. Ele logo imaginou seu sorriso.

— Tudo bem com você, amiga?

— Tudo. Quero dizer, agora melhorou.

Ele sorriu.

— Agora você é quem foi galanteadora.

— Pois é, acho que isso pega!

Ambos riram.

— Seus livros já estão prontos.

— Que legal! Ficaram bons?

— Como novos. Estou ansioso para entregá-los e ver sua reação. Pensei até em lhe fazer uma proposta.

Ela estava bem-humorada.

— Oba, adoro propostas.

— Em vez de você vir buscá-los aqui, poderíamos tomar um chá num *shopping* ou num restaurante, que acha?

— Já aceitei! Onde?

Marcelo escolheu uma casa de chá, bem elegante e discreta. Não que tivesse segundas intenções, mas, afinal, Aline era uma mulher casada, e ele achou importante proteger sua privacidade, evitando eventuais fofocas de alguém que conhecesse a moça.

Acertaram os detalhes e desligaram, satisfeitos.

Ela chegou elegantíssima, logo depois dele ter se acomodado numa mesinha nos fundos. Ele não pode deixar de notar e comentar.

— Meu Deus! E depois, como é que você espera que eu não a elogie? Você está linda, elegante, simplesmente deslumbrante!

Ela tinha consciência de que havia caprichado na produção, mas, mesmo assim, ficou um tanto encabulada.

— É que você me vê sempre com olhos generosos.

— Está bem, senhora modesta, faz de conta que aceito essa justificativa — ele levantou e puxou uma cadeira para ela. — Espero que você goste deste lugar.

— Achei uma graça. É confortável e parece bem tranquilo.

— Exatamente. Detesto aquele burburinho de restaurante cheio.

Ela sentou-se, e ele sentiu o delicioso perfume dela.

— Deixe-me ver os livros da minha filha. Estou ansiosa para ver o que foi possível fazer para salvá-los.

Cuidadosamente, Marcelo colocou o pacote à frente dela, que, bem devagar, o desembrulhou. Ao ver os volumes restaurados, sua expressão foi de genuína alegria, levando as mãos à boca aberta:

— Meu Deus do Céu, os livros parecem novos! Que belo trabalho fez o Tobias!

— Eu lhe disse que ele é muito competente.

— E é verdade. Ele fez um verdadeiro milagre. Dê meus parabéns a ele. Depois você me diz quanto custou.

— Oi? Não custou nada, moça, é cortesia da casa.

Ela relutou:

— Marcelo, isso não tem graça. Faço questão de pagar.

— Está bem. Eu lhe direi quanto custou o serviço, e você dá a grana para a Emily, como parte da mesada dela.

Aline balançou a cabeça, e os loiros cabelos dançaram de um lado para o outro, fazendo uma linda moldura.

— Ah, não, senhor, de jeito nenhum! Esperta como ela é, vai estragar todas as capas para aumentar a mesada!

— Então está tudo certo e não se fala mais em pagamentos. Outra coisa, eu havia prometido ligar para ela quando os livros estivessem

prontos, mas eu não ia perder a oportunidade de ligar para você e convidá-la para um chá, certo?
— Certo, moço travesso.
— Então, por favor, diga para ela que tentei ligar, mas só caía na caixa postal.
— Você não se envergonha de mentir para uma criança?
— O cupido haverá de me perdoar, se é que você me entende.
— Entendo, mas você mesmo dirá isso a ela quando voltarmos à livraria. Não serei sua cúmplice — e sorriu. — Embora tenha gostado da sua estratégia.

Ambos ainda riam, quando a garçonete se aproximou.
— Aceita um vinho, Aline?
Ela sorriu.
— Não era para ser chá?
Ele pareceu ligeiramente desapontado.
— Está bem, fiquemos no chá.
Ela tornou a sorrir.
— Estou brincando, *Senhor Oi*, prefiro vinho. Mas tem que ser bem suave. Não sou muito forte para bebidas alcoólicas.
— Agora, veja o cardápio e faça sua escolha do acompanhamento.
— O que você escolher, estará bom para mim. Confio no seu bom gosto.

Marcelo fez os pedidos, e voltaram a conversar.
— E então, moça, tudo pronto para a ceia de Natal?
Ela respirou aliviada.
— Graças a Deus já comprei todos os ingredientes. Agora é só esperar o dia.
— E já foi visitar seus pais?
— Talvez vá amanhã, ainda não sei. Tentarei levar a Emily, mas não sei se vou conseguir. Ela tem uma misteriosa aversão pelos avós.
— Como eles se chamam?
— Minha mãe se chama Dóris e meu pai, Edgar.
— E você tem outros parentes?

A garçonete trouxe o vinho e os serviu. Eles fizeram o tradicional brinde e tomaram o primeiro gole.

Marcelo percebera que, depois da sua pergunta, Aline ficara séria e triste, ao mesmo tempo. Ela respondeu em voz baixa:
— Tive uma irmã gêmea.

Ele se surpreendeu:

— Teve uma irmã gêmea? Mas você nunca me falou a respeito. O que houve com sua irmã?

Ela pôs a mão sobre a dele.

— Desculpe, amigo, não me leve a mal, mas não gosto de falar deste assunto. Me entristece muito.

Ele ficou desconcertado.

— Eu é que lhe peço desculpas, não quis ser invasivo. Foi apenas curiosidade, porque somos amigos e nada sabemos um do outro, só isso.

— Tudo bem.

Depois de um instante de silêncio, ela falou:

— Ela se chamava Alícia e morreu em um acidente quando tinha apenas 11 anos, a mesma idade de Emily.

Marcelo ficou chocado.

— Puxa, amiga, sinto muito, não tive a intenção de fazê-la lembrar-se de coisas tristes. Mudemos de assunto, não quero vê-la triste.

— Não se preocupe. Já sofri muito por isso, mas como você mesmo me disse outro dia, quando falou da sua falecida mulher, já passou e não há nada que possamos fazer para voltar no tempo.

— Infelizmente, assim é. Essas coisas fazem parte da vida.

— Agora é sua vez de falar. Diga-me algo sobre seus pais.

Ele sorriu.

— São umas figuras! Sofia e Fausto são os pais que pedi a Deus. Alegres, amorosos, desencanados, nunca tive queixa deles, e tenho certeza de que nem a Maísa também — e ele completou sem pensar muito.

— Um dia vou levá-la para conhecê-los.

Ela corou. Aquele era um convite muito íntimo, de quem quer estreitar ainda mais a amizade.

Depois de novo silêncio, decidiu retomar o clima inicial.

— E você, já está pronto para a ceia?

— Eu não fiz nada, além de algumas compras, mas minha irmã providenciou todo o restante. Como é solteira, tem bastante tempo quando deixa o consultório. Então, a parte mais trabalhosa fica com a mana.

— Bom, você também é solteiro, poderia ajudá-la.

— Mas acontece que tenho as aulas pela manhã e a livraria à tarde.

— Ué, ainda sobram as noites.

Ele riu gostosamente.

— Uau, isso foi maneiro, um jeito muito sutil de saber o que faço à noite. Não foi essa a ideia?

Ela também riu diante da esperteza dele.

— Você é impossível, Marcelo.

— Vou satisfazer sua curiosidade. Reservo as noites para preparar as aulas do dia seguinte e também para ler. Gosto muito de ler, como é óbvio.

— O que você tem lido?

— Você não vai acreditar: no momento, estou pesquisando sobre um assunto muito polêmico, a reencarnação. Há dias, assisti a um filme sobre esse tema, chamado *Paixão Eterna*, adorei e fiquei muito impressionado. Foi quando percebi que nada sabia sobre isso, apesar de muitas experiências místicas que tive nas minhas viagens. Você sabe algo sobre reencarnação?

— Nadinha. Já ouvi algumas amigas comentarem a respeito. Não é essa teoria do espírito de uma pessoa voltar à Terra em uma nova vida?

— De forma muito resumida e simplificada, creio que é isso mesmo. Pelo menos, é o que tenho entendido através das minhas pesquisas.

— Não sei exatamente do que se trata, por isso, não tenho uma ideia formada a esse respeito. Reconheço que, às vezes, me acontece ir a um lugar a que nunca fui e ter a sensação de já ter estado lá. Ou de conhecer uma pessoa e ter a impressão de que já a conhecia. Como, aliás, aconteceu conosco.

Ele brincou.

— Ih, quem será que fomos no passado?

Ela respondeu de impulso:

— Romeu e Julieta, talvez? — logo, ela percebeu que dera um exemplo muito insinuante. — Oh, desculpe, não foi um bom exemplo.

— Claro que foi. Eles eram românticos, assim como nós.

— É, mas o fim deles foi muito trágico. Não devemos ter sido eles, mas preciso ler mais a respeito desse assunto. Aliás, quando nos conhecemos no supermercado, você me disse que se eu fosse à sua livraria, ganharia um livro de cortesia. Eu estive lá e não recebi nada...

Ele bateu a palma da mão na própria testa.

— Caramba, como é que fui me esquecer disso? Pronto, quando você voltar lá, poderá escolher um.

— Você sugere algum?

Ele pensou um pouco antes de sugerir:

— Sim, um romance chamado *Amar é para sempre*, do psicólogo Floriano Serra. É uma linda história de amor, justamente sobre reencarnação.

— Então, está escolhido. Como já disse, confio no seu bom gosto.

— Tenho certeza de que você vai gostar. E a Emily, como vai?

— Vai bem, mas está superansiosa com a travessia, no dia 18.

— Sem ser mãe coruja, você realmente acha que ela nada bem, com chances de ganhar a travessia?

— Ela nada como um peixe. O que não é novidade, tendo a treinadora que tem — e sorriu lindamente.

Divertido, ele empostou a voz:

— Deusa da Modéstia, seu nome é Aline.

Passaram o resto do tempo rindo, saboreando o vinho, falando sobre amenidades e descobrindo que tinham muitas afinidades além do bom humor, do romantismo e do gosto pela leitura.

Ao se despedirem, Aline disse que achara mais dois livros da filha que estavam precisando também de restauração e ficou de levá-los à livraria.

Claro que Marcelo achou ótimo e intimamente torceu para que Emily danificasse a capa de todos os livros que tivesse.

CAPÍTULO 9

Dia 14 de dezembro, tarde de sexta-feira.

Conforme prometera, Aline ligou lembrando a Marcelo que ela iria à tarde à livraria levar mais dois livros para restauração das capas. Depois que desligou, ele vibrou tanto que quase fez a poltrona cair para trás.

Para alegria dele, ela chegou na hora combinada, linda e perfumada como sempre, acompanhada pela filha.

Como da vez anterior, enquanto Marcelo e Aline conversavam na salinha particular dele, Emily entrou direto para a oficina de Tobias para entregar-lhe os dois novos livros.

Na verdade, tanto Aline quanto Marcelo gostaram dessa iniciativa de Emily, pois criara a oportunidade para o casal estar a sós, como era desejo oculto de ambos. E também, claro, porque confiavam inteiramente no velho restaurador.

Emily parou na entrada da oficina, segurando um lado da porta sanfonada.

Tobias olhou para a menina, interrompeu o que estava fazendo e ficou imóvel. Ela também o olhava fixamente, parada à sua frente, apoiando os dois livros contra o peito.

Ainda parada na porta, a garota começou a transformação. Quando falou, Tobias percebeu horrorizado que o espírito obsessor de Alícia já estava ali, dominando Emily, que nem teve tempo de cumprimentá-lo.

Ele perguntou baixinho, com voz rouca:

— Continuo querendo saber por que a senhorinha voltou para esta dimensão que não é mais a sua. Você tem outros caminhos a seguir, por que não vai?

Ela sorriu, ironicamente:

— Vamos deixar bem claro: neste momento, eu faço as perguntas aqui, e você responde — ele não ousou retrucar, e ela continuou: — Em primeiro lugar, quero saber como você consegue me ver, Tobias. Como sabe que não sou a boba da Emily?

— Eu sou médium vidente, nem sei se você sabe o que é isso, mas consigo ver espíritos, por isso sei quem é você, mas não entendo por que está aqui. Aline sabe disso?

Alícia respondeu brava:

— Minha irmã não sabe de nada e nem precisa saber.

— Já lhe perguntei na sua outra visita, e você não me respondeu. Vou perguntar de novo: o que você está fazendo aqui?

Com arrogância, a menina sentou-se na cadeira diante de Tobias, colocou os dois livros sobre a mesa e cruzou os braços.

— Vou lhe explicar: faz muito tempo, eu tenho um trabalhinho a realizar aqui, mas estava esperando a idade certa. Ter a mesma idade da Emily facilita as coisas para mim. Em segundo lugar, quero saber por que ninguém nos ajudou, a mim e ao seu filho, quando estávamos nos afogando. Todos os adultos, inclusive você, nos deixaram sozinhos no lago e chegaram tarde demais.

— Ninguém podia prever que aquilo ia acontecer. Foi uma fatalidade, já lhe disse isso. E, como você acabou de dizer, eu também fui atingido: meu filho Josias não devia estar na água, ele não sabia nadar.

— E por que você acha que ele entrou no lago?

Tobias balançou a cabeça e respondeu com voz frágil:

— Até hoje não sei.

— Pois vou lhe dizer: eu o desafiei a entrar no lago. Ele não queria, estava com medo, e eu o chamei de covarde. Então, ele entrou, tentou nadar, mas não conseguiu chegar até onde eu estava.

Tobias levantou-se com os olhos arregalados, chocado:

— Você? Então, você é a culpada pela morte do meu filho! Por que você fez essa maldade, por que desafiou Josias, Alícia?

Ela fez uma expressão de descaso.

— Ora, apenas para brincar.

Tobias balançou a cabeça em sinal de recriminação e revolta.

— E somente para brincar você levou meu filho à morte?

— Não se queixe: eu também morri tentando salvá-lo. Meus pais foram irresponsáveis. Não deveriam ter nos deixado no lago. Minha irmã foi uma idiota, não sabia nadar. Logo, ela também é culpada, porque se tivesse aprendido a nadar, como eu fiz, poderia ter salvado a minha vida e a do Josias.

Abalado, o velho desabou na sua cadeira.

— Não há culpados, Alícia, foi uma fatalidade, aceite isso.

— De qualquer maneira, minha irmã aprendeu a lição. Hoje, ensina as crianças a nadar, porque acha que assim alivia sua culpa. Mas ela não pode esquecer que, por causa dela, eu morri, e meus pais estão deprimidos desde aquela época. Não é fácil perder uma filha de 11 anos — e a voz da menina tornou-se mais ameaçadora: — Minha irmã precisa saber disso, experimentar o que meus pais sentiram e sentem até hoje. Ela precisa de uma lição.

Tobias tentou acalmar aquele espírito revoltado.

— Alícia, me escute, não julgue mal sua irmã, isso que você está dizendo não faz nenhum sentido. Já lhe disse que não há culpados.

— E eu já lhe disse que não é fácil perder uma filha de 11 anos, como aconteceu com meus pais. Quem vai pagar por isso?

— Eu sei que não é fácil, porque senti essa dor na própria pele quando perdi meu Josias. E, não sei se você sabe, mas minha mulher Juliana também morreu por causa daquela tragédia. Não suportou a dor da perda do único filho.

— Claro que eu sei que sua mulher morreu logo depois. Viu só quanta gente aqueles irresponsáveis atingiram? Isso não pode ficar assim, mas não se preocupe, fique sabendo que vou tratar de dar um jeito.

Tobias sentiu que aquilo era uma perigosa ameaça.

— Dar um jeito? O que você quer dizer com isso, Alícia?

— Quero dizer que minha irmã precisa conhecer a dor de perder uma filha. Ela tem que passar pelo que nossos pais passaram.

O velho suavizou o tom de voz para ver se assim acalmava a menina.

— Não estou entendendo essa sua raiva contra dona Aline. Sua irmã não podia ajudá-la e sofreu muito com sua partida.

A menina deu de ombros:

— Não duvido. Ela até pode ter sofrido com minha morte, mas, hoje, nem lembra mais que teve uma irmã gêmea.

— Isso não é verdade, você está completamente enganada e sendo muito injusta com sua irmã.

— Isso não me preocupa.

— Preocupado estou eu. Quero saber o que você está pretendendo fazer com essa conversa de que "vai tratar de dar um jeito"?

Ela se levantou e se aproximou bem dele.

— Isso não é da sua conta. Espere para ver, não vai demorar muito.

Tobias tentou uma última cartada:

— Você está precisando de ajuda espiritual, Alícia. Se você concordar, estou disposto a ajudá-la.

A menina olhou-o com desprezo. Quando se preparava para responder, ouviu a voz de Aline chamando:

— Filha?

Ela olhou para trás e voltou a encarar o velho com dureza.

— Tobias, preste bastante atenção: esqueça que me viu e o que conversamos. A partir de agora, eu volto a ser a boba da Emily — seu corpo estremeceu e a transformação aconteceu, como da vez anterior.

Aline entrou sorridente na oficina:

— Ei, pelo visto, a conversa aqui está animada. Posso saber qual era o assunto?

A fisionomia e a voz de Emily voltaram à meiguice de sempre:

— Mami, você acredita que, como da outra vez, não consigo lembrar sobre o que conversamos? Você se lembra, Tobias?

Ele respondeu devagar, a contragosto:

— Não faço a menor ideia, senhorinha. A minha memória já não é tão boa.

– O que foi? Perderam a memória?

Marcelo também entrara na oficina e escutara o final da conversa.

— Pois eu acho que sei o motivo: falaram de tantos assuntos que não conseguem se lembrar de um só.

— Ora, isso acontece com qualquer um, mami. A gente deve ter falado sobre assuntos sem qualquer importância, acho. Eu também acho estranho não me lembrar, já pela segunda vez.

Aline olhou melhor para o restaurador.

— Espere, você é o Tobias que trabalhou para meus pais, Dóris e Edgar?

Ele sorriu e levantou-se, feliz por ter sido reconhecido.

— Eu mesmo, senhora — e apertou a mão que ela lhe estendera.

— Gente do Céu, que coincidência encontrá-lo aqui, Tobias! Pois eu sou a Aline, uma daquelas gêmeas. Minha irmã era a Alícia. Você e sua esposa cuidavam da gente.

O velho abriu um sorriso desalentado, se esforçando para que ela não percebesse nada.

— Deus do Céu! Bem que eu estava achando algo familiar nas suas feições. A senhora é a filha dos meus antigos patrões, e que eu a chamava de senhorinha.

— Isso mesmo, Tobias! Gente, que coisa incrível! Mal posso acreditar que depois de tantos anos a gente se reencontrou, inteiramente por acaso.

— Como vão seus pais?

— Estão bem, moram no interior.

Marcelo interveio, surpreso:

— Eu não acredito que vocês se conhecem.

— Claro que sim, Marcelo. Na época, eu tinha 11 anos, a idade da Emily. Tobias e sua esposa Juliana trabalhavam em nossa casa e tinham um filho, o Josias. Nós éramos amigos.

— A senhorinha cresceu e ficou ainda mais bonita.

— Você também está muito bem. Demorei a reconhecê-lo por causa da barba e do bigode.

— E das rugas também — e todos sorriram com o comentário do senhor.

— Veja como o tempo passou, Tobias. Hoje eu tenho uma filha já na idade que eu tinha quando nos conhecemos.

— Eu sei, a Emily, não é?

— Isso mesmo. O que achou dela depois que conversaram tanto?

— Ela é.... muito esperta.

— Isso é verdade, Tobias — voltou-se para a filha. — Você já contou para ele sobre sua competição na travessia do lago?

— Acho que não, não lembro.

Ao ouvir essa informação, Tobias sentiu um calafrio e se assustou.

— A menina vai competir numa travessia?

— Vai, Tobias. Ela nada muito bem. Vai participar da travessia para meninas em um dos lagos de São Bernardo do Campo.

Tobias empalideceu e rezou para que ninguém notasse.

— Vai nadar?

Foi a mãe quem respondeu:

— Sim, vai competir com outras jovens. Será a primeira vez dela.
— Desculpe-me perguntar, dona Aline, isso não é perigoso?
Emily interveio:
— De jeito nenhum, Tobias, eu nado muito bem, e minha treinadora é minha mãe. Não poderia ter melhor.
Aline sorriu.
— Mas que falta de modéstia, filha...
— Ué, mas é verdade, mesmo.
— Está bem, não vou discutir isso. Agora vamos embora, filha, outro dia você conta os detalhes para o Tobias, mas precisamos ir — dirigiu-se ao restaurador: — Até a vista, Tobias, foi muito bom reencontrá-lo, apesar de este encontro reativar algumas lembranças nada alegres.
— Eu sei, dona Aline, mas aquele momento triste já passou, não precisamos mais falar sobre isso.
— Você está certo. Até a vista.
Emily acenou para o velho.
— Tchau, Tobias.
Segurando delicadamente um dos braços de Aline e com a outra mão no ombro de Emily, Marcelo conduziu-as até a saída.
Já com um pé na calçada, Aline parou e voltou-se:
— Ei, livreiro bonitão!
— Oi?
Ela corou e teve que rir.
— Tudo bem, eu mereço...
Emily não entendeu nada.
— O que foi, mami?
— Nada, filha, seu tio é muito brincalhão.
Ele veio perto dela, sorrindo.
— Esqueceu-se de alguma coisa, bonitona?
Ela voltou a entrar na livraria.
— Você que esqueceu: cadê meu livro de cortesia? Não vou deixá-lo escapar, promessa é dívida.
Ele cobriu o rosto com as mãos.
— Ai, que vergonha — foi até uma das gôndolas, procurou e pegou um exemplar do romance *Amar é para sempre* e entregou-o a ela.
Ela recebeu, mas cobrou:
— E a dedicatória?
A pergunta foi maliciosa:

— Posso escrever o que eu quiser?
— Claro, desde que seja verdadeiro.
Ele ficou vermelho que nem um pimentão e gaguejou:
— Eu... Bem... Vamos combinar?
Ela sorriu ao perceber o rubor da face dele.
— Vamos. O que você propõe?
— Deixe-me pensar algum tempo no que vou escrever. Já que tem de ser uma dedicatória verdadeira, prefiro pensar melhor, você me entende?
Desta vez, quem corou foi Aline. Olhou bem para ele e disse:
— Está bem, eu entendo, mas vou cobrar, hein?
— Faço questão disso.
Não é possível saber se Emily, com 11 anos apenas, conseguiu decodificar as mensagens trocadas naquelas entrelinhas.
É curioso como as pessoas que se amam, ou que, pelo menos, se gostam muito, têm a incrível capacidade de criar uma linguagem própria, seja de sinais ou palavras estranhas, inacessível para quaisquer outras criaturas.
Marcelo ficou algum tempo parado, ao lado de uma gôndola, sorrindo e olhando para a porta por onde Aline e Emily haviam acabado de sair. Depois de algum tempo, voltou para a oficina.
— E os dois novos livros? Muito estragados como aos anteriores?
— Não, não muito. Já vi piores.
— Você me parece preocupado, Tobias. Não estava com esta cara antes da visita de Aline e a filha. Foi algo que a Emily disse?
Tobias teve receio de que Marcelo tivesse ouvido algo de sua conversa com a menina, mas disfarçou:
— Não, patrão, está tudo bem.
Os dois homens mantiveram silêncio por alguns minutos, até que Tobias se manifestou:
— Patrão, desculpe perguntar. Sei que não é da minha conta, mas a menina Emily vai competir exatamente em quê?
— Até onde sei, ela vai participar de uma travessia para meninas.
O velho se assustou novamente. O passado ainda era muito forte em sua memória.
— A menina vai mesmo participar de uma travessia?

— Sim, vai ser em um lago, em São Bernardo do Campo. Vai nadar 300 metros, parece, numa categoria para garotas, com idade aproximada à dela.

Tobias estava cada vez mais assustado. Lembrava-se das ameaças feitas por Alícia.

— Ela vai nadar em um lago?

— Sim, mas não deve ter perigo, pois é uma travessia apropriada para a idade dela. Parece que os organizadores fazem esse evento todos os anos.

O restaurador levantou-se meio trêmulo.

— Patrão, não se assuste com o que vou dizer: a menina Emily não pode participar dessa travessia.

Marcelo voltou-se surpreso:

— Oi?

— Patrão, me desculpe, mas a menina não deve participar dessa competição.

Marcelo franziu a testa, surpreso com essa inesperada manifestação do seu geralmente calado amigo.

— Que história é essa, Tobias? Não estou entendendo. Foi a mãe dela quem a inscreveu e a treinou. Aliás, continua treinando.

Tobias insistiu, agora nervosamente.

— Eu sei, patrão, mas ela não pode participar. É muito perigoso.

Marcelo aproximou-se dele, sorrindo, tentando acalmá-lo:

— Meu bom Tobias. Aline é professora de natação, e Emily vem treinando quase todos os dias com ela.

O velho balançou a cabeça.

— O patrão não está entendendo.

— Então, me explique, Tobias.

O velho aproximou-se do patrão e olhou-o fixamente:

— Patrão, estou tentando lhe dizer que Emily correrá perigo se participar dessa travessia, acredite no que estou dizendo.

— Mas que perigo, homem? Já lhe disse que ela nada como um peixe, segundo a mãe dela.

— Mas será que não tem como o senhor impedir a participação dela, falando com a dona Aline?

— Não posso e não devo, amigo. Isso é assunto delas. Se os pais concordaram, o que eu posso fazer? — novamente ficaram em silêncio durante algum tempo. — Veja, Tobias, sei do drama que você viveu com a perda do seu filho adolescente, aliás, com a mesma idade da Emily. Foi lamentável e isso deve tê-lo deixado sensível com relação à segurança de todos os filhos jovens. Mas, no caso da Emily, fique tranquilo, ela sabe nadar muito bem, segundo Aline me disse. Portanto, não se preocupe.

    O que preocupava Tobias não era exatamente a competição em si, mas as palavras de Alícia, que lhe pareceram uma clara ameaça. Naquele momento, Tobias não entendera direito o sentido da frase, mas depois que soube da competição de Emily, ela passou a fazer um claro e ameaçador sentido.

    Um sentido nada bom.

CAPÍTULO 10

Dia 15 de dezembro, noite de sábado.

Já em sua modesta casa, Tobias não conseguia conter sua inquietação.

Nunca poderia esquecer o drama pelo qual passou quando ocorreu a tragédia que vitimou Alícia e seu filho Josias. Fora um duro golpe que lhe custara, pouco tempo depois, a vida de sua querida Juliana, companheira de tantos anos.

Também presenciara o desespero de Dóris e de seu marido. Inconformados, choravam e praguejavam todos os dias. Ele próprio não sentia mais forças para trabalhar e mesmo para viver.

Agora, fora surpreendido pela presença do espírito de Alícia, sua antiga senhorinha, que buscava uma vingança, nascida de um ódio, principalmente contra sua irmã gêmea, Aline, procurando fazê-la sofrer com a morte da filha, sem atentar para o fato de que se tratava de sua sobrinha.

De tanto que Marcelo lhe falara de Aline, Tobias aprendera a gostar dela e sentia que o patrão estava encantado com sua nova amiga. Portanto, se ela sofresse, ele também sofreria — e Tobias não poderia permitir que isso acontecesse com seu chefe tão amigo e generoso.

Além do mais, Aline pareceu-lhe uma pessoa do bem, quando ela surgiu na sua oficina. Ela não merecia a maldade que estava sendo preparado pelo espírito perturbado da irmã gêmea.

E algo lhe dizia que o desenlace ocorreria na tal travessia.

No entanto, sentia-se impotente. O que poderia fazer para ajudar a menina? Achava que só seu patrão poderia ter suficiente influência sobre Aline para convencê-la a que a filha desistisse da competição. E só ele, Tobias, tinha condições de revelar a Marcelo os verdadeiros motivos e as razões que o levavam a ter aquele medo pela vida de Emily, ninguém mais. Mas será que ele acreditaria e o levaria a sério? Apesar do conhecimento sobre o espiritualismo obtido em suas viagens, Marcelo não era espírita e, talvez, não acreditasse nessa história de vida após a morte.

Mas Tobias concluiu que não tinha outra opção. Deveria contar tudo para seu chefe. Se ele não acreditasse e não tomasse nenhuma providência, então, pelo menos fizera sua parte.

Levantou-se e saiu.

Por mais incrível que pudesse parecer, Marcelo recebeu a inesperada visita de Tobias em seu apartamento, pela primeira vez desde que trabalhavam juntos havia tantos anos. Seu funcionário era humilde e conservador e não achava "certo" um empregado frequentar a casa do patrão — apesar dos inúmeros convites do rapaz.

A surpresa estava estampada no rosto de Marcelo, quando abriu a porta para o restaurador.

— Tobias, que bom recebê-lo aqui, meu amigo, entre. É a primeira vez que você aparece no meu apartamento e não é por falta de convite. Aconteceu algo?

— Não, patrão, está tudo bem. Com licença — ele entrou devagarinho. – É que eu preciso conversar alguns assuntos com o senhor, e na livraria não temos privacidade, pois a toda hora chega cliente.

— Graças a Deus, não é, Tobias? Que continue assim.

— Sim, claro, que cada vez venham mais clientes. Por isso achei melhor vir aqui, embora acredite que eu esteja importunando o senhor.

— Que importunando que nada, amigo, você sabe que é um prazer recebê-lo em meu humilde apartamento. Espero que, agora que aprendeu o caminho, venha mais vezes, daqui para frente.

— Obrigado, patrão, o senhor, como sempre, muito gentil.

— Vamos nos sentar, amigo. Fiquemos mais à vontade. Já jantou?

— Já, obrigado.

— Então, venha — foram para a sala de estar e acomodaram-se nas confortáveis poltronas. — Pronto, assim está melhor, não é?

— Sim, está, mas...

O velho restaurador olhou para os lados, pigarreou, dando mostras claras de que estava hesitante. Marcelo percebeu e deu-lhe força.

— Estou ouvindo, Tobias. Fique à vontade.

— É que o assunto é meio... Como vou dizer? É meio... — parecia que ele não achava a palavra adequada.

— Meio o quê, Tobias? Não me diga que veio pedir demissão.

A reação foi enfática:

— Não, Deus me livre, nem pensar. Estou muito feliz trabalhando com o senhor.

Marcelo inspirou e soprou com força.

— Ufa, que alívio. Então, não pode ser nada pior do que isso.

Tobias balançou a cabeça, preocupado:

— Acho que pode, patrão.

— Meu caro Tobias, estou começando a ficar intrigado com tanto mistério. Fale logo, homem.

Depois de algum tempo, Tobias deu um profundo suspiro, recostou-se na poltrona e olhou sério para seu chefe.

— Sei que o senhor vai achar minha pergunta estranha.

— Só você perguntando é que vamos saber.

— Desculpe perguntar, mas que chance o senhor tem de impedir que a menina Emily participe da competição?

Marcelo franziu a testa e balançou a cabeça.

— Desculpe, Tobias, não entendi.

— Vou repetir o que já disse ao senhor: a Emily, filha da sua amiga, não deve participar da travessia.

— Mas que conversa mais bizarra, meu amigo. Não sei o que você quer dizer com essa história toda, sobre a qual, aliás, já conversamos.

— Eu sei disso, mas o senhor precisa acreditar em mim: a Emily corre perigo, patrão. Perigo de vida.

— Perigo de vida? — Marcelo sorriu discretamente, achando absurda aquela afirmação, e respondeu com calma: — Tobias, escute, também vou repetir: a Emily nada muito bem, e a mãe dela é sua professora. Foi ela mesma que inscreveu a filha na competição. Então, eu lhe pergunto: nessas condições, por que alguém ou algo haveria de impedi-la de competir? O que é que nós temos com isso, amigo? Gosto muito da

Aline e da Emily, você sabe muito bem disso, mas que direito nós temos de interferir? E, principalmente, por quê?

Tobias baixou a cabeça por um instante e voltou a olhar para o patrão:

— O senhor quer mesmo saber, não é?

— Claro que quero, para ver se assim compreendo melhor seu receio.

O velho olhou para o teto, como que procurando por lembranças.

— O que vou lhe contar aconteceu há 23 anos. Eu e minha mulher Juliana trabalhávamos para o casal Dóris e Edgar, donos de uma luxuosa mansão no interior de São Paulo, cercada de belos jardins, um bosque e tendo ao lado um enorme lago. Eu era o caseiro e jardineiro, mas fazia de tudo um pouco. Minha mulher era responsável pela cozinha e pela arrumação da casa. Naquela época, tínhamos um filho, o Josias, nosso tesouro. Demorou para chegar, pois Juliana teve muitos problemas de saúde para engravidar.

Delicadamente, Marcelo interrompeu a narrativa do velho:

— Sei que sua esposa e seu filho já faleceram, mas o que aconteceu com eles?

— Já lhe digo. Como o senhor já sabe, meus patrões tinham duas filhas gêmeas, Alícia e Aline, que hoje é mãe de Emily — Tobias olhou-o de um jeito estranhamente triste e continuou: — O senhor precisa saber que meu filho Josias tinha a mesma idade das meninas, quando tudo aconteceu.

Nervoso, Marcelo mal podia controlar sua ansiedade, queria saber logo o final daquela história.

— Quando aconteceu o quê, Tobias?

— As crianças adoravam brincar no bosque ou nas margens do lago. Era um lago imenso, largo e profundo, e elas tinham recomendação de não entrarem na água, quando não houvesse um adulto por perto.

— Claro, muito certo.

— Mas o senhor sabe como são as crianças, não é? Ninguém viu como aconteceu, nem os pais das gêmeas, nem eu, nem Juliana. Era uma manhã de verão, e o dia estava muito quente. Nós, adultos, estávamos todos dentro das casas, mais confortável e fresco do que ficar lá fora, debaixo de um sol escaldante, mas que as crianças adoravam.

— Mas o que aconteceu, homem?

— Só tivemos nossa atenção despertada ao ouvir os gritos de Aline, que estava passeando no bosque quando ouviu pedidos de socorro. Quando chegamos à beira do lago, ficamos sabendo que Alícia e meu filho haviam entrado na água e já tinham sumido da superfície do lago.

— Meu Deus, Tobias, eles se afogaram?

O velho fez apenas um lento gesto afirmativo com a cabeça.

— Ninguém sabe como aconteceu. Alícia nadava muito bem, mas o Josias ainda estava aprendendo, inclusive com ela. Na certa, a menina tentou salvá-lo e se afogou também, pois, horas depois, os corpinhos foram encontrados pelos bombeiros, abraçados, a vários metros de distância do local onde haviam sido vistos pela última vez.

Marcelo estava entre horrorizado e emocionado.

— Deus do Céu, Tobias, que tragédia!

— Pois foi. Mas a tragédia não parou por aí. Minha mulher não aguentou a dor dessa perda e, poucos meses depois, morreu em meio a uma profunda depressão. A pressão dela baixou demais e o coração não aguentou.

— Que coisa terrível, amigo. E você, como ficou?

— Fiquei totalmente arrasado e quis morrer também, mas não tive coragem de acabar com a minha vida. Pedi demissão do emprego e fugi para bem longe daquele lugar, como se assim pudesse apagar as tristes recordações. Voltei para a minha cidadezinha de origem.

Marcelo levantou-se e pôs uma mão no ombro de Tobias.

— Sinto muitíssimo, meu velho. Imagino o quanto você deve ter sofrido. E a minha amiga também, mesmo ainda sendo criança.

— Dona Aline sofreu muito, inclusive achando-se culpada porque não sabia nadar. Ela achava que, se soubesse, poderia ter evitado tudo.

— Meu Deus, que tragédia.

— Eu queria morrer também, pois perdi as duas pessoas que mais amava na vida. Só consegui resistir, porque, quando cheguei à minha cidade, algumas boas almas me ajudaram a superar isso e a encontrar forças para continuar vivendo.

Marcelo voltou a sentar-se, e os dois homens ficaram em silêncio por longo tempo, refletindo sobre o ocorrido.

Por fim, Marcelo resolveu perguntar:

— É uma história muito triste, Tobias, e eu lamento muito. Mas, desculpe perguntar, o que ela tem a ver com a competição da Emily?

— Perdoe-me, patrão, mas o senhor não vai acreditar.

— Pois experimente.
— O senhor é espírita ou espiritualista?
— Qual é a diferença?
— O espírita segue a doutrina decodificada por Allan Kardec. O espiritualista é aquele que pratica alguma forma de espiritualidade, que acredita em algo além da matéria, independente da religião ou da doutrina que siga. Assim, todo espírita é um espiritualista, mas nem todo espiritualista é espírita.
— Entendi, mas tudo o que sei sobre a doutrina espírita é o pouco que li, folheando alguns livros e romances que vendemos na livraria. Mas, no geral, sou meio místico, o que quer dizer que sou espiritualista. Curto muito os assuntos transcendentais, embora não pratique nenhuma corrente.

Tobias tornou a balançar a cabeça.
— Bom, então, talvez acredite.
— Tobias, não vou repetir o que já lhe disse. Deixe que eu decida se vou ou não acreditar.

O velho fez uma pausa, recostou-se novamente no encosto da poltrona, cruzou as mãos sobre o peito e olhou fixamente para o patrão.
— O patrão já ouviu falar em vida após a morte e reencarnação?
— Sim, andei lendo a respeito, motivado por um filme a que assisti e que tratava desses assuntos. Também já li alguns romances e assisti a vários documentários sobre esses temas. Achei-os tão interessantes que, quando tenho um tempinho disponível, até ando pesquisando a respeito na internet. Mas ainda não está claro para mim o que tudo isso tem a ver com a Emily.

Sem mover um músculo sequer, Tobias disse de uma vez:
— É preciso crer em vida após a morte para aceitar que os espíritos não morrem e que podem voltar ao nosso plano, depois de algum tempo — fez uma pausa antes de dizer o principal. — Alícia voltou.

Marcelo ficou boquiaberto.
— Como assim? Se ouvi direito, você acabou de me dizer que ela morreu afogada, tentando salvar seu filho.
— Disse, sim, mas o espírito dela voltou e está usando o corpo de Emily para se manifestar de vez em quando.

Marcelo se assustou:
— Como é que é, Tobias?

O velho fez uma pausa e depois falou seriamente:

— Sem querer e, certamente, sem saber, Emily é um canal para o espírito de Alícia em determinados momentos. Por enquanto, esses momentos são poucos, mas tendem a aumentar, ocorrendo com mais frequência.

Pasmo, Marcelo não acreditou no que ouvira. Achou que tinha entendido mal ou que não tinha ouvido claramente as palavras do senhor.

— Desculpe, Tobias, perdoe minha ignorância, mas acho que não entendi o que você disse, me parece algo muito louco.

— Vou repetir, chefe: Alícia, a gêmea que morreu no lago junto com meu filho Josias, tornou-se um espírito obsessor e revoltado, e está usando Emily e, de vez em quando, assume o comando das atitudes da menina, podendo, inclusive, levá-la a cometer atos contra si.

Marcelo se mostrava confuso.

— Eu confio muito em você, Tobias, mas essa é uma teoria que me parece muito fantástica.

— Eu sei, e essa descrença é previsível entre pessoas que não conhecem ou praticam o espiritismo.

— E como é que você tem conhecimento de tudo isso?

— Quando Emily entrou na minha oficina na primeira visita, imediatamente eu vi o espírito de Alícia.

Marcelo estava incrédulo.

— Como é que você consegue ver isso?

— Não é por acaso, patrão. Primeiro, porque o rostinho de Emily se transformou. E depois, desenvolvi minha mediunidade por meio do estudo da doutrina, depois que perdi minha esposa e meu filho.

— Estou surpreso, amigo. Trabalhamos juntos há tanto tempo, e eu não conhecia esse seu lado.

— Tenho evitado comentar sobre meu passado porque me faz sofrer muito, mas a verdade é que, depois daquela tragédia, para tentar aplacar minha dor, logo que voltei para minha cidade, passei a frequentar um centro espírita e ali encontrei conforto para a alma. Com o tempo, tornei-me estudante da doutrina e desenvolvi a mediunidade que já tinha e não sabia usar. Descobri que sou médium vidente, tenho o dom de ver além do corpo físico, não com os olhos físicos, mas com os da alma. Foi assim que vi o espírito de Alícia acompanhando Emily.

Abismado, Marcelo levantou-se, bebeu um pouco de água e voltou à sala:

— Sinceramente, Tobias, estou confuso. Meus conhecimentos do espiritismo são escassos e tenho dificuldade de compreender esses assuntos que você falou.

— Mas pelo menos o senhor está acreditando em mim?

— Claro, amigo, sei que você não brincaria com um assunto tão sério como este. Só estou tentando entender. Por exemplo, a presença de Alícia pode prejudicar Emily, fazer-lhe mal?

— Neste caso, infelizmente, a resposta é sim, porque Alícia está muito revoltada e inconformada com sua morte precoce e culpa os pais e a irmã pelo que aconteceu com ela, no lago.

— Mas, por que será que ela acha isso?

— Acha que os pais foram displicentes deixando as crianças sozinhas na beira do lado. Pelo mesmo motivo, também culpa até a mim e a Juliana.

— Também acho imprudência deixar crianças brincando sozinhas na beira de um lago. Mas, por que esse espírito também culpa Aline?

— Segundo Alícia, Aline é culpada porque nunca quis aprender a nadar. Na mente dela, se a irmã soubesse nadar, poderia tê-la salvado e ao Josias.

— Ou morrido junto com eles.

— Sim, também poderia ter acontecido isso, mas, devido ao ressentimento que cultiva, Alícia não leva isso em conta.

— Tobias, eu acho essa postura de Alícia um tremendo absurdo. Aline também era uma criança, como a irmã e seu filho.

— Foi o que eu disse para ela.

Marcelo tornou a se surpreender.

— Alícia falou com você? Vocês conversaram a respeito?

— Sim, por duas vezes, e ela ficou muito surpresa por eu conseguir reconhecê-la. E ainda bem que a reconheci, porque, caso contrário, não poderia alertar vocês para o perigo que Emily está correndo, e Alícia continuaria agindo às escuras ou seria notada apenas quando já fosse tarde demais.

— Mas, nas duas vezes que Emily conversou com você, ela nos disse que não se lembrava de nada do que haviam falado.

— Nem poderia lembrar. Quando é o espírito de Alícia que está no comando, a mente de Emily fica temporariamente "desligada".

Marcelo ficou pensativo, administrando o conflito interno entre a incredulidade e a confiança no seu amigo.

— Tobias, está me ocorrendo que, o fato de Alícia julgar os pais culpados pela sua morte precoce, talvez, explique porque a Emily não consegue se relacionar bem com os avós, faz sentido?

— Claro que faz todo o sentido, patrão. Não deixa de ser uma influência do espírito revoltado de Alícia.

— Meu Deus, Tobias, que incrível. Se não fosse você quem estivesse me falando, eu não acreditaria de jeito nenhum.

— Veja bem, patrão, longe de mim a intenção de assustá-lo, mas é preciso que o senhor saiba que outra tragédia ainda poderá acontecer.

— Como assim?

— Como lhe disse, o espírito de Alícia está muito raivoso, com desejo de vingança. Ela quer que a irmã sinta o mesmo desespero que a mãe delas sentiu ao perder a filha.

— E como ela conseguiria isso?

Tobias demorou a responder, porque sabia que impactaria o chefe.

— Usando Emily como vítima, fazendo-a morrer.

Marcelo ficou pálido.

— Tobias, acho que sua imaginação está indo longe demais.

— Infelizmente não, patrão. Espero que nada de ruim aconteça nessa travessia em que Emily vai competir, mas pode ser a grande oportunidade para o Alícia conseguir seu perverso objetivo. Ele achará muito oportuna a morte de Emily ocorrer também se afogando em um lago, assim como ela.

— Isso não seria possível, porque sei que Emily nada muito bem, jamais se afogaria nadando em um lago.

— Desculpe, mas o senhor está enganado. Uma vez que esse espírito obsessor toma conta das ações de Emily, pode fazer com que ela própria provoque sua morte por afogamento. Vai parecer um acidente, um mal súbito ou até mesmo suicídio.

Marcelo levantou-se assustado.

— Meu Deus, Tobias! É assim que Alícia pretende fazer Aline sofrer, provocando a morte de sua filha?

— Isso mesmo, patrão, e é justamente por essa razão que Emily não deveria participar da travessia. O senhor me entende, agora?

Novo silêncio entre os dois homens. Marcelo teve outra dúvida:

— Mas, eu não entendo o seguinte: se Alícia fizer qualquer ação violenta contra Emily, ela também morrerá. Então...

— Ora, patrão, ela já está morta, agora é só um espírito. Na verdade, Alícia não tem nada a perder.

— Então, em resumo: você acha que o espírito de Alícia pode fazer com que Emily se afogue durante a competição?

— É justamente o que eu receio.

— Mas ela teria poder para isso?

— Se, no meio da travessia, Alícia assumir o controle de Emily, a resposta é sim. Pode, por exemplo, fazê-la perder os sentidos ou querer mergulhar bem fundo.

Agora desesperado, Marcelo cobriu o rosto com as mãos.

— Meu Deus! Mas, homem, como é que eu vou conseguir convencer Aline a não deixar a filha competir? A própria Emily não vai aceitar isso, depois de todo o treinamento e toda a expectativa.

— Sei que é muito difícil, patrão, mas, na minha humilde opinião, acho que o senhor deveria pelo menos tentar.

— Se você estiver certo, meu amigo, não sei o que fazer. Isso tudo é muito incrível, eu nem sabia que existia.

— Foi justamente por isso que fiz questão de vir aqui, para conversarmos com mais calma, sem interrupções.

— Fez muito bem. A competição é no dia 18, falta pouco tempo. Você tem razão, precisamos alertar Aline.

— Sem dúvida, mas tenho outro receio: como é que vamos provar tudo isso? Na verdade, é apenas a palavra de um velho restaurador de livros, não há como provar nada, e essa informação ainda poderá assustá-la. Dona Aline poderá argumentar que é apenas uma crença ou superstição minha.

Marcelo pensou um pouco:

— É verdade, e nem podemos culpá-la. Para quem não é espírita, isso tudo é muito difícil de compreender e aceitar, meu amigo. Como já lhe disse, só estou acreditando porque é você quem está me dizendo.

Tobias ficou calado por um momento.

— Pensando bem, talvez seja melhor não comentarmos nada com dona Aline. Eu mesmo precisei de muitos anos de estudos para assimilar os conceitos e a prática da doutrina. Será muito difícil ela acreditar.

— Concordo com você, amigo, preciso pensar melhor sobre o assunto.

— Acho que sim — o velho levantou-se. — Bom, sei que já perturbei seu sono desta noite, mas eu tinha que preveni-lo.

— Fez bem, Tobias. Como disse, vou refletir um pouco sobre a questão antes de tomar alguma decisão.

— Que Deus o ilumine, patrão. Não será uma decisão fácil.

— Obrigado, Tobias, nos vemos amanhã.

Depois que o restaurador saiu, Marcelo não conseguiu mais relaxar, nem conciliar o sono. Levantou-se várias vezes, pensou muito sobre tudo o que Tobias lhe dissera e não chegou a nenhuma conclusão.

Por fim, teve uma ideia, mas, pelo adiantado da hora, só poderia colocá-la em prática no dia seguinte.

Pensou em visitar Maísa no apartamento onde ela morava. Como psicóloga, talvez pudesse mostrar uma saída.

CAPÍTULO 11

Dia 16 de dezembro, fim de tarde, domingo.

Maísa tinha 28 anos, era uma morena vistosa, sem chegar a ser bonita, mas atraía os olhares dos homens, principalmente pelas belas linhas do seu corpo. Por ser um pouco míope, usava óculos de modelo bem adequado, que lhe dava um sofisticado ar de intelectual.

Ela decidira não se casar cedo, dizia que ainda tinha muitos planos na vida para colocar em prática, e o casamento certamente iria atrapalhar. De vez em quando, aparecia com um namorado, mas logo anunciava que não dera certo com aquele.

Como atendia à tarde no consultório, ajudava Marcelo na livraria, ficando lá no período da manhã. Quando podia, aproveitava o tempo disponível lá mesmo, para estudar os casos que estava atendendo.

Gostava muito do seu único irmão. Achava-o inteligente, educado e atraente, mas não se conformava com a história do "luto afetivo" que ele mantinha insistentemente havia três anos, pela memória de Patrícia, sua falecida esposa.

Por diversas vezes tentou conversar com ele a respeito ou sugerir que ele procurasse uma terapeuta indicada por ela, mas ele sempre fugia ou evitava essa conversa. Dizia que era só uma questão de tempo, que a perda sofrida ainda era ainda recente, na opinião dele.

Maísa temia pela passagem do tempo. Seu irmão já estava com 34 anos e, nessa idade, a maioria dos rapazes já têm, pelo menos, algumas pretendentes, se não ao noivado, pelo menos para um relacionamento mais sério. Mas Marcelo só ficava e chegava a ficar irritado quando a irmã chamava sua atenção.

O telefone da moça tocou e era justamente seu irmão.

— Oi, mana, tudo bem?

Ela brincou com ele.

— Olha só quem apareceu, meu querido e sumido irmão!

— Que exagero, a gente se vê todo dia.

— Conversa! A gente se vê todo dia, mas eu saindo da livraria e você chegando. Mal dá tempo para um oi.

Ele riu, porque era a pura verdade.

— Pois, para compensar, estou ligando. Aliás, já tinha ligado hoje, duas ou três vezes. Onde você estava?

— Sei lá, dormindo ou na farmácia, estava um pouco enjoada. Mas diga logo o que você quer.

— Calma, não é bem assim. Falando desse jeito, dá a impressão de que só ligo quando estou precisando de ajuda.

— E não é assim?

Ambos riram, e ele continuou:

— Você vai ficar em casa ou pretende sair?

— Tenho que ficar em casa. Exagerei ontem à noite e estou pagando uma pequena ressaca. Uma chatice.

— E tem cerveja gelada por aí?

— Venha logo, meu irmão, deixe de enrolação.

— Fui.

Marcelo estava com sorte em ter encontrado a irmã em casa. Era comum Maísa sair à noite com as amigas para ir ao teatro, cinema ou mesmo jogar conversa fora em algum barzinho das redondezas. Mas, como ela disse, as noitadas cobram um preço.

Como sempre, seu apartamento estava impecavelmente arrumado, o que, para os solteiros sem filhos, manter a ordem em casa é tarefa relativamente mais fácil, quando assim o desejam.

Mal tocou a campainha, sua irmã abriu a porta. Parecia até que estava esperando atrás da porta.

— Entra, bonitão.

Ele era galanteador até com a irmã.

— Gente, você está linda! Se produziu só para me receber?

Ela fingiu ralhar com ele, mas claro que se sentia vaidosa como esses elogios.

— Linda, eu? Já vi que continua bobo.
Abraçaram-se longa e carinhosamente.
— Como você está cheiroso, cara!
— Não mais que você, bonitona.

Depois dos cumprimentos tradicionais entre irmãos que se gostam e de uma rápida refeição regada à cerveja, sentaram-se na sala para conversar um pouco mais. Maísa estava curiosa com a visita de Marcelo, pois, apesar de se gostarem muito, não era comum ele aparecer no seu apartamento e, na verdade, nem ela no dele. Imaginou, logo, que ele deveria estar encucado com algum problema e precisando de orientação.

— Pronto, mano, agora você pode me dizer a razão dessa visita inesperada. Como é o nome dela?

— Oi? Nome de quem?

— Ué, para você me procurar assim de repente, só pode estar apaixonado e em conflito com seu luto afetivo, acertei?

Ele de uma boa gargalhada.

— Apaixonado, eu? Mas nem de longe! Viu? É por isso que não confio nas psicólogas, só vivem chutando hipóteses.

— Ah, já sei, brigou com a namorada e quer desabafar.

Ele respondeu exagerando na paciência:

— Para com isso, Maísa. Você sabe que não tenho namorada.

— Por falar nisso, Marcelinho, meu irmão querido, sei que não é da minha conta, mas até quando você vai ficar solitário?

— Mana, você é psicóloga, devia saber que não é tão fácil assim encontrar outra pessoa quando ainda existem lembranças felizes.

— Mas ninguém vive de lembranças, meu irmão. Foi bom enquanto durou, mas já acabou, ela morreu e, aqui na Terra, a fila está andando, e o tempo está passando. Você já não é mais criança. Está virando um solteirão.

— Olha quem fala, uma solteirona...

— Nada disso, o senhor está muito enganado. No meu caso, a solteirice é uma escolha. Eu tenho meus casos sempre, apenas não são duradores. Por enquanto, só quero me divertir, passar o tempo. Você nem isso faz, pelo que eu saiba. Não faz bem à sua saúde emocional, nem física, aliás, se é que me entende.

Ele sorriu, impedindo que aquela conversa se tornasse muito séria.

— Está bem. Se quer saber, estou apenas esperando que apareça a mulher certa, mas estou aberto — ele riu de si mesmo. — Isto é, quase aberto...

— Ah, sei, está esperando que apareça a Mulher-Maravilha ou a Capitã Marvel, acertei?

— Bom, minha querida, não vim aqui para ficar falando de mim. Quero lhe fazer algumas perguntas.

— Ok, então, manda.

Ele recostou-se no sofá, cruzou as pernas e pigarreou antes de perguntar:

— O que a psicologia acha da teoria espiritualista de vida após a morte ou mesmo da reencarnação?

— Oi? — pelo visto esse hábito do *oi* era de família... — Não estou acreditando. Vida após a morte? Reencarnação? Ouvi direito? O que deu em você para se interessar por esses assuntos?

— Querida, como psicoterapeuta, você bem sabe que não é legal responder a uma pergunta com outra pergunta.

Ela sorriu.

— Está bem, maninho, mas que é estranho, lá isso é. E, pelo seu mau humor, já vi que o assunto é sério — cruzou as pernas grossas sobre o sofá. — Bom, antes de tudo, é bom que você saiba que esses temas não pertencem ao campo da psicologia e sim da parapsicologia e ao campo das religiões, doutrinas e crenças espiritualistas, e que eu não sou *expert* em nada disso.

Marcelo não pôde evitar de sentir certa frustração.

— Então, já percebi que não pode me ajudar.

— Quem disse? Desde quando recusei ajuda ao meu único irmão?

— Ora, você acabou de dizer...

— Eu não sou *expert* nesses assuntos, mas minha vizinha é.

— Sua vizinha?

— Um doce de pessoa, espírita até a alma, sem trocadilho. Inclusive, dá aulas desse assunto para a comunidade. Ficamos muito amigas, e tenho certeza de que ela poderá ajudá-lo, seja lá qual for o seu problema.

Marcelo ficou na defensiva.

— Não é problema, é curiosidade, apenas.

— Que seja, mas vou logo avisando: ela é daquelas mulheres que os machistas adoram chamar de "gostosa" e, se você der mole, ela vai te pegar.

Ele não pode deixar de sorrir.

— Deixe disso, mana, não vim aqui procurar namorada.

Maísa levantou-se, foi até a cozinha e ligou pelo interfone.

— Miga, você está ocupada ou pode dar um pulinho aqui? Pode? Legal, estou esperando.

— Não precisava ter incomodado a vizinha, Maísa.

— Relaxe, ela é do bem e desencanada. Você vai gostar dela — e completou, sorrindo com malícia: — Em todos os sentidos.

Em poucos minutos, a campainha tocou. Maísa abriu a porta, e Vanessa entrou. Era uma ruiva exuberante, lábios grandes e carnudos, olhar esperto, vestindo apenas um pijama azul-claro, com bolinhas amarelas, bem sexy:

— Pronto, Má, eu estava... — interrompeu o que estava dizendo quando viu Marcelo. — Menina, você não me avisou que tinha visita! Olha meus trajes!

— Está de pijama, qual é o problema? Muito *sexy*, aliás. Este é meu irmão Marcelo. Mano, esta é Vanessa, minha vizinha e amiga. Espírita de carteirinha, médium e esses babados todos. Ela saberá tirar suas dúvidas.

Marcelo se levantou com a mão estendida, e Vanessa apertou-a com vigor. A moça estava constrangida.

— Desculpe, Marcelo, sua irmã não me avisou da sua presença, e eu vim do jeito que estava. Vou me trocar e já volto.

Ele impediu-a.

— Não, por favor, não precisa, Vanessa, seu pijama é lindo. E somos todos adultos, não é? Fique à vontade, amiga.

Ela brincou, sorrindo.

— Mais à vontade do que já estou?

Maísa não perdia uma oportunidade de provocar o irmão.

— Pode tirar tudo, se quiser. Eu já vi você despida e tenho certeza de que o Marcelo não vai se queixar.

Dessa vez, ele ficou ruborizado. Vanessa percebeu e saiu em defesa dele.

— O que é isso, miga, acabamos de nos conhecer. Ouvindo você falar assim, o que ele vai pensar de mim?

— Meu irmão é do bem, Van. Senta aí e deixe de frescura — Vanessa e Marcelo sentaram-se em poltronas separadas. — Pronto, Marcelo, pergunte.

Ele pigarreou, pensando por onde começaria.

— Bem, Vanessa, no momento estou interessado em saber um pouco mais sobre esta teoria de vida após a morte e reencarnação que, para mim, são novidades. Você pode me ajudar, falando a respeito?

— Acho que sim, mas é importante você saber que esses conceitos não são novidades. No campo da filosofia e da religião, essas ideias foram defendidas por Sócrates, Platão, Pitágoras e outros famosos filósofos da Grécia Antiga. Cinco mil anos antes de Cristo o hinduísmo já pregava a reencarnação, também aceita pelo budismo.

Tentando controlar sua ansiedade, Marcelo interrompeu-a, esforçando-se para não parecer indelicado.

— Desculpe, Vanessa, isso tudo é muito interessante, mas confesso-lhe que não é tanto a história que me interessa neste momento, mas sim o lado prático, principalmente nos dias de hoje.

— Van, me esqueci de te avisar que meu mano sofre de ansiedade.

— Não, amiga, ele está certo. É minha mania de professora querer explicar tudo do começo, mas deve ter sido útil para você saber que o assunto não é novo.

— Claro, foi excelente sua introdução.

— Vamos lá: os dois temas que você citou — vida após a morte e reencarnação — estão intimamente entrelaçados. A ideia central é de que a alma é imortal e, portanto, sobrevive ao que chamamos de morte. Depois que sai do corpo físico, o espírito vai para outra dimensão ou outro plano, onde iniciará um processo de evolução que visa devolvê-lo à Terra, algum tempo depois, mais preparado para corrigir o que fez de errado, redimir-se de maldades que tenha feito a outros ou apenas concluir alguma missão inacabada. São alguns exemplos.

— Entendi. E esse retorno é imediato?

— Em geral, leva décadas e até séculos, mas há exceções, e a volta pode se dar rapidamente, em questão de anos ou até de alguns meses.

— Sei. E como é que se descobre que uma pessoa é a reencarnação de outra?

Vanessa sorriu.

— Em princípio, isso não é para ser descoberto.

— Como assim?

— É uma forma de proteção. Imagine se você descobrisse que, em outra vida, torturei você até a morte e, nesta encarnação, voltei como sua irmã. Já pensou como seria nossa convivência se você se lembrasse disso?

Ele sorriu, convencido.

— Não ia dar certo, concordo. Mas, então, o assunto ficará sempre sob a sombra da dúvida.

— Sim, o tema é complexo, e muita gente não aceita essa possibilidade. Felizmente, muitos cientistas estudam o assunto tentando descobrir uma prova que possa ser considerada válida pela ciência.

— Por exemplo?

— É muito conhecido e respeitado o trabalho do psiquiatra Ian Stevenson, ex-diretor do Departamento de Psiquiatria da Escola de Medicina da Universidade of Virginia, nos Estados Unidos. Durante 40 anos, desde 1960, ele coletou, em todo o mundo, lembranças espontâneas de vidas passadas de inúmeras crianças. Quando morreu, em 2007, havia investigado e documentado mais de 3 mil casos.

— Que belo trabalho. E onde o espiritismo entra nisso?

— No século 19, um influente educador, autor e tradutor francês, sob o pseudônimo de Allan Kardec, juntamente com outros estudiosos, realizou e divulgou várias experiências tentando demonstrar que os espíritos se manifestavam e podiam se comunicar com o mundo dos vivos, ou seja, comprovando, assim, que havia vida após a morte. Foi então que Kardec fundou a doutrina espírita, tendo a reencarnação como ponto básico, tudo explicado numa série de livros que publicou em seguida.

Marcelo acompanhava as explicações de Vanessa com muita atenção, mas muitas dúvidas vinham à sua mente.

— Diga-me, um espírito pode voltar na mesma família à qual pertencia em outra encarnação?

— O doutor Stevenson afirmava ser comum ocorrer isso. Não é regra geral, mas pode ocorrer com alguma frequência.

Marcelo ficou um pouco pensativo antes de perguntar:

— Esse psiquiatra encontrou algum ponto recorrente nessas pesquisas?

— Sim. Segundo ele, ocorreram muitos relatos de crianças reencarnadas que haviam morrido de forma violenta ou inesperada.

Marcelo tremeu, lembrando-se do afogamento de Alícia. Sua irmã percebeu seu impacto.

— Ei, mano, tive a impressão de que você empalideceu.

Ele tentou disfarçar.

— Não, querida, é apenas impressão sua — e voltou-se para Vanessa. — Mais uma dúvida, amiga. A pessoa tem consciência de sua encarnação anterior naquela família?

— De jeito nenhum, nem desconfia. Pode até imaginar que seja, devido a sinais e marcas idênticos, habilidades e conhecimentos semelhantes, hábitos, trejeitos e, às vezes, até alguma semelhança física. Mas, infelizmente, não há como provar, fica tudo no campo da hipótese, da crença.

— Entendi. Mais uma coisinha: e pode acontecer de, em algum momento, um espírito desencarnado assumir o comando de uma pessoa viva, como voz, palavras, gestos...

Maísa não se conteve:

— Ih, mano, sabe o que eu acho? Parece que você anda assistindo a muitos filmes de terror.

Vanessa saiu novamente em defesa de Marcelo.

— Isso não é apenas ficção, Maísa, a pergunta de seu irmão faz sentido — a moça voltou-se para ele. — Sim, Marcelo, há casos que nós espíritas chamamos de obsessão, que é completamente diferente da reencarnação. São duas coisas bem diferentes.

— E como é essa obsessão?

— De repente, uma pessoa assume um tom de voz distinto, pode falar em outro idioma, gestos que habitualmente não tem, ideias e pensamentos distintos ao seu modo de ser, tudo diferente de como ela é. Fica parecendo até que se trata de outra pessoa.

— E até as feições mudam?

— Externamente, mudam apenas as expressões e os gestos. Se demonstrava um semblante sereno, passa a ficar irritada ou perversa; se era pacífica, pode mostrar-se agressiva. Além disso, uma pessoa influenciada por um espírito obsessor pode praticar ações que nunca fez na vida, inclusive contra si.

— Mas nunca dá para se saber quem é o espírito obsessor?

— Às vezes, dá. O espírito obsessor pode ser reconhecido por um médium vidente. Ele consegue enxergar além do mundo material.

Marcelo perguntou já com medo da resposta.

— Esse fenômeno da obsessão só acontece com adultos?

— Antigamente, pensava-se que esse fenômeno não poderia ocorrer com crianças, mas, com o tempo, a prática demonstrou que isso era um engano. Muitas crianças e muitos adolescentes apresentam casos de obsessão espiritual.

O livreiro tinha vontade de sair correndo e procurar Aline.

— Você já presenciou casos assim, Vanessa?

— Muitos. E garanto-lhe que são assustadores.

Maísa interrompeu novamente:

— Gente, não quero ser chata, mas já deu. Vamos mudar de assunto. Agora, eu é que estou ficando com medo.

Marcelo aproveitou para provocar a irmã.

— Uma psicóloga com medo desse assunto?

— Meu querido, eu trato dos vivos; desses, não tenho medo. Acho melhor você marcar um encontro com minha amiga, a sós, e falarem à vontade desses temas. Meu campo é o comportamento humano, exclusivamente humano, entendeu?

— Entendi, doutora Freud. Vanessa, depois te ligo para continuarmos a conversa. Por enquanto, te agradeço muito. Esclareceu as principais dúvidas que eu tinha. Muito obrigado mesmo.

— Pode contar comigo, Marcelo. Gosto muito desses assuntos e das pessoas que se interessam por eles.

— Pronto, gente, papo encerrado. Agora, vamos brindar o encontro com uma taça de vinho. Vamos usar a imaginação e fazer de conta que é a festa do pijama, em homenagem à minha amiga aqui.

— Van, assim você me mata de vergonha...

Daí para frente, a conversa girou em torno de assuntos mais "terrenos". Ainda não eram 20 horas quando Marcelo, ansioso, pediu licença para sair.

Sua irmã aproveitou para brincar.

— Já vai, mano? Está na hora do encontro?

Ele nem respondeu, apenas sorriu e saiu, depois de beijar a face das duas mulheres.

Sentado no carro, dentro do estacionamento, tamborilando nervosamente o volante com os dedos, ele refletia sobre tudo o que ouvira de Vanessa.

Havia dois pontos que o impressionaram muito, partindo-se do princípio de que realmente existia vida após a morte.

Em primeiro lugar, o fato de que mortes violentas e inesperadas podem apressar a volta do desencarnado. E, em segundo lugar, a afirmação de que o espírito pode reencarnar na mesma família e também obsidiar um parente, o que coincidiria com o fato de Alícia está influenciando Emily, sua sobrinha.

O rapaz também ficou sabendo que o que ocorria com a Emily não era um caso de reencarnação, mas de obsessão, segundo explicara Vanessa.

E mais, um aspecto era fundamental, porém Marcelo ainda não se decidira a respeito: se Alícia voltara em espírito, com desejo de vingança contra sua irmã, através de Emily, ele deveria ou não conversar com Aline sobre o assunto?

Depois de muito pensar, Marcelo concluiu que não deveria falar com sua amiga sobre esses assuntos. Não tinha provas de nada e poderia até assustá-la com essas hipóteses. Portanto, seria melhor ficar quieto e acompanhar de perto os acontecimentos.

Mas, como era de se esperar, ele não conseguiu ficar quieto por muito tempo. Ocorreu-lhe que, se algo de mal acontecesse com Emily, ele jamais se perdoaria por não ter alertado a mãe. Logo, concluiu que precisava conversar com Aline.

Do carro mesmo, ligou para a amiga.

Enquanto ouvia o toque do celular chamando, torcia para que Téo não estivesse em casa. E se estivesse? Bom, ele confiava em que ela seria suficientemente esperta para disfarçar e fingir que fora ligação errada.

Quando ela atendeu, ele usou o "código de identificação":

— *Oi*?

Ela respondeu visivelmente contente, um provável sinal de que o marido ainda não chegara.

— Oi, meu querido amigo, que surpresa!

— Você pode falar?

— Posso. Téo já me avisou que chegará tarde, e Emily foi visitar uma amiga, aqui perto — ela sorriu. — Estava lendo um livro que ganhei de presente de Natal de um querido amigo livreiro. Estou adorando. Está tudo bem com você?

— Está, mas precisamos conversar com urgência.

A voz de Marcelo estava séria, e ela percebeu.

— Nossa, Marcelo, que voz é essa? O que houve?
— Não posso falar por telefone, Aline.
— É tão grave assim?
— Não sei ainda, mas precisamos falar a respeito.
— Deixe-me pensar um pouco — fez uma rápida pausa. — Já sei, ligarei para a Emily e direi que preciso ir até a farmácia e que na volta pegarei ela na casa da amiga.
— Fica bem para você assim?
— Fica, desde que a gente não vá para longe e que não seja um lugar muito cheio de gente.
— Tem algum *shopping center* aí perto de você?
— Sim, tem — e ela o orientou sobre como chegar lá.
— Ótimo. Encontre-me na entrada principal. Deixarei o pisca do meu carro aceso para você me localizar mais depressa. Quando chegar, buzine, e eu a seguirei. Iremos para o estacionamento e conversaremos lá, dentro do meu carro. Garanto-lhe que não tomarei muito do seu tempo.

E assim foi feito. Como havia pouco movimento de carros àquela hora, foi fácil localizar Marcelo. Conforme combinado, ela buzinou, e ele a seguiu. Estacionaram lado a lado, e Aline passou para o carro dele.

Ela estava um pouco nervosa, pois era uma situação nova.
— Oi, meu amigo. Estou me sentindo uma verdadeira agente secreta em missão confidencial.

Ele respondeu sério:
— Antes fosse isso, amiga.

Ela notou o semblante fechado dele.
— Marcelo, você está me deixando preocupada. O que houve?
— Ainda nada, mas poderá acontecer.
— Então fale, homem.

Ele voltou-se para ela e olhou-a firmemente.
— Sei que a pergunta é estranha, mas pense bem antes de me responder: que chances existem de Emily não participar da travessia?

Aline fez cara de espanto.
— Oi? Não entendi.
—Tenho razões para acreditar que Emily correrá perigo se participar da travessia.

Aline riu, descrente.
— Que história é essa, Marcelo? É alguma brincadeira?

— Não, não é. Por favor, me responda.

— Marcelo, meu querido, fui eu que inscrevi Emily, que venho treinando-a há meses, e ela está entusiasmadíssima, só fala nessa competição. Por que haveria de desistir agora, faltando poucos dias?

— Amiga, compreendo seu ponto de vista, mas lhe peço que me escute com atenção, por favor.

— Estou escutando, mas espero que me diga algo que faça sentido.

— Sei que você teve uma irmã gêmea chamada Alícia, que morreu afogada quando tinha 11 anos, não é verdade?

— É verdade, mas o que tem isso a ver com...

— Não sei se você sabe ou acredita, mas o espírito de uma pessoa é eterno e, algum tempo depois, retorna à Terra em outro corpo, para viver uma nova experiência carnal. É o que algumas pessoas acreditam e chamam de reencarnação.

Aline fez uma expressão de descrença.

— Credo!

— Pois bem, o espírito de Alícia voltou. E está com muita raiva de você, quer vingar-se e, para isso, vem influenciando Emily sempre que deseja.

Aline riu nervosamente:

— Marcelo, que conversa estranha é essa? Você bebeu? Não sei se dou risada ou se fico com medo.

— Aline, minha querida, isso é sério. Pela sua reação, vejo que você não acredita em vida após a morte, mas conversei com duas pessoas que entendem muito do assunto, e elas me explicaram como o processo funciona. Foi uma delas que, ao conhecer Emily, me garantiu que ela está sendo obsidiada por Alícia, claro que sem saber e involuntariamente.

— Foi o Tobias quem lhe disse essas coisas?

— Ele foi uma das duas pessoas com quem conversei. Tobias conheceu seus pais, você e sua irmã quando vocês tinham 11 anos. Ele foi testemunha da tragédia que vitimou Alícia e o filho dele, o Josias.

— Marcelo, eu me lembro do Tobias e de tudo o que aconteceu, mas já lhe disse que não me agrada falar sobre isso.

— Eu imagino, amiga, me desculpe, mas preciso lhe explicar tudo para que você entenda a ameaça.

— Está bem, mas seja claro e breve.

— Depois que perdeu a mulher e o filho, Tobias tornara-se espírita praticante e desenvolveu o que eles chamam de mediunidade. Foi então que ele descobriu que tinha o dom da vidência.

— Vidência? O que é isso?
— Em palavras simples, ele consegue ver espíritos.
Aline balançou a cabeça.
— Meu Deus, Marcelo, que coisa mais louca. Não acredito nisso.
— Acredite ou não, foi ele que, ao conhecer sua filha, percebeu que o espírito de sua irmã estava presente e influenciando as atitudes de Emily.
— Você está dizendo que o espírito de minha irmã está usando minha filha para praticar ações?
— Segundo o Tobias, é isso mesmo.
— Marcelo, se não fosse você quem estivesse me falando, eu já teria saído do carro e ido embora.
— Por favor, Aline, acredite em mim.
— Ok, que seja. Alícia está influenciando Emily. E daí?
— E daí que o Tobias soube, conversando com ela...
Aline estava cada vez mais espantada.
— Espera aí, Marcelo, se eu entendi bem, você está me dizendo que Tobias conversou com o espírito de Alícia?
— Me garantiu que sim, e eu acredito nele. Conheço-o há dez anos e sei que não seria capaz de inventar uma história dessas. De acordo com essa conversa, ele ficou sabendo que Alícia está muito zangada e revoltada porque acha que morreu por negligência dos seus pais e por causa do seu desinteresse em aprender a nadar, pois, se soubesse, ela acha que você poderia tê-la salvado.
— Mas isso é um absurdo, Marcelo. Naquela época, todos concordaram que o que aconteceu foi uma fatalidade, não houve culpados.
— Eu também acho, mas parece que Alícia não pensa assim. Inclusive, segundo o Tobias, seria por isso que Emily não consegue se relacionar bem com os avós. Por influência de Alícia, ela tem raiva deles, dos seus pais.
Aline estava ficando nervosa:
— Meu Deus, me desculpe, amigo, não posso acreditar nisso, é coisa de filme ou de livro de terror.
Marcelo tentou acalmá-la.
— Aline, sei que parece absurdo. Eu também achei isso quando Tobias me contou. Mas também conversei com uma amiga de minha irmã, a Vanessa, que também é espírita e acha isso possível.
Aline sentiu algo parecido com ciúme.

— Quem é essa Vanessa? De onde você a conhece?

— Eu não a conhecia, foi minha irmã quem me apresentou. Por coincidência, é vizinha dela.

— Você está se referindo àquela sua irmã que está louca para arranjar uma namorada para você, a Maísa?

— Ela mesma, mas não mude de assunto.

— Depois voltaremos a falar sobre essa Vanessa, mas agora quero saber se você acredita mesmo em tudo isso que está me dizendo. Seja sincero.

Ele pensou um pouco:

— Sinceramente, não sei se acredito, Aline, mas não gostaria de arriscar e colocar Emily em perigo.

— Mas, Marcelo, essa competição existe há anos, e nunca aconteceu um acidente sequer. Por que aconteceria agora, justamente com minha filha, que, aliás, sabe nadar muitíssimo bem?

Marcelo ficou olhando para a amiga, em silêncio, e depois respondeu desanimado:

— Ou seja, em outras palavras, você está me dizendo que não vai impedir a participação de Emily, é isso?

— Não posso impedir, meu amigo, procure me compreender. O que vou dizer a ela? Não tenho uma única razão aceitável para impedir a participação dela. E além de tudo, para sua tranquilidade, diversos barcos com profissionais salva-vidas acompanharão a prova, como é de hábito, justamente para ajudar ou socorrer algum participante, se for necessário. Portanto, ela estará bem protegida.

Os dois ficaram um instante em silêncio, até que ocorreu a Marcelo tentar mais uma cartada.

— Você conseguiria acompanhar a travessia de dentro de um desses barcos?

Ela pensou um pouco:

— Acho que sim, mas acredito que não seria necessário. Nenhuma mãe ou pai, que eu saiba, pediu para acompanhar as nadadoras de dentro de um barco desses.

— Mas se eu lhe pedisse, você conseguiria ir?

— Bem, posso tentar. Vão me chamar de mãe-coruja, superprotetora, mas, se é para deixá-lo mais tranquilo, posso tentar. Conheço o pessoal da organização.

Ele amaciou a voz.

— Faça isso por mim, amiga. Eu vou assistir e ficarei na margem esperando vocês de volta.

— Que bom. Voltaremos em primeiro lugar, espero. Minha filha está muito bem preparada.

— Tudo bem, você manda.

— Mas não pense que me esqueci da tal Vanessa. Você achou-a bonita? Ela deu em cima de você?

— *Oi*? Eu fui procurar minha irmã para esclarecer minhas dúvidas. Como ela não entende do assunto, chamou Vanessa, vizinha e amiga dela.

— Você não respondeu à minha pergunta: achou ela bonita?

Envaidecido, Marcelo percebeu a pontinha do ciúme e resolver cutucar ainda mais a amiga.

— Não sei avaliar isso, ela estava só de pijama.

Brava, Aline quase gritou dentro do carro.

— Ela estava de pijama? Marcelo, vocês conversaram o tempo todo com ela de pijama? E sua irmã não fez nada? Para mim, chega. Vou para minha casa.

Carinhosamente, ele segurou o rosto dela com as duas mãos.

— Bobinha, não sou um homem fácil, certo? Nem olhei direito para ela, só estava interessado nas explicações. Nem sei lhe dizer se era bonita ou não, isso não me interessava. Tanto que saí de lá rapidamente e, de dentro do carro, no estacionamento, liguei para você. Acredita em mim? — como ela não respondeu, ele repetiu a pergunta. — Amiga querida e linda, você acredita ou não?

Ela demorou um pouco para responder, mas, no final, sorriu.

— Acredito, seu galanteador incorrigível. Deve ter dito um monte de palavras melosas para ela.

— Acredite, não falei nada a ela que pudesse, nem de longe, parecer galanteio. Já lhe disse que só falo galanteios para você, que é minha amiga querida e linda.

— Eu confio em você, seu bobo, mas não posso dar moleza. Amigo, preciso ir. Ainda tenho que pegar Emily na casa de uma amiguinha.

— Está bem. Pode sair primeiro.

Antes de saltar, ela deu-lhe um leve beijo na face.

— Fique bem, querido.

— Ficarei.

Calmamente, Marcelo esperou Aline sair do estacionamento antes de dar partida no seu carro.

Para um bom observador, era visível que Marcelo estava contrariado, e a razão era o fato de Aline não ter levado a sério seus alertas.

Talvez o confortasse saber que sua amiga, embora não tivesse demonstrado, ficara bem impressionada com aquela conversa.

CAPÍTULO 12

Dia 18 de dezembro, manhã de terça-feira.

Como naquele dia não daria aulas por causa das férias escolares, Marcelo chegou ao local da competição quase uma hora antes do seu início. Os organizadores ainda estavam concluindo os últimos preparativos para receber os competidores, seus familiares, amigos, as autoridades, a imprensa e o público em geral.

Não era comum ocorrerem competições durante a semana, geralmente elas eram realizadas aos sábados, domingos ou feriados, mas essa, em particular, era para crianças e adolescentes, e a maioria deles já tinha compromissos de viagem por causa do Natal. Os organizadores sabiam, desde os anos anteriores que, se o evento ocorresse muito próximo aos feriados, não conseguiriam atrair um grande número de competidores, nem de público, além dos pais, demais familiares e alguns amigos dos competidores.

Além disso, neste evento específico, o objetivo era mais institucional, porque a competição de adultos era a que, de fato, atraía grande número de pessoas. Além disso, os custos com equipamentos e instalações eram mais baratos durante os dias de semana e eram inteiramente cobertos pelos patrocinadores.

O dia estava bonito, bem ensolarado e um vento suave e refrescante.

Foi montada uma grande arquibancada que, segundo Marcelo calculou rapidamente, tinha capacidade para receber cerca de 200 espectadores, talvez até um pouco mais. Ao lado, havia um palanque, certamente para acomodar a direção do evento e as autoridades. Todo o local estava enfeitado por bandeirolas, que, presas a cordões, cruzavam o espaço em várias direções. Nos postes, alguns *banners* alusivos ao evento e às empresas patrocinadoras.

Foi ligado um potente alto-falante e logo se ouviu a voz do narrador oficial da competição dando boas-vindas a quem chegava e informando alguns detalhes da competição, citando, inclusive, o nome das vinte participantes. Nos intervalos, eram tocadas músicas modernas, adequadas ao tipo de evento e à idade das competidoras, meninas de 10 a 15 anos.

Aos poucos, as jovens nadadoras foram chegando, vindas da sede do clube, onde ficavam os vestiários. Marcelo ficou atento para avistar Emily e a mãe assim que aparecessem ali.

Respirou fundo quando percebeu que dois integrantes da comissão organizadora se aproximaram da margem do lago, fincaram na terra úmida dois mastros, abriram e prenderam neles uma grande faixa onde se podia ler: "Largada". A cerca de cinco metros, repetiram o gesto, com outra faixa, agora com a inscrição "Chegada".

Só então Marcelo observou melhor o lago e, por alguma razão, sentiu-se desconfortável, inquieto. O lago era muito bonito, com águas límpidas, mas inspirava um temor desconhecido, certa insegurança. Achou que devia ser sua imaginação, estimulada pela ansiedade.

Aquele lago era imenso, bastante largo, devia ter vários quilômetros de extensão, mas claro que a competição estaria circunscrita a, no máximo, 300 metros, ida e volta.

Em circunstâncias normais, todos os lagos são belos e quase todos com águas mansas e plácidas, exceto em dias de tempestade. Aquele estava calmo, até demais, mas parecia a Marcelo muito sombrio, sem nenhuma razão aparente.

"Certamente, isso tudo deve ser produto da minha imaginação. Talvez eu tenha me precipitado e assustado Aline sem necessidade. Mas Tobias falou tão a sério e com tanta convicção... E, depois, as afirmações que a Vanessa fez sobre vida após a morte... Bom, com certeza preciso me acalmar."

Estava imerso nesses pensamentos quando avistou Emily, saindo da sede do clube acompanhada pela mãe. A garota trazia consigo o *kit* dado às participantes, composto de touca, óculos apropriados e uma tornozeleira com chip, para que as jovens pudessem ser monitoradas e terem a velocidade registrada.

Como sempre, Aline estava linda, vestida de maneira bem esportiva, de camiseta branca e bermuda azul. Emily já estava com as roupas indicadas para a natação, já tendo colocado a touca e os óculos, que estavam posicionados na cabeça.

Mesmo percebendo que algumas pessoas o olhavam, Marcelo levantou-se e começou a gesticular para chamá-las. Foi Emily quem viu o rapaz primeiro e avisou para a mãe, que abriu um largo sorriso ao avistar o amigo.

Sorrindo, mãe e filha se aproximaram e subiram os degraus da arquibancada para abraçar o amigo.

— Que bom que você veio, tio Marcelo!

— É claro que eu não poderia faltar, querida. Gente, como você está bonita! E com cara de campeã!

A mãe brincou:

— Marcelo, esta menina já é narcisista de nascimento e você ainda fica alimentando a vaidade dela!

— Mas é a pura verdade.

Aline aconselhou a filha.

— Filha, é bom você já ir para o lugar da largada, para receber instruções. E lembre-se do que falei: muita serenidade, energia e confiança.

— Já vou, mami! E fique tranquila, não me esquecerei das suas orientações. Tio Marcelo, torça por mim, viu?

— Mas é claro, minha princesa!

A garota desceu rapidamente os degraus da arquibancada e se dirigiu ao ponto de largada, onde os organizadores davam as últimas instruções para as jovens.

Assim que a garota se afastou, Marcelo dirigiu-se a Aline. Queria uma informação cuja resposta estava deixando-o ansioso:

— E então, amiga, você conseguiu permissão para ir em uma das lanchas, conforme combinamos?

— Consegui, Marcelo, pode se acalmar, mas continuo achando isso um exagero. Só vou porque você pediu.

— Pode até ser exagero, querida, mas não custa nada. Veja o lado bom dessa situação: você vai acompanhar a competição bem de perto, um privilégio de poucos. Se eu soubesse nadar como você, iria no seu lugar.

Graciosamente, ela pressionou com a extremidade do dedo indicador a ponta do nariz dele.

— Depois vamos agendar umas aulas.

Ele sorriu, malicioso.
— Com certeza, faço questão.
— Bom, deixe-me ir. As lanchas já estão preparadas.

E ela começou a descer, quando ele gritou:
— Não vá cair na água, hein?

Ela parou e voltou-se, brejeira.
— E se eu cair?
— Aí vou ter que salvá-la, mesmo sem saber nadar...
— É ruim, hein?

Rindo, ela desceu os degraus da arquibancada e se dirigiu a uma das lanchas. Um dos instrutores ajudou-a a subir, e ela logo se acomodou em um assento lateral de madeira.

Marcelo contou 19 competidoras. Assustou-se quando o juiz deu um tiro para o alto, autorizando a largada.

As jovens entraram na água e, tão rapidamente quanto possível, lançaram-se nela e principiaram a nadar. Devido ao movimento ágil das braçadas, a água agitava-se e se enchia de espuma.

O pessoal da arquibancada, a esta altura completamente lotada, começou a gritar torcendo cada um pela sua nadadora favorita.

Marcelo trouxera um binóculo para melhor acompanhar a *performance* de Emily, mas era difícil manter a garota no foco, devido ao balanço da arquibancada, sacudida pelos pulos das pessoas torcendo. Começou a ficar nervoso, porque não conseguia focar em Emily.

Enquanto isso, de dentro de uma das lanchas, Aline acompanhava o desempenho da filha, que mostrava estar realmente preparada. Ela ia à frente do grupo, ao lado de outras duas jovens. Era uma disputa acirrada, e Aline, sem perceber, começou a gritar, entusiasmada, torcendo pela filha.

— Vai, Emily, força nos braços!

Por esforço próprio ou estimulada pelos gritos da mãe, Emily já conseguira ultrapassar as duas concorrentes que até então estavam ao seu lado. Tudo indicava uma vitória fácil de Emily. Mais alguns poucos metros, e ela iniciaria o retorno em direção à chegada.

Foi então que aconteceu.

De repente, Emily pareceu ter sido puxada para trás e para baixo e logo seu rosto sumiu da superfície da água.

Aline não entendeu de imediato o que acontecera. Sua filha estava indo muito bem e, de repente, sumira!

O rosto de Emily reapareceu na superfície e, com os olhinhos arregalados e a boca bem aberta, parecendo sufocar. Depois, tornou a afundar. Aline percebeu que algo acontecera e que sua filha estava em perigo.

— Acudam! Minha filha está com algum problema! — gritou para os salva-vidas que até então nada haviam percebido, pois estavam atentos às demais competidoras que tinham avançado bastante, já que Emily ficara se debatendo no mesmo lugar.

— Socorro! Minha filha está se afogando!

E, sem pensar, jogou-se na água do jeito que estava. Só então os homens tomaram consciência de que algo errado estava acontecendo com uma das meninas, e um deles jogou-se, seguindo Aline.

Ela chegou primeiro e precisou mergulhar, pois a filha estava desmaiada, descendo para o fundo do lago. Desesperada, mas sem perder o sangue frio, Aline foi atrás dela e puxou-a. Nesse momento, o salva-vidas se aproximou e ajudou Aline a trazer a garota de volta à superfície.

— Filha, Emily, abra os olhos, procure respirar.

— Vamos levá-la para a lancha, senhora. Lá cuidaremos melhor dela.

Na arquibancada, Marcelo percebera angustiado que alguma coisa estranha estava acontecendo com Emily. Pelo binóculo, viu quando Aline mergulhou, sendo seguida pelo salva-vidas.

O público também percebeu e ficou em um silêncio tenso.

Marcelo estava desesperado pela sua impotência. Correu para a margem do lago e ficou gritando por Aline.

Já na lancha, Emily foi deitada numa maca baixa, e Aline, com a ajuda dos rapazes, aplicou-lhe os primeiros socorros que ela, como professora de natação, sabia muito bem como fazer.

Em pouco tempo, a menina começou a tossir, para alívio de todos. Felizmente, ficara pouco tempo submersa e não engolira tanta água assim.

Quando abriu os olhos, jogou-se nos braços de Aline, chorando:

— Mami!

— Filhinha, está tudo bem, fique calma, já passou, você está fora de perigo — e abraçou-a com força, chorando também.

A lancha retornou à margem do lago, mas em um ponto diferente do lugar da largada para evitar a aglomeração de curiosos.

Tão logo o barco atracou, o salva-vidas pegou Emily nos braços e levou-a para a enfermaria do clube, seguido por Aline. Ao ver que Marcelo vinha correndo em sua direção, a moça o esperou antes de entrar.

Ele chegou esbaforido, cansado e suado pela corrida.

— Aline, o que aconteceu? — ela abraçou-o e recomeçou a chorar forte. — Acalme-se, amiga, me diga o que houve com Emily.

— Espere um pouco, já lhe conto. Antes, vamos ver como ela está — e ao dois entraram correndo na enfermaria.

Emily estava deitada na maca, e o médico a examinava. Ela parecia mais calma, mas sua expressão era de medo e frustração.

Aline aproximou-se:

— Você está bem, filha?

— Estou, mami, mas eu te decepcionei. A você e ao tio Marcelo.

— Que história é essa, querida? Foi um acidente que lhe atrapalhou, você estava indo muito bem, na frente das outras concorrentes.

Marcelo reforçou:

— Nem pense nisso, princesa. Estou feliz que você está aqui conosco, com saúde. No próximo ano, você estará de volta.

— E, além disso, haverá outras oportunidades em que você poderá competir. E, dessa vez, sem acidentes de percurso.

Depois de tossir, Emily contestou a mãe, para espanto de todos.

— Não foi acidente, mami.

— Como assim, filha?

— Foi como se alguma coisa tivesse me puxado para trás e para baixo, e eu não conseguia mais nadar. Meus músculos não obedeciam, e eu não conseguia nadar, só me debater.

Marcelo olhou discretamente para Aline, mas ela pareceu não se lembrar da conversa que tiveram sobre a possibilidade de um acidente.

— Não foi nada disso, filha, você está confusa por causa do acidente. Você deve ter esbarrado em outra garota, se atrapalhou e perdeu a concentração.

Emily negou com um movimento lento de cabeça.

— Não foi isso, mami. Acho que alguma coisa me puxou para trás e para baixo. E, quanto mais eu me esforçava para voltar à superfície, mais eu afundava. Foi horrível! Foi como se eu mesma quisesse afundar — e recomeçou a chorar.

Aline, emocionada, beijou e acariciou a testa da menina.

— Não pense mais nisso, filha, já passou.

O médico se aproximou:

— Senhora, ela está fisicamente bem, mas ainda está abalada. Darei um relaxante, mas é recomendável que ela vá para casa e descanse bastante. Só assim o susto será logo superado. O ambiente aqui não ajuda a tranquilizá-la.

— Faremos isso, doutor. Vou trazer meu carro para mais perto — voltou-se para o amigo. — Onde está o seu, Marcelo?

— Não, eu vim de táxi. Quando ia saindo, percebi que meu carro estava com um pneu vazio e eu não quis perder tempo trocando-o.

— Então, iremos todos no meu. Volto já.

Enquanto acariciava os cabelos ainda úmidos de Emily, Marcelo não parava de pensar numa frase que a menina dissera: "Foi como se eu mesma quisesse afundar". E, claro, também lhe vinha à mente a ameaça do espírito obsessor de Alícia, conforme Tobias lhe contara.

Durante o trajeto de volta ao apartamento de Aline, certamente por efeito do relaxante, Emily adormeceu no banco de trás, onde se deitara. Sua mãe estava no banco do carona, pois ainda se sentia muito nervosa e pedira ao amigo para dirigir. Sem olhar para Marcelo, disse:

— Eu sei no que você está pensando.

— Oi?

— Você deve estar pensando: "Viu? Bem que eu avisei!".

Ele balançou a cabeça, demonstrando que não gostara do comentário dela.

Ela insistiu.

— Não está?

Quando ele finalmente respondeu, sem olhar para ela, sua voz estava séria:

— Aline, vou fazer de conta que não ouvi esse absurdo que você acaba de dizer. Eu nunca pensaria isso e admiro muito você pensar isso de mim, que sou seu amigo.

— Está bem, pode não estar pensando, mas teria toda a razão se pensasse.

— Meu único pensamento agora é que todos nós passamos por um grande susto, mas que, no final, está tudo bem.

— Eu também acho, mas não adianta negar que você me alertou. Não consigo esquecer suas palavras me contando os avisos do Tobias.

— Amiga, vamos pensar nisso depois. Quando você e a Emily estiverem mais calmas, falaremos a respeito, talvez até com a presença do Tobias. Mas agora tratemos de repousar — ficaram em silêncio durante um momento. — O que você dirá ao Téo? Certamente ele vai perguntar pelo resultado da travessia.

— Direi que Emily teve um mal-estar, mas que já foi examinada por um médico e que está tudo bem.

— E se ela contar para ele aquela história de que foi puxada?

— Em primeiro lugar, ela e o pai não costumam conversar. Em segundo lugar, ele não acreditaria e ainda riria na cara dela, dizendo que é uma fantasia para justificar a derrota, uma desculpa de perdedor. Eu conheço bem meu marido.

Quando Marcelo parou o carro na frente do edifício onde Aline morava, eles se olharam para se despedir. Ela percebeu que Marcelo mirava seus lábios, mas, ao se aproximar, beijou-lhe a face, e ele retribuiu da mesma maneira, um pouco frustrado.

Delicadamente, Aline despertou Emily:

— Filha, já chegamos em casa. Lá em cima, no seu quarto, você continua descansando, está bem? Sente-se devagar e com cuidado.

Com a voz sonolenta, a garota perguntou:

— Você vai subir com a gente, tio Marcelo?

— Eu gostaria muito, querida, mas é que tenho um compromisso agora e não posso faltar. Vou chamar um táxi pelo celular — abriu a porta e saltou.

— Você não quer que eu te leve, Marcelo?

— Não precisa, amiga. E você já está em casa. Além disso, devem estar precisando descansar depois de tudo — pelo aplicativo, ele chamou um táxi. — Pronto, tem um perto daqui, chegará logo.

Aline tomou o lugar ao volante para levar o carro para a garagem do prédio, mas antes se dirigiu ao amigo, pela janela:

— Obrigada por tudo. Nos falamos depois.

Emily também se aproximou da janela e fez uma pergunta desconcertante:

— Vai se encontrar com a namorada, tio?

Ele sorriu:

— Não, senhora, eu não tenho namorada.

— E você está bravo comigo, tio?

— Querida, de onde você tirou essa ideia absurda? Eu não estou nem um pouco bravo com você e acho que nunca ficarei.

— É que eu não venci a competição e você estava torcendo por mim. Eu achei que você ficou decepcionado comigo.

— De jeito nenhum! Eu sempre vou torcer por você, Emily. E as derrotas fazem parte dos esportes e da vida, em geral. Às vezes, elas até nos ensinam algo. Não pense mais nisso. Para mim, você continua sendo minha campeã.

— Está bem. Eu gosto muito de você, tio.

— E eu te adoro. Deixe-me dar-lhe um beijo.

Ele se aproximou da janela e beijou a face da garota.

O táxi chegou e, antes de entrar nele, Marcelo também beijou a face de Aline outra vez.

— Te cuida, moça. E, se precisar, me ligue.

— Pode deixar, querido.

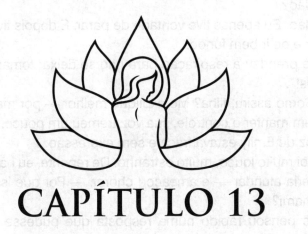

CAPÍTULO 13

Dia 18 de dezembro, tarde de terça-feira.

Depois do banho, Aline pediu que Emily se deitasse e descansasse um pouco antes do almoço, a fim de que pudesse se recuperar emocionalmente.

Para deixá-la mais relaxada e tranquila, deitou-se ao seu lado e ficou afagando seus cabelos, carinhosamente. Depois de algum tempo, a garota perguntou, com uma vozinha chorosa:

— Mami, é verdade que você não ficou chateada comigo porque não completei a prova como você esperava?

— De jeito nenhum, filha. Foi sua primeira experiência, outras provas virão. Você se acostumará aos poucos que, no esporte, uns ganham e outros perdem, faz parte e é assim que se adquire experiência.

A menina ficou calada por um instante, depois falou baixinho:

— Mami, eu queria te falar uma coisa.

— Fale, meu bem.

A menina fez um breve silêncio.

— O problema que eu tive não aconteceu exatamente como eu disse.

A mãe se assustou um pouco, mas manteve a calma.

— Você quer falar sobre isso agora?

— Quero — fez uma pausa e soltou um grande suspiro. — Eu não fui puxada para trás e para baixo.

Aline se esforçava para manter a serenidade.

— Não?

— Não. Eu apenas tive vontade de parar. E depois tive vontade de mergulhar e de ir bem fundo.

Aline prendeu a respiração para não se deixar tomar pelo pânico: "Meu Deus!".

— Como assim, filha? Me explique melhor — por mais que se esforçasse em manter o controle, sua voz tremeu um pouco.

A voz de Emily estava fraca e sem expressão.

— Foi muito louco, muito estranho. De repente, eu não queria mais nadar, queria afundar — e ameaçou chorar. — Por que isso aconteceu comigo, mami?

Aline pensou rápido numa resposta que pudesse tranquilizar a menina.

— Filha, preste bem atenção: como foi sua primeira competição e como você sabia que eu e o tio Marcelo estávamos ali, torcendo, você deve ter ficado muito tensa e nervosa, o que é muito compreensível.

— Mas não foi isso, mami. Eu estava segura, eu queria ganhar a competição, sabia que poderia ganhar.

Aline tremia por dentro.

— Eu sei, querida, mas nossa mente, às vezes, nos trai, nos faz imaginar coisas impressionantes e faz com que nosso corpo não obedeça às nossas vontades.

Emily fez um instante de silêncio, parecendo ponderar sobre a explicação da mãe. Quando falou, sua voz expressava um fio de esperança:

— Você acha que foi isso que aconteceu, mami?

— Tenho certeza, filha, mas não pense mais nisso, já passou. Depois retomaremos nosso treinamento nos preparando para outras competições.

A garota ergueu o corpinho e abraçou carinhosamente a mãe.

— Mami, eu amo você.

— Eu também te amo muito, querida.

— E eu também amo o tio Marcelo.

— Ah, é? Então, acho que você precisa dizer isso para ele, tenho certeza de que ficará muito feliz em saber disso.

A filha esperou um pouco.

— E você?

Aline surpreendeu-se:

— Eu o quê?

— Você também o ama?

A mãe sorriu, pega de surpresa pela pergunta.

— Filha, eu já sou casada.

— Eu sei, mas por causa disso você não pode amá-lo?

— A questão é que amar é uma palavra muito forte e significa muito mais que gostar. Mas digamos que eu gosto muito dele, sim.

— Eu acho que ele também gosta muito de você.

Desta vez, Aline riu e fingiu ralhar com a filha:

— Mocinha, quer fazer o favor de dormir e descansar um minutinho? Daqui a pouco, venho chamá-la para almoçarmos.

Beijou a filha e saiu do quarto um pouco abalada com aquela conversa. Sim, admirava e gostava muito de Marcelo, mas isso seria amor? Se fosse, teria que dar um jeito nisso, pois era uma mulher casada.

Bom, era melhor não pensar nesses assuntos, concluiu. Mais preocupante era a versão que Emily dera para o que aconteceu enquanto nadava. Aline tinha dúvida se deveria contar aquele diálogo ao Marcelo. Se o fizesse, certamente reforçaria aquela teoria absurda que ele estava tentando convencê-la a acreditar também.

Talvez fosse melhor aguardar por uma ocasião mais propícia, esperar a poeira baixar.

Marcelo sabia que já passara da hora do almoço, mas estava sem nenhum apetite. Ficara muito impressionado com o que acontecera com a Emily, exatamente como Tobias previra. Ligou para ele.

— Amigo, precisamos conversar.

— Saiu alguma coisa errada na competição da Emily?

— Saiu, conforme você alertara.

Tobias ficou preocupado.

— Mas ela está bem?

— Agora está, mas o susto não foi brincadeira.

— Onde o patrão quer ir?

— Tem um restaurante aí quase ao lado. Estou indo para lá, tudo bem?

— Eu sei onde é. Nos vemos já.

Tobias mal piscava enquanto Marcelo contava em detalhes o que acontecera com Emily durante a travessia, segundo Aline lhe repassara, pois ela acompanhara tudo de perto, de dentro da lancha.

No final da narrativa, o velho restaurador deu um longo suspiro e ficou olhando a rua pela janela de vidro do restaurante.

Lá fora, as pessoas passavam, a pé, de bicicleta, ônibus ou de carro, desconhecendo o estranho drama pelo qual estava passando uma mulher e sua filha. Ou talvez tivessem os seus próprios.

Marcelo refletia, amassando casquinhas de pão sobre a toalha. Eles mal sentiram o sabor da comida daquele almoço que, em outras circunstâncias, seria um alegre encontro entre velhos amigos.

Tobias falou primeiro:

— Dona Aline está convencida agora da nossa versão?

— Receio de que não. Parece que ela ainda acha que a filha teve apenas um mal-estar devido ao nervosismo ou à tensão. E, você, mantém a sua?

— Mais do que nunca. Não tenho a menor dúvida do que lhe falei. Principalmente depois que ouvi a ameaça de Alícia e esse fato ocorrido na travessia que o senhor me contou. Talvez o patrão não me leve a sério, mas eu acho que Emily quis se afogar.

Marcelo tremeu.

— Você está falando sério, Tobias?

— Estou, mas ela foi induzida, para não dizer forçada, pelo espírito de Alícia. É típico o espírito obsessor influenciar uma pessoa a ter uma atitude mesmo sem querer e até sem saber. Não há outra explicação. Pelo que sei, pelo que o senhor vinha me dizendo, Emily estava muito bem preparada e poderia vencer com certa facilidade aquela competição.

— Então, o que faremos, amigo? Como poderemos ajudar Emily?

— Não será fácil sem a ajuda da mãe. Preciso pensar muito e, principalmente, conversar com um orientador lá no centro. Ele sabe desse assunto muito mais do que eu. Talvez tenha alguma sugestão.

— E se levássemos Aline junto?

— Penso que ainda não, patrão. Deixe-me ouvir primeiro a opinião dele. Além do que, acho que ela não aceitaria o convite.

— Concordo, amigo, mas se apresse, por favor. Receio de que algo de ruim possa acontecer com a menina.

— Também tenho o mesmo receio. Vou fazer isso o quanto antes. Se tiver sorte, meu orientador me atenderá ainda hoje, à noite.

— Você vê algum problema em que eu o acompanhe?

— Nenhum problema, patrão. O senhor compreendeu minhas explicações e meus receios. Creio que saberá ouvir uma pessoa mais experiente no assunto sem ideias preconcebidas.

— Esteja certo disso. Avise-me se você conseguir ser atendido hoje, que irei encontrá-lo.

Não só devido ao tempo em que já frequentava o centro e pelas amizades que fizera lá, mas principalmente por ter enfatizado a urgência do caso quando telefonara, Tobias conseguiu que o orientador o atendesse naquela mesma noite.

Chegaram lá antes da hora agendada. Ao lado de Tobias, Marcelo sentia-se um pouco tenso, sentado num pequeno auditório do centro espírita, juntamente com outras pessoas. Era a primeira vez que frequentava um lugar daqueles e não tinha a menor ideia do que aconteceria ali.

Em poucos instantes, uma jovem assistente convidou os presentes a formarem fila para receberem um passe. Marcelo teve um momento de hesitação.

— Eu preciso ir também, Tobias? — o rapaz perguntou ao amigo.

— Claro, patrão, é rápido e vai lhe fazer muito bem.

— Mas eu vou ter que fazer ou falar alguma coisa? Não entendo nada disso, você sabe muito bem.

— Não se preocupe, não vai precisar fazer nada, apenas ficar sentado e deixar o médium fazer o serviço dele.

— E para que serve esse passe?

— Para receber fluidos espirituais ou magnéticos, sempre benéficos, promovendo a harmonização interior de quem os recebe e equilibrando o funcionamento das células e do organismo como um todo. Faz muito bem ao corpo e à alma, fique tranquilo.

— Bom, se é assim, vamos lá.

Depois de receberem o passe, Marcelo e Tobias foram procurar o orientador do centro, a quem Tobias chamava de mestre. Em seguida, foram encaminhados a uma sala no final de um corredor.

O orientador era bem idoso, mas de compleição forte. Tinha uma expressão simpática, que transmitia serenidade e confiança. Levantou-se para receber os visitantes em sua sala particular e voltou a sentar-se.

— Meu querido irmão Tobias, que bom recebê-lo e ao seu amigo.

— Nós é que estamos muito agradecidos por nos ter reservado um pouco do seu precioso tempo.

— É minha missão, sempre que posso, orientar os que precisam de algumas palavras. O que trouxe os irmãos até aqui?

Marcelo contou, em detalhes, o que vinha acontecendo com Emily. Falou da família dela, do afogamento, do episódio da competição e outros fatos. De vez em quando, Tobias complementava a narrativa com algum dado que considerava importante, a exemplo das conversas que tivera com o espírito de Alícia, na sua oficina.

— Tobias, você está conosco há muitos anos, e tenho conhecimento da sua evolução como estudante da espiritualidade e da sua capacidade como médium vidente. Depois de ouvir vocês com bastante atenção, já tenho algumas possibilidades bem claras a respeito do que está acontecendo com a menina Emily.

Marcelo se antecipou, tal era a sua ansiedade.

— Andei lendo muitas coisas a respeito e confesso que, às vezes, fico confuso, mesmo já tendo ouvido opiniões diferentes. Não quero ser impertinente, mas, como sou leigo no assunto, não me envergonho de perguntar-lhe: isso que está ocorrendo com Emily não seria um caso de reencarnação?

O orientador foi seguro na resposta:

— Asseguro-lhe de que não. Emily não é a reencarnação de Alícia, a irmã gêmea da mãe dela. Nós, espíritas, sabemos que, na encarnação atual, a maioria das pessoas não se lembra das vidas passadas. Essa memória é apagada, porque é condição indispensável para que o espírito da pessoa recomece do zero sua nova oportunidade de vida na Terra. Podem se manifestar alguns hábitos e algumas preferências da vida passada, que funcionam como pistas ou dicas. Por exemplo, há pessoas que têm enorme atração por certos países, algumas culturas, músicas, vestimentas, comidas, tudo de forma quase exagerada e bastante diferente dos demais membros da família. Isso ocorre porque algumas lembranças permaneceram em algum lugar do inconsciente. O caso de Emily é outro.

— Estou entendendo.

— Dois espíritos não podem ocupar um mesmo corpo físico. Nesse caso, o espírito é um só, o de Emily. Contudo, o espírito de Alícia, cheio de rancor e ressentimento por sua morte precoce que, segundo ela, foi culpa dos pais e da irmã, consegue, por uma série de razões, influenciar a mente de Emily nos momentos em que ela está fragilizada. O que se passa com Emily, portanto, é um caso claro de obsessão.

Marcelo tinha uma dúvida e a apresentou de forma respeitosa.

— Desculpem minha ignorância, mas não existe uma forma de Emily se proteger, de evitar, digamos, a "invasão" desse espírito obsessor?

— Emily é uma criança sensível e de boa formação, meu caro, mas ela precisa aprender a orar e a vigiar seus pensamentos. Ninguém é vítima passiva de uma obsessão, porque, de alguma forma, a pessoa obsidiada faz conexão com o espírito obsessor, o atrai e o recebe. Para complicar, esses ataques serão sempre inesperados, porque é difícil para nós sabermos o que os dispara. Sabemos apenas que ocorreram e ainda ocorrerão em situações que podem colocar a vida de Emily em perigo, pois a intenção da obsessora é, dessa forma, atingir a irmã, a senhora Aline.

Marcelo continuava inconformado.

— Então, nada podemos fazer para ajudá-la?

— Sim, podemos, mas vocês devem trazer dona Aline aqui para que possamos fazer um tratamento espiritual.

— Mas não seria o caso trazer a própria Emily? Por que trazermos Aline, se o problema está com a garota?

— Porque Aline é a causa. Emily é apenas o meio através do qual Alícia pretende atingir a irmã. Segundo vocês me disseram, Alícia culpa Aline por não ter aprendido a nadar e que, se soubesse, poderia tê-la salvado. Se dona Aline vier, tentaremos fazer com que ela se comunique com a irmã, para explicar-se e convencer Alícia a desistir dessa tola vingança e seguir o caminho natural da evolução espiritual.

— Além de Aline, Alícia também culpa os pais, Tobias e a esposa dele.

— Sim, eu sei, mas, provavelmente, no entendimento de Alícia, ela considera que os pais já estão velhos e já foram punidos com a precariedade da saúde deles. E Tobias perdeu a mulher e o filho. Assim, de acordo com o raciocínio dela, quem resta sofrer sendo punida é Aline, através da morte da filha.

Marcelo estava assustado.

— Isso quer dizer que Alícia não vai parar de tentar prejudicar Emily até conseguir seu objetivo?

— Infelizmente, não vai parar se nós não conseguirmos esclarecê-la sobre as consequências de suas más ações. Vocês precisam trazer dona Aline aqui o quanto antes.

Marcelo mostrou-se desanimado.

— O difícil será convencê-la a vir. Ela não acredita.
— Expliquem-lhe que é a vida da filha dela que está em jogo.
Tobias, que até então se mantivera calado, manifestou-se:
— Faremos todo o possível, mestre. Estamos muito agradecidos pela sua atenção e orientação.

Naquela noite, Aline demorou a pegar no sono. Não lhe saía da cabeça a desesperadora cena da sua filha se afogando e todo o esforço feito para salvá-la. Uma pena que Téo não estivesse em casa para que pudesse compartilhar com ele suas preocupações e ajudá-la a consolar a filha.

De certa forma, já estava acostumada com sua ausência. No início, demorara a se habituar a essas noitadas do marido, segundo dizia, trabalhando com afinco. Quando ela se queixava, ele respondia sempre que aquele esforço era para crescer no banco e assim proporcionar mais conforto e segurança à família. Com o passar do tempo, ela parou de insistir.

Nesse momento, não havia como não fazer qualquer comparação entre seu amigo e seu marido, em matéria de atenção. Inclusive, lembrou-se da preocupação de Marcelo, pedindo-lhe para cancelar a participação da Emily na competição.

E, ao se lembrar de Marcelo, recordou-se da conversa que haviam tido. Mas que hipótese incrível ele lhe apresentara! Por mais que respeitasse a inteligência do amigo e tivesse muito carinho por ele, não conseguia levar a sério aquela história de obsessão espiritual. Não era religiosa e quase nada conhecia de assuntos daquela natureza, mas sua lógica era inabalável: como seria possível o espírito de uma pessoa morta voltar a viver no corpo de outra? De jeito nenhum! Pelo menos, fora isso que entendera daquela conversa.

Na sua opinião, o que acontecera com Emily na travessia não passara de um mal-estar ou uma distração. Certamente, ela esbarrara em outra competidora e entrara em pânico, perdendo o foco da disputa. Aquela história de se sentir puxada para trás e para baixo devia fazer parte de alguma fantasia juvenil ou até mesmo uma desculpa para justificar a desistência. Era uma teoria mais fácil de aceitar.

Contrariada, Aline saiu da cama, tomou um sonífero leve, voltou a deitar-se e em pouco tempo adormeceu.

CAPÍTULO 14

Dia 19 de dezembro, madrugada de quarta-feira.

Algo fez Aline despertar, e ela achou estranho porque, pelo relógio da cabeceira, viu que ainda era madrugada.

Ergueu um pouco a cabeça, mas sentia-se tonta e sonolenta, provavelmente por efeito do sedativo. Não entendia porque acordara no meio da noite, pois não fora incomodada por nenhum sonho. Olhou o quarto em volta da cama e, nada percebendo de estranho, voltou a recostar a cabeça no travesseiro, tentando adormecer novamente.

Mas, logo em seguida, ouviu passos leves em seu quarto. Não poderia ser Téo, pois ele pisava forte e fazia barulho ao tirar a roupa ou ir ao banheiro, sem a menor preocupação de não perturbar o sono dela. Mas, então...

Ergueu a cabeça novamente e viu Emily, de camisola, parada à frente do pé de sua cama, com uma expressão séria.

— Emily? Aconteceu alguma coisa, filha?

A menina não respondeu, apenas continuou olhando-a com expressão nada amistosa. Parecia até estar brava.

— Filha, está sentindo alguma coisa?

A menina respondeu com uma voz que não era dela:

— Raiva, muita raiva.

Assustada, Aline sentou-se na cama.

— O que você disse, filha? Raiva? — e estendeu os braços para ela. — Venha aqui, deite-se com a mamãe.

Nesse momento, Emily escancarou a boca e soltou o mais horrível grito que Aline jamais ouvira em toda sua vida.

— Emily!

Aline pulou da cama no mesmo instante em que a mesma caía sobre o grosso tapete do chão, desmaiada.

— Filha!

Aline pegou-a nos braços e colocou-a na sua cama. Correu até o banheiro, molhou uma toalha e voltou rápida, para perto da filha. Molhou sua testa e a sua face, chamando-a, nervosa:

— Filha, minha querida, acorde, sou eu, a mamãe. Estou aqui, querida. O que você tem? Fale comigo, filhinha!

Lentamente, Emily abriu os olhos para alívio da mãe. Ainda deitada, olhou em volta e balbuciou, falando lentamente:

— O que estou fazendo em sua cama, mami?

— Você mesma veio aqui, querida. Deve ter tido algum pesadelo.

— Eu vim aqui? Não lembro.

— Não se lembra de ter acordado, saído de sua cama, andado pelo corredor e entrado no meu quarto?

— Eu fiz isso? Não me lembro de nada disso, mami.

A mãe ficou preocupada, mas procurou acalmar a filha.

— Não se preocupe, querida, hoje você dormirá aqui comigo.

— E quando o papai chegar?

Aline tentou brincar para tranquilizar a filha:

— Ora, aí ele dorme na sua cama.

Emily esboçou um fraco sorriso.

— Ele não cabe lá, mami.

— Tenho certeza de que ele dará um jeito.

A menina virou o rosto para se ajeitar melhor no travesseiro. Em pouco tempo, já ressonava.

Se antes Aline já estava com dificuldade para dormir, agora é que seria difícil mesmo. Ainda estava trêmula devido ao susto que levara, ao ver a filha, de pé, na frente da sua cama. E aquele grito, meu Deus! O que significaria? E por que a raiva? Do que ou de quem Emily, sua doce e meiga filhinha, teria tanta raiva para dar um grito tão pavoroso como aquele?

Novamente teve consciência de que estava sozinha, em um momento em que precisava de apoio. Pensou logo em ligar para Marcelo, mas não seria justo acordá-lo àquela hora da madrugada.

O tempo passou lentamente, e ela foi vencida pelo cansaço. Depois de quase uma hora, conseguiu cochilar, mas seu sono foi tenso, cheio de sustos.

Dia 19 de dezembro, manhã de quarta-feira.

Como tantas outras vezes, Aline não viu a hora que Téo chegou. Só soube, quando, amanhecendo, foi bruscamente sacudida por ele, para acordá-la.

— Ei, ei, você me fez dormir no sofá. O que houve?

Aline sentou-se na cama ainda sonolenta e levou algum tempo para concatenar as ideias, enquanto Téo esperava a resposta, com as mãos na cintura, impaciente.

— Emily estava nadando bem, mas teve um mal-estar durante a competição, ficou nervosa e teve de desistir. Ela estava muito chateada, não conseguindo dormir, então, eu a trouxe para cá.

Ele sentou-se na beira da cama.

— Que tipo de mal-estar?

— Segundo o médico do clube, nada sério. Provavelmente estava muito estressada e tensa. Foi sua primeira competição. Como ela ficou muito chateada, sem conseguir dormir, eu a trouxe para nossa cama, para acalmá-la.

Ele levantou-se irritado.

— Fez muito bem, mas ninguém merece dormir naquele sofá. Estou todo rebentado, minhas costas doem e preciso me levantar cedo para trabalhar.

— Desculpe, querido, mas eu tinha que tomar alguma providência. Ela estava muito inquieta, e eu não quis dar tranquilizante para ela.

Téo andava impaciente pelo quarto, enquanto reclamava:

— Pois você precisa ensiná-la a se controlar melhor. A vida é assim mesmo: ganha-se umas, perde-se outras.

— Ela tem apenas 11 anos, Téo.

— Ou seja, já tem idade suficiente para compreender e aceitar que nem tudo ocorre como a gente espera e gostaria. Eu mesmo queria ter tido uma noite de sono reparador para ir trabalhar disposto e estou aqui um bagaço. Mas vou ter de trabalhar mesmo assim.

Esse era o Téo de hoje, seu marido. Sensível como uma rocha de granito. E, justamente por isso, Aline não quis contar-lhe que fora Emily que viera para seu quarto. Ele não iria entender nada e ainda criaria confusão com a filha.

— Bom, acho que você está sendo injusto. Eu estava lá e sou testemunha de que ela fez o que pôde e, se não fosse o mal-estar...

— Não engulo essa história de mal-estar. Já conheço essa cantilena. Para mim, isso é desculpa de quem perde.

— De qualquer forma, vou levá-la a um médico.

— Se você acha mesmo que precisa, faça isso. Só espero voltar a dormir na nossa cama. Aquele sofá me deixou com dores na coluna — e saiu do quarto batendo a porta, sem se preocupar com o sono da filha que, felizmente, continuava dormindo e, assim, nada ouvira daquela discussão.

Aline estava abismada com o comportamento do marido: "Deus, como uma pessoa pode mudar assim, da água para o vinho? Onde está aquele Téo que me encantou, a ponto de me casar com ele? Ah, se Téo fosse tão bom pai quanto é bom executivo... E que diferença do Marcelo, sempre tão carinhoso, tão sensível. Sorte da mulher que se casar com ele".

Dia 20 de dezembro, manhã de quinta-feira.

Faltando quatro dias para a véspera do Natal, Aline pediu ajuda à filha para prender as bolas coloridas na árvore que montara no canto da enorme sala do seu apartamento. Era uma festividade que Emily adorava e fazia questão de curtir. Por isso, aceitou de bom grado a tarefa, e as duas começaram, juntas, a prender aqueles enfeites reluzentes nos ganchinhos de cada galho.

Emily sugeriu:

— Eu coloco as douradas e vermelhas. Você coloca as prateadas e verdes, combinado assim, mami?

— Combinado, filha.

E assim foram se distraindo.

Em certo momento, Aline lembrou-se de que havia colocado algo no forno para assar para o almoço e levantou-se num pulo.

— Caramba! Esqueci o frango assando no forno! — e correu para a cozinha. Ela tinha dado férias à empregada para que a mulher pudesse celebrar o Natal e o Ano-novo ao lado de alguns familiares. E, afinal, cozinhar para ela e a filha não exigia tanto esforço assim.

O frango estava quase tostado, mas ela chegara a tempo de "salvá-lo". Esperou esfriar e pôs-se a colocar o molho.

Nesse momento, teve a impressão de ter ouvido um barulho estranho na sala onde deixara Emily colocando as bolas na árvore.

— Emily?

Nenhuma resposta.

— Filha, está tudo bem aí?

Como não obteve resposta, Aline lavou as mãos, enxugou-as e foi até a sala verificar o que tinha acontecido.

O quadro que viu deixou-a chocada: Emily estava sentada sobre as pernas, as mãos cruzadas sobre o colo e *todas* as bolas coloridas estavam quebradas, os cacos espalhados pelo chão da sala, como se tivessem sido arremessadas contra as paredes e os móveis.

— Filha, o que aconteceu aqui?

Emily olhou para a mãe com uma expressão assustadoramente irônica, como quem tivesse praticado uma grande e divertida travessura.

— O que foi isso, filha? Fale, Emily!

Ao ouvir seu nome, Emily pareceu assustar-se, seu semblante se transformou e ela se mostrou assustada.

— O que aconteceu com as bolas, mami?

Aline aproximou-se e ajoelhou-se ao lado da filha, tomando cuidado para não se machucar com os cacos das bolas:

— Filha, é que eu gostaria de saber: o que aconteceu com as bolas? Você divertiu-se as quebrando?

Emily olhou desconsolada para os cacos espalhados em torno da árvore e em toda a sala e fez menção de chorar.

— Quem fez isso, mami?

— Emily, deixei você pendurando as bolas enquanto fui à cozinha. Como caíram todas e até as que ainda estavam nas embalagens quebraram?

— Não sei, mami, não sei. Não fui eu! — e começou a chorar.

Aline puxou-a para perto de si e a consolou:

— Tudo bem, filha, não fique assim. Na certa, algum vento forte entrou pelas janelas e derrubou as bolas. Não há de ser nada, vamos comprar outras agora mesmo. Venha com a mamãe.

Aline levantou-se e ajudou a filha.

— Tome cuidado para não pisar nos cacos.

Já iam saindo da sala quando Aline se voltou e percebeu que todas as janelas estavam com os vidros abaixados.

Não poderia ter entrado vento ali.

CAPÍTULO 15

Dia 20 de dezembro, final da tarde de quarta-feira.

Aline reconhecia que havia muitas vantagens em ser esposa de um banqueiro, principalmente sendo diretor de um estabelecimento de grande porte. Uma delas era ser atendida rapidamente pelo médico que desejasse. Inicialmente, pensou em agendar consulta com um psiquiatra. Depois, pensando melhor, decidiu-se pelo pediatra que acompanhava Emily desde seu nascimento.

Foi atendida no fim da tarde daquele mesmo dia. Ela e Emily entraram e cumprimentaram o doutor Isaias, que abriu um largo sorriso ao ver a garota.

— Meu Deus, é mesmo você, Emily? Foi outro dia que eu lhe tirei da barriga de sua mãe, menina! Como você cresceu depressa, garota!

Ela sorriu timidamente, enquanto sua mãe cumprimentava o médico:

— Como vai, doutor Isaias?

— Tudo bem, Aline, e com você? Como vai meu amigo Téo?

— Trabalhando feito um louco, como sempre.

— Já o adverti inúmeras vezes para reduzir o ritmo, mas não tem jeito. Seu marido é um trator para trabalhar. Sentem-se. E a natação, Emily, como está?

A menina se mostrava constrangida.

— Mais ou menos.

— Ué, como assim?

A mãe interveio:

— Espere que vou lhe contar, doutor — e Aline narrou em detalhes o que ocorrera na competição aquática.

O médico dirigiu-se à menina:

— Emily, agora quero saber de você: tente me contar exatamente o que aconteceu, o que você sentiu na hora?

— Não sei explicar. Eu estava indo muito bem. De repente... — a garota hesitou.

— De repente?

— Não sei o que aconteceu. Acho que eu apaguei e afundei.

— Sentiu alguma dor na hora?

— Nem depois. Nadinha.

— Aline, alguma vez a Emily teve convulsão?

— Convulsão? Tipo epilepsia?

— Mais ou menos.

— Nunca, nem de leve.

Emily lembrou:

— Tenho um colega na escola que é epiléptico. Já o vi tendo convulsão, mas eu nunca tive nada parecido.

— Que bom, fico aliviado. Então, vamos fazer alguns exames de praxe. Deite-se ali na maca, mocinha.

O médico fez verificações básicas, como batimentos cardíacos, pulsação, garganta, ouvidos, nariz, olhos, exames elementares.

— Está tudo aparentemente bem. Vamos fazer o seguinte, Emily. Você tem algo contra tirar um pouquinho de sangue?

— Não, doutor, de jeito nenhum. Já tirei várias vezes aqui mesmo neste hospital. O senhor não lembra?

— Claro, eu lembro, mas sempre é bom perguntar. Não quero que você fique brava comigo.

Pelo interfone, o doutor Isaias chamou uma enfermeira:

— Dona Clarisse, por favor, acompanhe esta linda garota para tirar um pouquinho de sangue. Mas só um pouquinho, viu?

— Claro, doutor. Vamos lá, mocinha?

Quando ficaram a sós, o médico se dirigiu a Aline:

— Aparentemente, está tudo bem com ela. Está com o peso e a altura adequados à idade. Vamos ver se aparece algo nos exames laboratoriais.

— Por que o senhor falou em convulsão?

— Uma convulsão poderia ter provocado a interrupção do nado de modo tão brusco. Essa condição neurológica pode tornar a criança ou o adolescente mais suscetível, mas quase sempre é recorrente, acontece mais de uma vez. Não creio que seja isso, mas não devemos descartar nenhuma hipótese. O exame físico não revelou nada. Se também não tivermos pistas na análise do sangue, poderei pedir um eletroencefalograma ou uma ressonância magnética do cérebro.

— Tudo isso?

— Mera precaução, minha cara. O que acho mesmo, pelo que você contou, é que tenha havido uma descarga de estresse devido à tensão de toda competição.

— Pode ser — Aline fez uma breve pausa. — Ontem à noite houve um fato curioso, e eu não sei se tem a ver com nossa conversa.

E contou o aparecimento de Emily no seu quarto, a admissão de raiva e o grito, seguido do desmaio.

O médico escutou calado e depois ficou olhando Aline, em silêncio, por um momento, antes de falar:

— Aline, nós nos conhecemos há muitos anos, de forma que me sinto à vontade para lhe fazer perguntas, digamos, um tanto indiscretas.

— Fique à vontade, doutor.

— A relação de Emily em família vai bem? Com você, com o pai...

— Olhe, doutor Isaias, vou ser muito sincera: comigo, corre tudo as mil maravilhas. Além da relação de mãe e filha, somos amigas de verdade. Conversamos muito, passeamos, fazemos jogos, tudo numa boa. Agora, com o pai, é bem diferente. O senhor conhece bem o Téo: é autoritário, nada carinhoso e praticamente não dialoga com a filha, a não ser para ralhar. No começo do nosso casamento, ele não era assim, mas depois do nascimento da filha, transformou-se.

— Pois então, a pressão dessa relação difícil com o pai pode estar gerando nela uma tensão muito grande, daí a raiva reprimida.

Neste instante, Emily voltou acompanhada da enfermeira.

— Estou devolvendo a moça mais corajosa que eu já vi por aqui.

— Parabéns, Emily. Maltrataram muito você?

— Que nada, são todos muitos simpáticos.

— Obrigada, Emily — a enfermeira ia sair, quando Aline pediu:

— Por favor, Clarisse, você me mostra onde fica o toalete?

— Claro. Eu a acompanho, senhora.

Aline tranquilizou a filha por deixá-la sozinha com o doutor Isaias:

— Volto logo, filha, é só um instante.
— Tudo bem, mami.
Assim que Aline saiu, o médico levantou-se e sentou-se na cadeira ao lado da menina:
— E então, Emily, está tudo bem com você?
Sentada na cadeira, com as mãos cruzadas sobre o colo e os pés balançando sem tocar o chão, ela mantinha o olhar baixo.
— Tudo.
— E com papai e mamãe?
— Está tudo bem, também.
— Sua mãe me falou de uma raiva muito grande que você estaria sentindo. Por que essa raiva, Emily?
A garota estava de cabeça baixa. Quando a levantou para responder, sua fisionomia mudara, estava séria, parecendo zangada. A voz também estava estranha:
— Minha irmã me deixou morrer afogada.
O médico levou um susto enorme, pensou não ter entendido direito o que a garota dissera.
— Como é que é, Emily?
— Se ela soubesse nadar, hoje eu estaria com a idade dela. Por isso, a minha raiva. Ela precisa pagar por isso.
O doutor Isaias estava confuso e um pouco assustado.
— Emily, querida, não estou entendendo. Por favor, você pode me explicar direitinho essa história?
Ela sorriu irônica para ele.
— Não adianta, o senhor não entenderia.
— Experimente, Emily.
Aline entrou na sala naquele exato momento.
— Pronto, voltei.
Com o retorno de Aline, Emily pareceu relaxar, baixou a cabeça e, quando a levantou, estava sorrindo timidamente.
O médico voltou ao seu lugar para Aline sentar-se.
— Minha cara Aline, eu não sabia que Emily tem uma irmã, se é que eu entendi bem o que ela me falou.
— Que história é essa, doutor? Irmã? Emily é filha única.
Emily completou, rindo:
— Eu não tenho irmã, doutor.
Aline estava curiosa.

148

— De onde surgiu essa história, doutor?

— Bem, enquanto você estava fora, eu conversava com a Emily, achei que ela tivesse falado sobre uma irmã, mas devo ter entendido mal. Ultimamente não ando ouvindo direito. Deve ser a idade.

— Não quero outra filha, doutor. Pelo menos, não agora. Vou esperar Emily crescer e, depois, então, quem sabe, talvez eu pense nessa hipótese.

Bom, acho que está tudo bem. Vamos aguardar o resultado dos exames de sangue e, se for necessário, faremos exames de imagens.

Emily se assustou.

— Aquele em que a gente entra num tubo?

O médico sorriu.

— Esse mesmo. Algum problema?

A menina balançou a cabeça várias vezes, protestando.

— Ah, não, esse não, Deus me livre.

— Não se preocupe, Emily. Talvez não seja mesmo necessário. Se voltar a acontecer algo diferente, me ligue imediatamente. De qualquer forma, já vou pedir o eletro. E fique tranquila, mocinha, não é o exame do tubo.

Depois que elas saíram, o médico ficou olhando demoradamente para a porta, coçando o queixo. Na verdade, ele não tinha nenhum problema de audição.

Ele ouvia tudo muito bem e tinha certeza do que a menina dissera.

CAPÍTULO 16

Dia 21 de dezembro, manhã de sexta-feira.

Maísa fazia seu turno matutino na livraria, aguardando seu irmão que, na hora do almoço, viria substituí-la. Não apreciava muito aquele trabalho em si, mas não se queixava. Achava muito boa sua vida.

Tivera uma infância e juventude muito felizes e tranquilas. Seus pais eram maravilhosos, compreensivos e carinhosos, a amizade e cumplicidade com o irmão fora o ponto forte na relação de ambos. Ele fora um parceiro e tanto, ajudando-a em tudo que ela precisasse.

Naquele período, nenhum dos dois teve grande número de amigos verdadeiros — parecia que eles se bastavam.

Agora, sentia satisfação em ajudar o irmão, embora achasse maçante aquele trabalho. Para compensar, procurava tirar proveito dele: enquanto não apareciam clientes, ela, sentada na salinha particular do irmão — que ela chamava de "jaula de vidro" —, analisava as anotações de casos que estava atendendo no seu consultório ou lia algo recente ligado à sua área profissional, a psicoterapia.

De qualquer forma, levava a vida serenamente. Sabia que precisava ajudar Marcelo que, pela manhã, dava aulas de Literatura em várias faculdades, em dias alternados. Essas aulas, a renda da livraria e mais uma mesada que recebia dos pais constituíam suas únicas fontes de renda. Como era solteiro, dava para seus gastos.

Ela não levava muita vantagem sobre ele nessa questão. O consultório possibilitava uma renda apenas modesta. Recebia uma comissão da livraria e, assim como o irmão, também recebia mesada dos pais. Isso era suficiente para uma solteira viver apenas modestamente, em um pequeno apartamento no bairro Pinheiros.

Quanto ao irmão, na opinião dela — que, aliás, deixava-o muito bravo quando ela a manifestava —, achava que estava perdendo tempo, pois, já com 34 anos, deveria procurar namorar e se casar com uma mulher bastante rica que pudesse ser seu apoio financeiro. Maísa dizia isso brincando, mas, no fundo, achava que seria uma boa solução para a vida de seu único irmão. Depois, recriminava-se, pois não era um pensamento nada adequado para uma psicóloga clínica.

Brincadeiras à parte, o problema para que isso se tornasse realidade era que Marcelo sofria do que ela chamava de "luto crônico". Havia cerca de três anos que ele tinha perdido a esposa em um acidente de carro.

Maísa não gostava da cunhada, mas reconhecia que ela e seu irmão demonstravam se amarem muito, formavam um par aparentemente perfeito.

Depois da morte de Patrícia, Marcelo ficara deprimido e, talvez por medo de novas perdas, decidira não mais se relacionar seriamente com mulher alguma, pelo menos por um bom tempo, era o que dizia. Inclusive porque — por incrível que parecesse a alegação — não queria "trair" a memória da sua falecida esposa. Quando Maísa o repreendia por essa atitude imatura, ele retrucava dizendo que conhecia muitas viúvas que jamais voltaram a se casar. Claro que ela poderia contra-argumentar de muitas maneiras, mas não o fazia porque sabia da teimosia dele.

Marcelo fizera terapia com um colega seu durante algum tempo, e ela própria já conversara muito com ele, mas de nada adiantara. Enfim, tornara-se o que se poderia chamar de solteirão convicto. Há certas incoerências da mente que nem uma graduação universitária consegue demover. No caso de Marcelo, essa era uma delas.

Em certo momento, Maísa levantou o olhar da leitura e verificou, pela divisória transparente, se havia algum cliente para atender. Sim, havia uma mulher procurando algo nas estantes e gôndolas.

— Não pode ser!

Olhando-a melhor, reconheceu uma ex-colega da turma de Psicologia, na USP, e que não via desde que se formara, sete anos antes. Se a memória não a traía, lembrava que seu nome era Eneida. Observou melhor e teve certeza: era Eneida, sem a menor sombra de dúvida. Não poderia esquecê-la, nem confundi-la: uma imensa cabeleira ruiva, seios por demais opulentos, era famosa na turma porque adorava um leva e traz, uma fofoca.

Que coincidência encontrá-la na livraria!

Logo lhe veio à mente uma frase do conhecido e talentoso ator, diretor e produtor teatral brasileiro Miguel Falabella: "As coincidências às vezes são soluções que a vida encontra pra mudar o rumo da história".

Levantou-se, saiu da salinha e foi cumprimentar a ex-colega:

— Eneida, é você, menina?

Pelo jeito do olhar dela ao se voltar para Maísa, franzindo a testa, era visível que não a reconhecera.

— Não está se lembrando de mim? Psicologia da USP, 2011.

A cliente abriu um largo sorriso.

— Claro, Marina, não é? Ou Marisa?

A moça sorriu.

— Quase acertou. Sou Maísa.

— Ah, claro, como pude esquecer? Maísa, como vai?

E se abraçaram entre beijinhos e palavras carinhosas.

— Você trabalha aqui, amiga?

— Só pela manhã, para ajudar meu irmão, que é livreiro. À tarde, atendo no meu consultório particular.

— Ah, então você seguiu carreira!

— Lógico, para isso me esforcei tanto. Você não?

Ela abanou a mão, em um gesto de descaso.

— Ah, não, querida. Isso não é para mim. Depois do terceiro paciente, eu é que perdi a paciência. Fechei o consultório.

— Então não valeram a pena os cinco anos que você investiu na sua formação.

Eneida fez uma expressão travessa.

— Na verdade, valeram. A terceira paciente era uma atriz lindíssima. Nos apaixonamos, estamos juntas até hoje, e foi ela quem me levou para o teatro.

Maísa mostrou sua surpresa levando a mão à boca.

— Não acredito! Você, atriz de teatro?

— Sim, senhora. E das boas.

— Que legal! E está gostando de atuar?

— Estou amando. Tenho viajado bastante com o grupo, aprendido muito e conhecido muita gente interessante. Aliás, tínhamos uma colega que já fazia teatro, naquela época.

Maísa ficou curiosa.

— Quem?

— Deixe ver... — Eneida olhou para cima buscando na lembrança. — Patrícia! Isso mesmo: Patrícia. Era linda e muito talentosa. Mas, coitada, morreu cedo, há cerca de um ano e meio ou dois, mais ou menos. Acidente de carro, menina.

Por alguma razão, Maísa sentiu um frio na barriga.

— Credo, que terrível.

— Pois é. Vinha voltando do interior com o amante, e parece que ele perdeu o controle do carro, e caíram numa ribanceira.

— Com o amante? Ela era casada?

O frio na barriga aumentou.

— E muito bem casada, minha filha, com um bonitão, professor de Literatura. Mas a Pat era impossível, insaciável, tinha uma energia sexual que só vendo. Nunca ficava com um homem só.

Maísa não estava segura se Eneida percebera que ficara pálida. Procurou responder com naturalidade:

— Olha, pensando bem, conheci a Patrícia de perto, na faculdade. Não me parecia uma garota capaz de ter amante. Lembro que era muito comportada.

— Ela era atriz, amiga, já esqueceu? Ela e o Hector se apaixonaram perdidamente. Quando a gente viajava a trabalho, eles ficavam no mesmo hotel e, claro, no mesmo quarto.

Maísa sentiu a boca seca e o coração batendo descompassado.

— Ainda não estou acreditando, Eneida. Isso me parece mais uma fofoca sua, porque o que você inventava na faculdade não era brincadeira.

Eneida tirou o celular da enorme bolsa colorida.

— Então, faz o seguinte: tenho aqui uma galeria imensa de fotos, a maioria indiscreta e impublicável. Patrícia e Hector não faziam a menor questão de esconder o caso, e, eu, lógico, registrei tudo que vi. Eu pensava: se um deles ficasse famoso, eu poderia tirar algumas vantagens disso, sacou? Procure aí fotos de mais ou menos dois anos atrás e veja você mesma. Aproveite e veja as fotos das minhas várias *performances* nos palcos do Brasil. Olha essa aqui — depois de digitar a senha, passou o aparelho para a amiga.

Maísa esforçou-se para parecer natural.

— Nossa, você está linda. Deixe ver as outras. Se são tantas assim, fique aqui procurando os livros que você quer comprar, que eu vou admirar suas fotos naquela salinha ali, sentada para não cansar.

— Tá bom. Mas não se assuste, viu? Tem alguns nudes meus e da minha namorada.

Maísa caminhou para a salinha, tremendo dos pés à cabeça. Devia ser mais uma das fofocas que Eneida já espalhara na vida.

Fechou a porta, sentou-se à mesa de Marcelo, respirou fundo e avançou na galeria do celular, observando a data: mais ou menos dois anos, dissera Eneida.

Bastante nervosa, tinha dificuldade de manusear o aparelho, parecia que seus dedos haviam congelado. Aquilo não podia ser verdade.

Mas era. Finalmente, encontrou o que estava procurando.

De tão chocada, a vista da moça ficou turva, sentiu suores frios e as mãos tremeram. Mas, rapidamente, lembrou que devia se controlar para que Eneida não percebesse caso entrasse na salinha ou quando fosse devolver o celular.

Naquele período pesquisado havia cerca de duas dezenas de fotos, provavelmente de alguma comemoração do grupo. Nelas, todos apareciam bebendo, cantando, abraçando-se ou se beijando. Pelo menos, metade daquelas fotos mostrava Patrícia e o tal Hector bem agarradinhos, beijando-se. Em uma delas, sua falecida cunhada estava com um dos seios à mostra e o outro coberto pela mão do rapaz. Pelo visto, diante do nível de intimidade do casal, as fotos mais indiscretas foram feitas sem o conhecimento dos fotografados ou, então, estavam muito embriagados e não deram a mínima para quem pudesse vê-los.

Não havia dúvidas de que se tratava de Patrícia, sua ex-cunhada, inclusive por dois sinais que ela possuía: um, na ponta do queixo e, o outro, acima do lábio esquerdo, logo abaixo do nariz.

Cuidadosamente, esforçando-se para a mão não tremer e abaixando-se para não ser vista, Maísa fotografou aquelas imagens com seu próprio celular. Depois, pensaria no que fazer com elas.

"Meu Deus, era incrível como ninguém percebera aquela face infiel de Patrícia, nem o próprio marido! E era incrível também a falta de caráter e vergonha da sua ex-cunhada, exibindo aquele alto grau de licenciosidade diante de outros colegas e já casada com seu irmão", pensou a moça.

Maísa não conseguia imaginar qual seria a reação de Marcelo caso ela decidisse mostrar tudo a ele. Seu irmão sempre considerou Patrícia como a esposa perfeita, indispensável para sua vida, a ponto de entrar em profunda depressão com sua morte e iniciar um prolongado luto afetivo até os dias de hoje.

Naquele momento, Maísa não conseguia pensar em mais nada a não ser sentir uma profunda raiva de Eneida, pela sua obsessão por fofocas e maledicências. Bebeu lentamente um copo d´água, respirou fundo e foi devolver o celular da amiga, que já escolhera dois livros.

Aproximou-se da ex-colega, forçando um sorriso:

— Suas fotos estão ótimas, amiga. Um dia, quero assisti-la no palco. Me avise da sua próxima apresentação aqui na capital.

— Avisarei, sim. Viu as da Patrícia com Hector?

Para não esticar o assunto, Maísa mentiu:

— Não, não vi, mas, também, faz tanto tempo, né? E a coitadinha já morreu. É melhor esquecer o assunto.

— É verdade — e adicionou mais um pouco de veneno. — Dizem que o acidente aconteceu porque eles tinham bebido muito. Deviam ter saído da maior farra.

Maísa não comentou e dirigiu-se ao caixa para cobrar. Enquanto dava o troco, despediu-se:

— Amiga, espero que você tenha um feliz Natal.

— Você também, amiga. Se algum dia desistir do consultório e resolver fazer teatro, me procure — brincou a moça.

— Pode deixar.

Depois que a ex-colega saiu, Maísa voltou para a salinha e entrou no banheiro para chorar por seu irmão.

Sofria por ele, uma pessoa sensível, de ótimo coração, amoroso, que não merecia aquilo. Ele amara muito Patrícia e acreditava piamente ser amado por ela. Nunca lhe passaria pela cabeça desconfiar de alguma infidelidade dela.

Depois de muitos minutos se refazendo do choque, Maísa retocou a maquiagem e retornou à sala, ainda abalada. Sentou-se e, através das divisórias de vidro, ficou olhando as pessoas e os carros passarem na rua. Mas seu pensamento estava longe, junto de seu querido irmão.

Maísa nunca tivera simpatia pela cunhada, e Marcelo ressentia-se disso. Dizia que era ciúme, mas nem ela sabia explicar a razão. Não a achava espontânea, achava que ela agia como se fosse uma atriz sempre a representar, mesmo nos momentos mais informais. Simplesmente não confiava nela, talvez por intuição ou sexto sentido.

Agora, não sabia o que fazer.

Por um lado, se mostrasse as fotos ao Marcelo, curaria seu luto afetivo através de um verdadeiro tratamento de choque, e, ele, talvez, decidisse esquecer Patrícia, permitindo-se novas possibilidades amorosas. Por outro lado, sabia que iria fazê-lo sofrer muito, por ter confiado tanto, por ter amado tanto e, no final, ter sido traído miseravelmente.

Que fazer?

Uma decisão já tomara: iria sair mais cedo da livraria para evitar encontrar-se com seu irmão, pois não teria coragem de encará-lo sem trair seus sentimentos de revolta.

Foi à oficina e despediu-se de Tobias, alegando que não estava se sentindo muito bem. Ele acreditou porque percebeu seus olhos vermelhos de tanto chorar, mas não se sentia à vontade para perguntar o motivo. Não tinha com ela a mesma intimidade que mantinha com Marcelo.

Maísa deu graças a Deus por ser uma sexta-feira. Assim, evitaria ver seu irmão durante o fim de semana e ganharia tempo para pensar no que fazer com a inesperada e involuntária descoberta que fizera.

De uma coisa tinha certeza: não iria estragar o Natal de seu irmão.

CAPÍTULO 17

Dia 22 de dezembro, manhã de sábado.

A Riviera de São Lourenço está localizada no litoral sul, na cidade de Bertioga, a pouco mais de 200 quilômetros da capital. Era lá que Téo e Aline possuíam uma casa na praia com o mesmo nome da cidade: São Lourenço.

No verão, ainda que seu marido não pudesse acompanhá-la por motivo de trabalho, Aline ia para lá, com a filha, passar umas duas semanas. Era um lugar muito seguro e agradável, a poucos metros do mar, o que facilitava muito, pois não havia necessidade de usar o carro.

Dentre outras mais distantes, a vizinha mais próxima era dona Ofélia, esposa do aposentado Ramiro. Não exatamente vizinha, pois sua residência distava cerca de quase 500 metros da outra.

Sem nada para fazer, aquele casal de idosos preenchia o tempo cochilando, lendo, assistindo à televisão ou passeando na beira da praia, quando não decidiam passar algumas horas no centro de Bertioga.

Qualquer movimentação ali por perto era sempre uma novidade para eles e motivo de observação. Como as casas — muito luxuosas — ficavam afastadas da região central, era raro aparecer alguém por lá que não fosse proprietário, o que garantia considerável privacidade.

Por isso, naquele sábado, quando viram, pela janela, um carro passar, o casal ficou atento, e Ramiro correu para ver de quem se tratava. Ofélia estava cansada e preferiu continuar na sua cadeira de balanço, tricotando.

— O Téo chegou com a esposa — comentou o aposentado.
A senhora levantou os olhos do tricô.
— Já? Dessa vez, chegaram cedo. É verdade que eles vêm aqui com frequência, mas, nesta época do ano, costumam vir só para o *réveillon*.
— Gozado...
— O que é gozado, Ramiro?
— Não trouxeram a filha, a Emília.
— Emily, Ramiro, Emily — corrigiu a esposa.
— Pois foi o que eu disse. Só o casal saltou do carro.
Ofélia riu, maliciosa:
— Na certa, resolveram fazer uma nova lua de mel...
— Pode ser, eles ainda são jovens. O Téo não mudou nada, mas a Aline está diferente, parece que cortou e pintou os cabelos, está mais magra.
— Nos dias de hoje, as mulheres jovens são assim mesmo, meu velho, estão sempre mudando para tentar rejuvenescer.
— Pois parece que ela conseguiu. Parece bem mais bonita.
— Deixe de conversa, homem, você não está mais enxergando direito nem um palmo à frente do nariz...
— De qualquer maneira, é bom saber que nossos vizinhos estão aí. Eu me sinto mais seguro no caso de alguma necessidade.
— Concordo, é um casal muito simpático e prestativo.
— Com quem será que deixaram a filha?
– Ora, com os avós, naturalmente. Afinal, para quê servem os avós? — e continuou tricotando, tranquilamente.

Dia 24 de dezembro, tarde de segunda-feira.

A chegada do Natal e do final do ano atrasou o recebimento dos exames de Emily, pois, devido ao acúmulo de trabalho, o laboratório não liberou a entrega de alguns resultados. E, para falar a verdade, Aline até gostou, pois assim deu um tempo no problema da filha, torcendo para que não fosse nada sério, apenas um simples estresse, como dissera o doutor Isaias.

Sentia-se bem pela primeira vez em muitos natais. Já que Emily estava no quarto, era um bom momento para ligar para seu amigo — inclusive porque talvez fosse ele a causa do seu bem-estar.

— Oi?
Ele vibrou ao ver que era Aline.
— Amiga! Que bom ouvir sua voz!
— Bom, desta vez é para desejar um feliz Natal.
— Para você também, Aline. Tenho certeza de que se depender de nós dois, vai ser um excelente Natal.
— Ué, por quê?
Ele riu:
— Porque esta deve ser a décima vez que nos desejamos um feliz Natal.
Ela o brindou com o famoso e sedutor riso.
— Ainda bem, né?
— E é claro que esses votos são também para minha querida *sobrinha* Emily. Está tudo bem com ela?
Aline hesitou para responder:
— Hum... mais ou menos. Mas não quero falar disso agora, estamos no Natal, época de alegrias.
Ele insistiu, já preocupado.
— Mas o que é que ela tem? É algo sério?
— Não se preocupe, querido, está tudo sob controle, não é nada grave. Já levei sua sobrinha ao médico.
— Aline, você sabe que, se precisar de mim, é só ligar, em qualquer dia e a qualquer hora — fez uma breve pausa. — Posso lhe fazer uma confissão?
— Mas que pergunta boba, claro que pode.
— Adoro quando você me chama de querido.
Para Aline, era um alívio que ele não pudesse ver que ela corou, mas esforçou-se para se fazer de desentendida:
— Ah, é?
E ele fez charminho.
— É, apesar de saber que é apenas um tratamento cordial, entre amigos, sem maiores significados.
Ela foi misteriosa ao responder:
— Você acha mesmo isso, é?
Ele continuou o charminho:
— E não é?
Ela fugiu, porque senão abriria o jogo.

— Moço, feliz Natal! — ambos riram, sentindo-se cúmplices. — Agora, escute, tenho uma notícia para você.

— Devo me preocupar?

— Acho que não, mas tenho certeza de que vai.

— Hummm, já não estou gostando, mas diga o que é.

— É que só voltaremos a nos falar no próximo ano.

— Oi? Como assim? Não entendi nada. O que fiz de errado para ser castigado dessa maneira?

Ela voltou a rir.

— Nada, seu engraçadinho. É que, já há alguns anos, temos o hábito de viajar logo após o Natal, passar o *réveillon* no litoral e ficarmos mais alguns dias de férias.

— Quantos dias ao todo vai ser esse sumiço?

— Geralmente ficamos duas semanas, mas depende muito do tempo. Praia só é bom com bastante sol.

Marcelo não gostou nada daquela notícia e, depois de um breve silêncio, comentou, disfarçando sua chateação:

— Bom, espero que tudo corra bem e que se divirtam bastante.

— E eu espero que esse tempo em que não nos veremos, nem nos falaremos, não seja suficiente para que você se esqueça da sua amiga.

— Pois eu digo o mesmo, mocinha.

Novo silêncio. Era difícil para ambos imaginar que ficariam "tanto tempo" sem nenhum contato.

Marcelo estava desconsolado:

— Bem, quem vai dizer tchau primeiro?

Ela estava emocionada ao responder:

— Você.

— Por que eu? É você quem vai viajar.

— Está bem — ela pigarreou para disfarçar a emoção. — Então, meu querido amigo Marcelo, até a volta.

Ele praticamente sussurrou:

— Te cuida, Aline.

— Vou sentir falta do seu *oi*.

— É só me ligar que você o ouvirá.

Ela riu e falou baixinho:

— Um beijo.

— Pra você também, linda.

Depois que desligaram, ambos ficaram olhando longo tempo para o aparelho, com uma expressão desconsolada.

Dia 24 de dezembro, noite de segunda-feira.

Para Aline, a ceia de Natal foi triste, apesar de, dias antes, estar se sentindo leve. Mas havia algumas razões para seu sentimento: primeiro, porque já era uma característica sua, e, depois, porque sentia falta da alegria e do carinho de Marcelo. Terceiro, como nos anos anteriores, Téo estava ausente, trabalhando, segundo ele. A justificativa era sempre a mesma: como se tratava de época de fechamento de balanço, ia, com alguns auditores, visitar as principais agências fora da capital, para apurar eventuais irregularidades ou fraudes. E, finalmente, porque seus pais, morando longe, não apareceram.

Felizmente, Emily estava contente e falante, e a noite seguia tranquila e divertida e, aparentemente, a menina não sentia a falta do pai.

Por mais incrível que pudesse parecer, nem um telefonema de feliz Natal Téo se dignou a fazer para a esposa, ou, pelo menos, para a filha. Deveria estar muito ocupado mesmo, se é que isso justificava.

Como nos anos anteriores, segundo ele, havia um jantar de confraternização com os diretores e os principais acionistas, e não poderia faltar se quisesse ter um futuro brilhante no banco.

As únicas ligações que recebeu foram de Lenice, de seus pais, os quais, depois de pedirem para falar com a neta, ouviram dela um simples e apático "feliz Natal", sem mais comentários.

Por duas vezes, Aline pegou no celular para ligar para Marcelo, mas a presença de Emily fez com que ela desistisse da ideia.

Depois da ceia solitária, as duas terminaram a noite assistindo a um desenho animado de longa metragem pela terceira vez chamado *O Expresso Polar*.

Depois que o filme terminou, Emily estava tão sonolenta que nem se animou a abrir os presentes que sua mãe comprara para ela. Na verdade, ela já sabia quais presentes ganharia, pois acompanhara a mãe nas compras, e, a maioria dos presentes, ela mesma escolhera. Assim, não esperava grandes surpresas.

Naquela noite, mãe e filha dormiram mais abraçadinhas que de costume.

CAPÍTULO 18

Dia 24 de dezembro, noite de segunda-feira.

Sofia e Fausto, os pais de Marcelo, ficaram felizes ao ver o filho chegar para a ceia. Estava com uma cara boa, sorridente, bem-humorado e vestido casualmente, mas com capricho.

Abraçou e beijou os pais carinhosamente e logo perguntou pela irmã:

— A psicóloga não chegou ainda?

A mãe deu a informação:

— Já, chegou cedo e está na cozinha.

— Vou ajudá-la.

Fausto brincou:

— Marcelo na cozinha? Pronto, lá se foi nossa ceia de Natal!

O casal de idosos era assim, sempre bem-humorado. Fausto, filho único, herdara do pai, próspero comerciante, a livraria, quatro casas alugadas, uma mercearia e considerável soma no banco, resultado de boas aplicações. Tinha, portanto, uma boa situação financeira. Dóris recebia pensão por ter se aposentado como professora. Essa condição permitia ao casal ajudar os dois filhos, para que tivessem uma vida mais tranquila.

A ceia transcorreu num clima alegre e muito carinhoso. Não faltaram elogios, agradecimentos e beijos e abraços.

Pedindo a palavra, Sofia, de lindos cabelos brancos arrumados num belo penteado, alertou os filhos:

— Atenção, vocês. No próximo Natal já queremos ver um neto aqui nesta mesa, ouviram bem? Portanto, tratem de se mexer.

Maísa se defendeu logo:

— Isso não vale para mim. Há tempos venho dizendo que pretendo esperar bastante antes de ser mãe. Portanto, a esperança é meu irmão.

— Eu? Mas calma aí, gente, isso não é justo. A senhora está me dando só três meses para providenciar o neto!

O pai deles não perdia a oportunidade de uma brincadeira:

— É tempo demais, filho, bastam alguns minutos. Vá à luta, rapaz, deixe os livros em paz.

Foi assim durante toda a ceia. Brincadeiras, piadas, cutucadas, mas sempre entre risos, carinho e respeito.

No final, as duas mulheres ficaram conversando num dos quartos e os dois homens foram para a sala. Pai e filho sentaram-se lado a lado no mesmo sofá. Fausto pôs carinhosamente a mão sobre um dos joelhos do filho:

— Estou feliz, filho. Há muito não o via tão alegre, descontraído. Alguma razão especial para isso?

Imediatamente, Marcelo lembrou-se de Aline, mas disfarçou.

— Não, acho que é porque está tudo caminhando bem para nós. A livraria tem obtido bons resultados, minhas aulas também. O consultório de Maísa, apesar de funcionar apenas meio expediente, também tem a agenda quase cheia. É isso.

O pai sorriu.

— Filho, sabe há quanto tempo o conheço? Bastante, não é mesmo? Então, sei que você é muito inteligente, muito esperto, mas não vai conseguir enganar seu velho pai. Então, me diga logo: como é o nome dela?

O rapaz ficou meio desconcertado.

— Mas que *ela* nada, meu pai.

— A última vez que você esteve tão eufórico assim foi quando conheceu Patrícia. Depois que ela se foi, nunca mais o vimos brincar e sorrir tanto. Portanto, divida essa alegria com seu velho pai.

Marcelo deu um beijo na face do genitor.

— O senhor continua incrível, não deixa passar nada — Marcelo fez uma pausa, olhou para as próprias mãos e admitiu: — É uma alegria pela metade.

— Como assim, filho?

— Há algumas semanas, conheci uma moça no supermercado. Depois, conversamos bastante e nos tornamos amigos. É linda, inteligente, adora ler, é espirituosa e bem-humorada. Não consigo parar de pensar nela.

Fausto deu um tapa carinhoso na coxa do filho.

— Ótimo! Eu sabia que havia um motivo para essa alegria transbordante. Mas por que você diz que é uma alegria pela metade?

— Ela é casada e tem uma filha de 11 anos.

Fausto, sério, ficou olhando o filho demoradamente. Depois murmurou baixinho para si mesmo:

— Caramba! E agora?

— Mas, apesar disso, essa é a metade boa: aceito-a como amiga apenas.

— E a outra metade, a não tão boa?

Marcelo falou, sem coragem de olhar para o pai:

— Patrícia — Marcelo percebeu que Fausto começou a balançar agitadamente uma das pernas, com os tornozelos levantados. Era sinal de que estava ficando impaciente. — Não precisa ficar nervoso, pai, já estou trabalhando isso. Nem precisa me lembrar de que ela já morreu.

A voz do pai não estava muito carinhosa quando respondeu:

— Pois era justamente isso que eu ia fazer.

— Não precisa, mas admito que ainda estou dividido. Menos do que antes, mas ainda estou.

— Mas a mulher é casada, meu filho, você não tem o direito de estar dividido coisa nenhuma.

— Já disse ao senhor que só a amizade dela me basta. É uma pessoa tão maravilhosa que sinto falta dela e me faz bem-estar ao seu lado. A filha dela é uma graça e gosta muito de mim.

— Bom, não sei o que dizer. Tudo hoje está muito diferente do meu tempo de jovem. Só lhe peço que não cometa nenhuma imprudência, nem nada que esteja fora dos valores em que você e Maísa foram educados.

— Quanto a isso, não se preocupe, meu pai. Queremos continuar dando satisfação e orgulho a vocês. A situação está sob controle, e eu só quis me abrir um pouco com alguém e não havia ninguém melhor que o senhor.

— O que me tranquiliza é ver a alegria que essa mulher, apenas como amiga, consegue proporcionar a você.

Marcelo deu um forte, longo e carinhoso abraço no pai.

— Depois do cafezinho, também queremos esse abraço gostoso! — disseram as duas, retornando à sala.

CAPÍTULO 19

Dia 25 de dezembro, manhã de terça-feira.

Assim que as duas acordaram, Aline conversou calmamente com Emily.

— Filha, precisamos ir visitar seus avós.

A menina fez cara de contrariedade.

— Aaaah, mami!

— Veja, filha, é Natal, todas as famílias estão reunidas comemorando, e eles estão lá, sozinhos, sem ninguém da família. Você entende como isso é triste?

A garota tentava argumentar para não ir:

— Eu sei, mami, mas eles mesmos preferiram morar longe da gente. Vai ver que foi porque não gostam de receber visitas.

— Nada disso, mocinha. Naquela época, eles tiveram outros motivos para essa decisão, mas isso não significa que devemos esquecê-los. Sei que ficarão felizes em nos ver.

— Você acha mesmo?

— Tenho certeza disso. Eu sei que você não gosta de ir lá, mas é Natal. Se não fosse a data, eu não estaria insistindo com você.

— Você promete que a gente não vai demorar?

— Prometo. Será uma visita rápida. Eu também não me sinto confortável vendo meus pais idosos e sozinhos.

— Está bem, então, vamos.

— E se, em algum momento, você se sentir chateada, lembre-se de que amanhã iremos para a praia e vamos nos divertir muito durante vários dias.

O rostinho dela brilhou com um largo sorriso.

— Ah, da praia eu gosto!

— Eu sei, querida, mas na vida a gente não pode fazer só o que gosta, mas o que é necessário fazer, entendeu?

— Entendi, mami. Não vou ficar chateada.

Dia 25 de dezembro, tarde de terça-feira.

Pegaram a estrada logo depois do almoço, levando os presentes no porta-malas do carro e praticamente não conversaram durante toda a ida.

O trajeto completo durava cerca de uma hora e meia, metade do qual, depois que saíssem da rodovia asfaltada, percorreriam um trecho de estrada de terra, atravessariam um vilarejo e, minutos depois, chegariam à fazenda dos pais de Aline.

O terreno da fazenda era bem grande e havia muitas plantações de frutas e legumes, cultivadas por dois empregados.

A casa ficava a uns vinte metros do portão de madeira de entrada, onde Aline parou o carro e ficou olhando pensativa para a casa. Emily percebeu essa atitude reflexiva da mãe e ficou imaginando no que ela estaria pensando.

A lembrança do passado, quando era apenas uma adolescente, ainda machucava muito Aline. A moça lembrou-se de sua residência antes de se mudar para lá, a mansão perto do lago, onde sua família fora muito feliz. Como seu pai costumava dizer, lá era um paraíso, cercado por um imenso e bonito bosque, o som relaxante de muitas fontes e o canto permanente dos pássaros.

Depois que seu pai contratara o casal Juliana e Tobias, as meninas passaram a ter um companheiro de brincadeiras e travessuras, o Josias, da mesma idade delas. E a felicidade continuou, até que aconteceu a tragédia. Por causa dela, traumatizados, seus pais decidiram se isolar e morar numa afastada fazenda no interior, de onde pouco saíam e raramente recebiam visitas.

Naquele instante, imóvel dentro do carro estacionado, todas essas tristes recordações passaram pela memória de Aline como se fossem um filme, entrecortado por cenas alegres e tristes. Quase uma tragicomédia.

— Mami, não vamos entrar?

A voz de Emily trouxe Aline de volta à realidade.

— Vamos, filha, estava só descansando um pouco.

A garota, muito observadora, ficou pensando: "Se ela estava só descansando, por que havia lágrimas nos seus olhos?", mas ficou calada.

A própria Aline se encarregou de abrir o pesado portão e depois estacionou o carro dentro do terreno da fazenda.

Quando saltaram do carro, Aline, segurando a mão de Emily, sentiu a resistência da filha em caminhar. Era óbvio que ela estava ali a contragosto, embora nenhuma das duas soubesse a razão disso.

Dóris e Edgar foram pegos de surpresa.

Ambos estavam sentados em largas e grossas poltronas, ao lado um do outro. Ele lia um jornal, e ela olhava para uma televisão colocada na parede à frente deles. Quando Aline bateu palmas, por trás da janela de vidro, eles olharam, inicialmente sem reconhecê-la, mas, logo em seguida, Edgar largou o jornal e levantou-se entre surpreso e alegre.

— É Aline, Dorinha!

— Aline, minha filha? — e a mãe levantou-se também.

Edgar abriu a porta, e as duas visitantes entraram. O abraço com o pai foi longo e emocionado. Depois se repetiu com a mãe.

A casa da fazenda era rústica, como das fazendas em geral, mas muito conservada, ampla e cheia de móveis antigos e tapetes de couro de animais. Em nada lembrava a luxuosa mansão onde viveram na adolescência.

— Vejam, trouxe sua netinha, a Emily.

Dóris abraçou alegremente a menina, que permaneceu estática, com os braços caídos ao lado do corpo.

— Nossa, Emily, como você cresceu! Já é uma moça!

O mesmo aconteceu com o avô: ele abraçou-a, mas não obteve nenhuma reação por parte dela, que apenas forçava um leve sorriso.

— Sentem-se, devem estar cansadas da viagem.

— Que nada, viemos em menos de duas horas. A estrada estava ótima.

— E o Téo, como está?

— Como sempre, trabalhando muito, sem parar um instante. Olhem aqui, meu presente de Natal para vocês.

E entregou a cada um delicado pacote.

— Ora, filha, não precisava. Mas muito obrigado, assim mesmo — agradeceu o pai pelos dois.

E, daí em diante, falaram sobre assuntos triviais, a vida na fazenda, as plantações, os animais, a calmaria, nada importante.

Durante todo o tempo, Emily manteve-se calada, olhando, alternadamente, para o avô e a avó, com uma expressão de tédio.

Aline levantou-se para olhar a paisagem pela janela, enquanto seus pais tentavam tirar alguma palavra da boca de Emily.

Quando se voltou para olhá-los, sentiu um aperto no coração. Era inevitável que viesse à sua mente a imagem daquele casal saudável e amoroso da mansão ao lado do lago, tão marcante na sua infância. Seus pais sempre se amaram muito e dividiam esse amor com as gêmeas. Era uma vida feliz.

— A Emily não é de muita conversa, não é, filha?

Uma pequena mentira:

— De fato, ela é muito tímida. Não sei de quem ela herdou isso.

Dóris puxou Aline pelo braço.

— Venha, deixe eu lhe mostrar como a casa ficou depois das reformas que fizemos no meio do ano.

Aline dirigiu-se a Emily:

— Filha, fique aí um pouquinho conversando com seu avô, enquanto vovó me mostra a casa reformada.

— Tá, mami, mas não demore.

Aline beijou a filha e saiu da sala, acompanhando a velha senhora.

Estranhamente, ao se ver sem a mãe e a avó por perto, algo mudou no semblante de Emily.

Ela perguntou numa voz que já não era a sua:

— Está me reconhecendo, papai?

— Papai? Você quer dizer vovô, não é? Que coisa gozada, somente agora estou reparando como você se parece com sua mãe, quando ela tinha a sua idade. Muito parecida mesmo, até parecem irmãs gêmeas.

Havia ironia na resposta dela:

— Eu sei, é como se eu fosse a própria Alícia, não é mesmo?

Edgar se surpreendeu um pouco com aquela resposta:

— Ah, sua mãe já lhe falou da irmã gêmea dela? Isso mesmo, elas se pareciam muito, uma era a cara da outra. Mas o incrível é que, quando você chegou, não percebi isso, mas agora vejo que você é a cópia fiel da pequena Alícia.

A menina esboçou um pensamento pouco usual para sua idade.

— Você não tem medo de morar aqui, um lugar tão distante da cidade e solitário, sem vizinhos?

— Ué, e por que teria medo?

— Sei lá, pode aparecer um ladrão, uma fera. Se eu morasse aqui, teria uma arma para me defender. Você não tem uma?

O avô olhou travessamente para a menina e cochichou:

— Vou lhe contar um segredo, mas fica só entre nós dois, combinado?

Ela respondeu sorrindo, com cumplicidade:

— Combinado.

Sorrindo e olhando para a neta, Edgar colocou uma das mãos nas costas, como se estivesse procurando alguma coisa.

— Você pensa que o vovô é bobo? Se aparecer um ladrão ou um animal selvagem, olha só o que eu tenho para eles — e mostrou orgulhosamente um revólver que estava escondido nas costas, atrás da almofada. Talvez a intenção de Edgar com essa atitude fosse mostrar-se esperto ou mesmo agradar a garota, já que ela havia perguntado sobre uma arma.

Emily, em vez de ficar assustada, pareceu encantada:

— Nossa, um revólver! Que maneiro!

— Viu só como o vovô é prevenido? — disse o velho, com orgulho.

— Que legal, posso ver de perto?

— Pode, mas com cuidado, só aqui na minha mão. E não diga a vovó nem à sua mãe que lhe mostrei isso. Elas podem não gostar e brigarem comigo.

— Fique tranquilo, não vou dizer nada a ninguém. Deixe ver de perto. Nunca vi uma arma na minha vida.

Ela levantou-se e aproximou-se do avô. Alisou o cano da arma e o restante dela até chegar ao cabo.

— Que maneiro!

— Pode ser útil, mas é preciso ter muito cuidado, para evitar acidentes.

— Claro, eu sei disso.

Distraído com a empolgação da neta, Edgar nem notou que a arma estava apontada diretamente para o peito esquerdo da menina.

Sem que o avô tivesse tempo de perceber e evitar, a menina introduziu os dedos indicadores de cada mão no espaço do gatilho e apertou-o com toda sua força.

— Emily!
— Edgar!

Se as duas mulheres não tivessem gritado juntas ao retornarem à sala, a bala teria atingido em cheio o coração de Emily. Sua sorte foi, no exato momento do disparo, ter se voltado para a mãe e a avó, atraída pelos gritos.

Aline seria capaz de jurar que sua filha a olhara com raiva, em vez de assustada, como se ela tivesse sido atrapalhada no que estava fazendo.

Edgar estava pálido, de boca aberta, sem saber direito o que tinha acontecido. Dóris estava trêmula, gritando para o marido:

— Edgar, o que essa arma está fazendo na sua mão? Você ficou louco?

Aline correu para se certificar de que nada acontecera com a filha. Ao ver que estava tudo bem, que sua filha não estava ferida, ficou mais calma, mas quis compreender o que ocorrera.

— O que aconteceu aqui, papai?

Edgar continuava pálido e trêmulo.

— Eu... eu só estava mostrando o revólver a Emily, só isso. Não sei como ela fez o disparo.

Dóris continuava brava:

— Edgar, você entende que poderia ter provocado uma tragédia?
— Querida, eu... eu não tive culpa...
— Como não teve culpa? Que ideia tola e absurda foi essa de mostrar uma arma a uma criança?

Aline procurou acalmar seus pais.

— Acalmem-se. Foi um grande susto, mas já passou. Emily está bem, não aconteceu nada com ela.

Dóris começou a chorar.

— Mas poderia ter acontecido, minha filha. E eu jamais me perdoaria, da mesma forma que nunca me perdoei pelo que aconteceu a...

Edgar gritou, interrompendo-a:

— Dorinha, pare, não continue! Nós prometemos jamais voltar a falar sobre esse assunto, já esqueceu?

Aline correu para abraçar a mãe, e as duas choraram por alguns momentos. Ambas sabiam ao que ela quisera se referir.

Abraçadas, Dóris falou soluçando no ouvido da filha:

— Eu não aguentaria outra tragédia em nossa família, minha filha.

— Está tudo bem, mamãe, ninguém se machucou.

Edgar estava inconsolável.

— Por favor, me perdoem, eu não sei como isso foi acontecer.

— Sossegue, papai, o senhor não teve culpa de nada. Foi um acidente. E ninguém se feriu, está tudo bem.

Durante todo esse tempo, Emily manteve-se em silêncio, com a cabeça baixa e as mãozinhas entrelaçadas sobre a barriga. Chorava baixinho assustada com a discussão que se instalara na sala, mesmo sem entender direito o motivo.

Demorou algum tempo para que os pais de Aline se acalmassem. Ela se esforçou ao máximo para tranquilizá-los, foi muito carinhosa com eles.

Ao se despedir, fez questão de beijá-los e abraçá-los mais de uma vez, mas não houve jeito de fazer Emily seguir seu exemplo, ela apenas acenou para eles com a mão, quando estava na saída. Os avós foram compreensivos e acreditaram que aquilo era comum em uma criança.

No caminho de volta, Emily mostrou uma preocupação:

— Mami, não me lembro direito do incidente, mas você está brava pelo que aconteceu comigo e o vovô?

A mãe tranquilizou-a. Tinha certeza de que sua filha não tomaria a iniciativa de fazer algo que pudesse significar algum risco.

— Claro que não, querida, foi apenas um acidente. Nem você nem o vovô tiveram culpa de nada. Quer dizer, a única culpa dele foi ter lhe mostrado uma arma. Não devia ter feito isso. Você que pediu?

— Eu? Imagina, mami, para que eu ia querer ver uma arma?

— Foi o que pensei, mas isso é natural dos avós. Eles fazem de tudo para agradar aos netos, para parecerem espertos e, às vezes, até exageram. Graças a Deus não aconteceu nada de grave.

A menina foi cruel na sua espontaneidade.

— Não sei direito o que aconteceu, mas, pelo que entendi da discussão entre vocês, eu poderia até ter morrido com um tiro no coração. Foi isso mesmo?

Aline estremeceu diante dessa possibilidade: perderia a filha, e seus pais certamente enlouqueceriam, e talvez ela também.

— Meu Deus, filha, nem fale uma coisa dessas!

— Mas não é verdade?

— É, mas não precisa falar. E, por favor, não conte nada a seu pai. Ele vai dizer que a culpa foi minha por tê-la trazido aqui.

— Fique tranquila, mami, não vou contar nada a ninguém.

A mãe enfatizou:

— Isso mesmo, a ninguém.

Depois de alguns segundos calada, Emily insistiu:

— Nem ao tio Marcelo?

Aline quase gritou:

— Principalmente ao tio Marcelo!

— Ué, mas eu pensei que você gostasse dele.

— Eu gosto, mas não é para contar.

— Quando a gente gosta de uma pessoa, deve contar tudo para ela, não é? Foi você mesma que me disse isso, outro dia.

Aline contou até dez, mentalmente, procurando se acalmar, pois o susto fora grande demais, e ela, embora fizesse força para não demonstrar perante a filha, estava muito nervosa.

— Emily, preste atenção: eu gosto muito do tio Marcelo, e ele gosta muito de você. Justamente por isso não quero preocupá-lo, contando o que aconteceu. Daqui a alguns dias, depois que passar o *réveillon*, aí eu conto, entendeu?

— Entendi, mami.

Em poucos minutos, Emily estava cochilando no banco de trás, amparada pelo cinto de segurança. Aline pode, então, respirar aliviada e dirigir com mais calma, mas ainda não se recuperara inteiramente do susto.

※

Quando, finalmente, chegou em casa, Aline tomou um relaxante e foi se deitar um pouco, ao lado da filha, que voltou a cochilar.

Mais tarde, levantaram-se apenas para jantar, tomar banho e caíram na cama novamente. O estresse causado pelo incidente da tarde, na casa dos seus pais, mais o cansaço provocado pela viagem devem ter potencializado o efeito do ansiolítico, pois, em poucos minutos, Aline dormia profundamente, no que foi acompanhada pela filha.

CAPÍTULO 20

Dia 26 de dezembro, manhã de quarta-feira.
1º dia no hotel do litoral.

Depois de uma tranquila noite de sono, Aline e Emily despertaram já recuperadas do susto do dia anterior. Rapidamente, fizeram o desjejum, arrumaram as malas e colocaram tudo no carro.

Animadas, seguiram para o Guarujá, um dos mais famosos municípios litorâneos do sul de São Paulo, a menos de 100 quilômetros da capital. Fora uma escolha do Téo, desnecessária, na opinião de Aline, pois eles possuíam uma bela casa na praia de São Lourenço da Riviera, no litoral sul, que Aline adorava, mas seu marido achara melhor "mudar um pouco de ares". Alegara que, em um hotel, Aline teria mais conforto e comodidade não precisando se preocupar em fazer comida e arrumar a casa. Nesse sentido, ela achou ótima a ideia, pois se sentia muito cansada.

O percurso foi tranquilo, o tempo estava bom e a estrada com pouco movimento, certamente por ser dia de semana.

Chegando à conhecida e aprazível cidade, instalaram-se em um luxuoso e confortável hotel, cuja reserva fora providenciada por Téo com meses de antecedência, pois era um lugar bem disputado pela alta qualidade dos serviços e pela localização privilegiada, muito próxima da praia.

Aline sabia que o hotel concederia um bom desconto no valor das diárias. Na verdade, era uma moeda de troca, pois o banco onde Téo trabalhava fazia frequentes convenções gerenciais naquele local. Essa era outra das vantagens de ser casada com um banqueiro.

Ficaram no quarto andar, em um amplo e confortável apartamento, com as janelas dando vista para o mar, descortinando uma linda paisagem, além de uma espaçosa varanda.

Logo ao chegar, e vendo aquele ambiente tão aprazível e tranquilo, Aline percebeu o quanto estava realmente precisando espairecer e relaxar. Além disso, ficou muito feliz por ver a cara de satisfação de Emily, encantada com o ambiente, inclusive porque havia um quarto só para ela.

No almoço, ficaram surpresas com a variedade de frutos do mar. Obviamente, Emily fartou-se na sobremesa.

Passearam pelo hotel e conheceram suas várias opções de lazer. À noite, foram a uma interessante feirinha na praça central, compraram alguns artesanatos e bugigangas, tomaram sorvete e depois foram a um parque de diversões, modesto, mas divertido.

Chegaram ao apartamento caindo de cansaço. Mal deu tempo para um banho, um lauto jantar e logo caíram na cama, sonolentas.

Dia 27 de dezembro, noite de quinta-feira.
2º dia no hotel.

Mãe e filha aproveitaram o segundo dia para conhecer melhor a cidade, visitar alguns pontos turísticos, algumas lojas, praias próximas, supermercados e um bonito *shopping*, tudo feito sem esforço ou pressa, com o estado de espírito leve e bem-humorado. Felizmente, tudo estava indo às mil maravilhas.

Algumas pessoas costumam dizer que ninguém é perfeito, mas também poderiam dizer que nada é perfeito.

Justamente no segundo dia em que estavam hospedadas, apesar de tantas alegrias e diversões, Aline voltou a assustar-se com a filha.

Durante o dia tudo transcorrera de forma maravilhosa; o susto foi à noite.

Já de pijama curto e se preparando para dormir, Aline lia recostada na cabeceira da cama, enquanto Emily estava na banheira. Conforme lhe pedira, a porta permanecia aberta, enquanto a garota se banhava.

Foi graças a essa providência que Aline ouviu um barulho estranho de água, vindo do banheiro, como se sua filha estivesse se debatendo. Demorou alguns segundos tentando adivinhar o que poderia ser aquilo. A menina estaria apenas brincando?

Havia também um som esquisito que dava a impressão de que Emily teria se engasgado. Temerosa, de um pulo, Aline correu, entrou apressada no banheiro e ficou chocada ao ver Emily praticamente submersa na banheira, lutando para levantar-se, sem conseguir.

Rapidamente, Aline enfiou os braços na água e puxou a filha pelos ombros, já tossindo, engasgada, e levou-a para a cama.

— Filha, o que foi que aconteceu?

A menina não conseguia falar devido à tosse e ao susto. Quando parou, começou a chorar.

— Calma, filhinha, já passou.

Rapidamente, Aline enxugou-a e colocou-lhe um pijama.

— Quando se sentir melhor, conte-me o que aconteceu. Você escorregou na banheira e não conseguia levantar-se?

Com esforço, entre soluços, Emily tentou se explicar:

— Não sei, mami, não sei. Parece que alguma coisa me puxou, foi como na travessia. O mais estranho foi que eu me debatia, mas, na verdade, não queria sair da banheira, mesmo sabendo que corria perigo. Ao mesmo tempo, parecia que algo me segurava embaixo d'água. Não sei explicar o que houve, mami, me desculpe.

— Calma, filha, já passou, já passou. Fique aqui enquanto troco de pijama, porque este está todo molhado.

Depois de trocar de roupa, a mãe voltou para perto da filha.

— Está melhor, filha?

— Estou, mami, mas foi horrível. Se você não tivesse chegado logo e me tirado da banheira, não sei o que teria acontecido.

— Não pense mais nisso, filha. As banheiras são muito perigosas, e algumas pessoas, mesmo adultas, sofrem quedas sérias ao escorregarem nelas.

— Agora só vou tomar banho de chuveiro.

— Eu também, filha, eu também.

Depois de alguns minutos, quando Aline pensou que a filha já tinha adormecido, ouviu-a perguntando com voz sonolenta:

— Mamãe...

— O que é, filhinha?

— Pelo que você tem comentado, nessas últimas semanas, já escapei três vezes de morrer. O que é que está acontecendo comigo, mami?

Aline estremeceu. Aquilo que a filha dissera era verdade, e ela não tinha se dado conta disso.

— Acidentes acontecem com todo mundo, querida. Não fique preocupada com isso, é só ter mais cuidado e prestar mais atenção no que faz.

— Mas eu sempre fui cuidadosa, mami.

— Eu sei, meu bem, mas é assim mesmo, acidentes acontecem de forma inesperada e pegam a gente de surpresa. Não se preocupe, procure dormir que amanhã teremos outro longo e gostoso dia.

Abraçada à mãe, Emily dormiu em pouco tempo, mas Aline viu a madrugada chegar sem conseguir conciliar o sono. Estava intrigada com o comentário de Emily sobre aquela série de acidentes e fatos estranhos e perigosos que, ultimamente, vinham envolvendo sua filha. O que estaria acontecendo com ela? Coincidências apenas? Distração? Travessura?

Era realmente uma pena que Marcelo não estivesse ali para ajudá-la a refletir sobre a questão.

Dia 30 de dezembro, noite de domingo.
5º dia no hotel

Desde o dia 28, a normalidade voltara para mãe e filha. Passearam, fizeram compras, foram à praia, comeram guloseimas muito além do que uma nutricionista aprovaria e, principalmente, riram muito. Foram dias perfeitos. Agora, a ansiedade era pela virada do ano, principalmente pela tradicional queima de fogos de artifício.

Se cumprisse com o prometido, o que não era comum, Téo chegaria dali a poucas horas para passar o *réveillon* com a esposa e também com a filha. Na verdade, Aline pensou que ele viria pela manhã, mas chegou bem tarde da noite e assim perdeu mais uma oportunidade de passar um dia divertido com a família.

Como vinha acontecendo havia anos, dormiram juntos, mas como irmãos. A exemplo de vezes anteriores, seu marido queixou-se de cansaço e logo pegou no sono, para alívio dela. Quando, durante a madrugada, o corpo dele encostava-se ao da esposa por acaso, ela instintivamente se afastava.

Insone, levantou-se e foi para a sala de estar. Sua companheira das noites e madrugadas voltou a ser a televisão.

Dia 31 de dezembro, manhã de segunda-feira.
6º dia no hotel

Muito mal-humorado, Téo queixou-se várias vezes durante o desjejum. Dizia em voz alta:

— Ganhar dinheiro é bom, mas exige muito sacrifício. Trabalha-se muito e ainda se fica longe da família.

Aline comentou sem olhar para ele:

— Talvez não fosse necessário ganhar tanto dinheiro assim. Poderia ter menos dinheiro e mais tempo para a família.

— Ah, não dá mais para voltar atrás. Lutei tanto para ser diretor e, agora que consegui, não posso assumir um cargo menor. Seria um retrocesso na carreira e certamente nosso conforto e nossa qualidade de vida seriam bem restritos.

Aline não concordava com esse raciocínio, mas sua reação era sempre sutil, para não provocar aborrecimento no marido.

— Bom, acho que tudo é uma questão de prioridade.

Ele riu com ironia.

— Você fala assim porque não trabalha, tem carro, joias, cartão de crédito com alto limite, um ótimo plano de saúde, uma boa empregada para cozinhar e arrumar a casa. Muitas mulheres dariam tudo para ter a vida que você tem. Além disso, minha cara, o poder vicia e, depois que a gente fica dependente dele, é muito difícil, quase impossível, abrir mão.

Aline até pensou em retrucar: "Espere aí, você disse que eu não trabalho?", mas desistiu. Téo sempre achou que seu trabalho como professora de natação para crianças era mais uma diversão, como ir à piscina todo dia. Isso, sem falar que ele também não levava em conta os trabalhos de administração da casa e da educação e saúde da filha. Mas sabia que, se retrucasse, aquela conversa se transformaria em discussão, e isso era o que ela menos queria naquele momento, ainda mais na presença de Emily.

Depois do café da manhã, ela e a filha tentaram convencer Téo a acompanhá-las a uma programação semelhante à do dia anterior, mas não foi possível, porque Téo estava com má vontade e colocando defeito em tudo.

Como na maioria das vezes, a programação foi escolhida por ele, e não agradou a nenhuma das duas. Conformadas, apenas o acompanharam em diversas visitas a lojas de aparelhos eletrônicos, torcendo para que o dia passasse logo. Aline concluiu que seu marido esquecera o significado da palavra diversão.

Dia 31 de dezembro, noite de segunda-feira.

Havia uma grande multidão reunida na praia próxima ao hotel aguardando a tradicional queima de fogos de artifício, à meia-noite e, no meio dela, já estavam Aline, a filha e o marido.

Enquanto esperava, Aline não parava de pensar em Marcelo. Mesmo com seu marido ao lado, ela se sentia sozinha, porque Téo, em vez de curtir aquele momento festivo na praia, ao lado da mulher e da filha, não parava de conversar com um turista americano sobre negócios.

Finalmente, quase à meia-noite, com a multidão fazendo a contagem regressiva em uníssono, toda a iluminação daquele trecho foi desligada e o espetáculo pirotécnico começou.

Enquanto todos ali se abraçavam e se beijavam, Téo continuava com a conversa, agora com um grupo maior de homens e em voz muito alta para se fazer ouvir, por causa do estourar dos fogos.

Aline ajoelhou-se e abraçou Emily com força e muito emocionada.

— Feliz ano-novo, minha querida. Mamãe te ama muito e tem muito orgulho de você. Eu não queria uma filha diferente de você. Te amo!

— Eu também te amo muito, mami. Feliz ano-novo — e retribuiu o beijo e o abraço da mãe. — Papai não vem abraçar a gente?

— Acho que quando terminar a conversa com os amigos, ele virá.

O show pirotécnico continuava, e Emily se deslumbrava com o espetáculo dos fogos, das cores e formas diferentes, encostada na mãe, que mantinha as mãos cruzadas sobre seu peito, como que a protegendo.

Em certo momento, ao imaginar que, naquele instante, seu amigo poderia estar pensando nela, Aline se emocionou e teve de se controlar para não deixar algumas lágrimas escaparem. Ela se surpreendeu consigo mesma. Aquele era um sentimento estranho, contraditório, inesperado, talvez até inadequado, mas era, sem dúvida, muito intenso, agradável e emocionante, mas sobretudo espontâneo.

Só depois de uns vinte minutos, quando o espetáculo dos fogos havia acabado, é que Téo lembrou-se de vir beijar e abraçar a mulher e a filha, desejando um feliz ano-novo, que soava como algo decorado. Depois, foram jantar no hotel, praticamente em silêncio, e, em seguida, subiram para o quarto.

Foi assim o *réveillon* de Aline, que, apesar de tudo, ainda teve ânimo para pedir a alguma divindade que viesse ajudá-la, para que o novo ano lhe trouxesse mais paz, saúde e amor.

Felizmente, para ela, Téo bebera em excesso naquela noite e, assim, ao se deitarem, ele só queria mesmo era dormir.

Depois de muito tempo, irritada e frustrada pelo já conhecido descaso do marido, Aline adormeceu pensando em Marcelo. Depois da frustração da passagem de ano e dos sustos passados com sua filha, considerava que devia se permitir alguns pensamentos agradáveis.

Mas o pior ainda estava por vir.

CAPÍTULO 21

Dia 1º de janeiro de 2019, manhã de terça-feira.
7º dia no hotel

Na manhã seguinte, logo após o desjejum, Emily quis ir à praia. Aline estava indisposta, pois não dormira o suficiente.

Surpreendentemente, Téo se ofereceu para acompanhar a filha. Subiram rapidamente ao apartamento e logo retornaram em trajes de banho. Aline continuava na mesa do café.

— Você não quer ir mesmo, mami?

— Não, filha, divirta-se com seu pai. E cuidado com as ondas, Téo, não deixe Emily ir para longe. O mar não é o melhor lugar para se nadar.

Ele não gostou do alerta da esposa.

— Eu sei tomar conta dela, Aline. Há 11 anos que faço isso.

Aline se segurou para não dar uma escandalosa gargalhada. Era muito cinismo! Um pai ausente como aquele ter coragem de dizer que há 11 anos tomava conta da filha. Era o que podia se chamar de um sujeito sem noção.

Ficou olhando o pai se afastar com a filha em direção à praia.

Depois de algum tempo ainda sentada à mesa, Aline decidiu subir ao apartamento e descansar mais um pouco, pois ainda estava sonolenta.

Virou a plaquinha da porta da suíte para "Não Perturbe" e passou a tranca. Sem trocar de roupa, deitou-se na confortável cama e fechou os olhos. Esse passeio de Emily com o pai faria muito bem a ela, que se sentia ignorada por ele, tão pouco carinhoso. Nessas condições, era melhor ficar sozinha e relaxar. Também seria bom para a menina, que teria o pai por perto, desfrutando dessa companhia tão rara nos últimos anos. Quem sabe o próprio Téo não perceberia o quanto é gratificante para um pai compartilhar momentos alegres com a filha?

Aline já estava quase adormecendo quando ouviu o discreto zumbido do *vibracall* do celular de Téo sobre a mesinha do quarto. Ele não o levara à praia, talvez por esquecimento devido à pressa da filha, ou por precaução, pois estavam sendo comuns os roubos de celulares naquele trecho da praia. E o aparelho do seu marido devia conter muitas informações confidenciais e importantes relativas ao trabalho.

Aline hesitou, pensando se deveria ou não verificar a mensagem. A privacidade de cada um deles era algo que o casal levava muito a sério desde o tempo de namoro. A confiança mútua era um verdadeiro compromisso entre eles dois. Mas Aline imaginou que poderia ser algo importante do banco, alguma emergência, pois não era comum às empresas importunarem os diretores em pleno feriado de final de ano. Talvez um assalto? Um incêndio na matriz? Se fosse o caso, iria chamá-lo na praia.

Foi com essa boa intenção que ela resolveu verificar o celular do marido, mas encontrou o que nunca esperaria.

A primeira mensagem que apareceu na telinha era o texto de uma mulher que dizia:

Meu amor, o Natal com você foi ótimo, mas eu queria o réveillon *também. Onde você está, garanhão? Beijos de língua na sua boca gostosa.*

Sua My.

Aline sentiu faltar-lhe o ar. Teve que sentar-se na beira da cama, pois sentira o quarto girar à sua volta. Leu a mensagem outra vez para se certificar de que não havia se enganado. Infelizmente, não se enganara, ali estava a mensagem. Quem seria essa tal de My que assinava a declaração?

Aline estava tão chocada que o seu coração parecia querer sair pela boca. Não era possível! O executivo sério e trabalhador, o marido supostamente fiel, o pai de sua filha estava traindo-a! Téo tinha uma amante! E passara o Natal com ela, deixando a mulher e a filha sem sua presença! Era o fim do mundo! Não era à toa que todo o seu corpo tremia.

Disse para si mesma: "Calma, Aline, não se precipite. E se a mensagem foi enviada para um celular errado?". Simples: para tirar essa dúvida, bastaria verificar se havia outras mensagens com o mesmo teor.

Com o indicador trêmulo, arrastou as imagens da tela lentamente.

Infelizmente, não havia apenas mais uma mensagem. Encontrou muitas, cada uma mais íntima e comprometedora que a outra. Uma delas deixou Aline particularmente vermelha de raiva:

Meu gatão, sua casa de praia é linda e confortável. Me senti no paraíso do pecado. Quando voltaremos lá para outra noite gostosa?

Como seu marido tivera a coragem e a ousadia de fazer isso, levar a amante para a casa de praia deles? Então, aquela conversa de reservar hotel para a esposa e a filha alegando que era para possibilitar repouso, na verdade, era para deixar a casa deles no litoral para encontros com a amante! Era o cúmulo da falta de moral, vergonha e caráter! Uma nojeira sem nome!

A falta de vergonha não parava por aí:

Querido, estou sentindo falta do seu corpo gostoso sobre o meu ou do meu sobre o seu. Quando você volta?

Sua faminta My.

Mais uma:

Foi uma loucura a noite de ontem. Você me deixou em frangalhos, garanhão.

Beijos molhados da sua My.

E outra:

Já estou acostumada a passar as noites com você ou mesmo um dia inteiro. Quando passaremos uma semana inteira juntos?

Sempre tua, My.

Aline estava tremendo dos pés à cabeça, tinha ânsia de vômito, de tanto nojo e ódio. Nunca imaginara que isso pudesse acontecer em seu casamento, ainda que ele não caminhasse às mil maravilhas. Na verdade, acabara de descobrir que tinha um marido safado e traidor.

Mas o pior mesmo foi ver as dezenas de *selfies* dos dois, nus, na cama, sorrindo e em posições íntimas, eróticas e algumas até pornográficas. Pelas datas no celular, essa relação proibida e indecente já durava havia anos, e ela nunca percebera nada! Todas as noites e todos os feriados que ele passava fora de casa, Aline acreditava piamente que fossem por motivo de trabalho e, algumas vezes, até sentira pena dele. E o canalha estava na gandaia com uma amante!

Deus do Céu, que sujeira! Como era possível que um chefe de família, um diretor de banco, pudesse chegar a ações tão baixas como aquelas?

A mente de Aline não parava: "Quem seria My? Claro que era abreviatura de um nome, por que se a mulher quisesse assinar 'Eu', o correto seria digitar 'Me'. Mas se fosse abreviatura...".

Súbito, teve um *insight*: Myriam!

A assistente pessoal de Téo no banco se chamava Myriam, uma jovem que, a julgar pelas fotos, nem chegara ainda aos trinta anos de idade. Seria possível que Téo tivesse se envolvido com uma funcionária, sua assistente, durante todo esse tempo? E por que, tão inteligente que era, guardava essas fotos e mensagens comprometedoras no celular? Seria para se excitar quando estivesse longe dela? Ou seria pela certeza de que sua esposa nunca as veria?

Conforme o pacto de privacidade que o casal havia estabelecido desde o início do relacionamento, nenhum dos dois teria senha no celular, no computador, no Facebook ou e-mail. Seria a demonstração máxima e definitiva da confiança e do respeito que um teria pelo outro. E esse pacto foi respeitado durante todo esse tempo, mas ele traíra essa confiança e faltara com o respeito da forma mais vergonhosa e ignóbil possível para uma esposa.

Ou será que ele mantinha aquelas porcarias no celular para apreciá-las com frequência e, assim, alimentar seu orgulho de macho com uma garota?

Aline estava pasma e, ao mesmo tempo, furiosa! Como fora tola, ingênua e idiota! Então, essa era a explicação de tanto "trabalho" até altas horas da noite, quase diariamente, inclusive em alguns fins de semana e até nos feriados?

Que boba ela fora! E, durante anos, achava que aqueles serões eram normais devido ao alto cargo do seu marido no banco. Que grande idiota!

E certamente por isso ele era tão frio, tão sem afeto, quase sem interesse sexual. Lógico, já chegava em casa saciado, esgotado!

E agora, o que fazer? Uma terrível e súbita dor de cabeça não a deixava raciocinar direito, mas sabia que não tinha muita escolha.

A primeira palavra que lhe veio à cabeça foi divórcio.

Sim, não tinha outra saída ou perderia o respeito para sempre. Até porque não se tratava de uma desconfiança, um ciúme tolo. Nada disso. Ela tinha as provas e evidências na mão. Aquela traição era inegável e imperdoável.

Uma súbita intuição levou-a a fotografar cuidadosamente com seu próprio celular as mensagens e selfies mais comprometedoras. Se Téo não aceitasse o divórcio ou se a separação não fosse amistosa, ela teria as provas da traição consigo. E isso bastaria para qualquer juiz lhe dar ganho de causa.

Mas e Emily? Como reagiria à separação dos pais?

Sim, ela teria que saber dessa despudorada traição dele. Era inevitável, teria que falar com ela. Com cuidado e tato, mas falaria. De outra forma, como explicaria a ausência permanente do pai depois do divórcio?

Aline surpreendeu-se ao perceber que nem ao menos chorara diante dessa terrível descoberta. Sentira muita raiva, mas tristeza não. Talvez porque já não o amasse de verdade, como nos primeiros anos de casamento.

Bom, de qualquer forma, a decisão já estava tomada.

Ironicamente, veio-lhe à mente a tradicional frase de fim de ano: "Ano novo, vida nova".

Quando Téo e Emily voltaram da praia, Aline fez o possível para parecer natural e serena.

— Gostou do passeio, filha?

— Foi muito legal, mami! Não me canso de admirar o mar e hoje ele estava calmo, sem aquelas ondas altas e fortes. Gostei muito.

— Que bom, também adoro o mar. Agora vá tomar banho para irmos almoçar. E, não se esqueça, use o chuveiro.

— Eu sei, mami, nunca mais vou esquecer.

Téo ficou curioso.

— Por que essa preferência pelo chuveiro?

Sem a presença da filha e frente a frente com o marido, Aline desfez a expressão de simpatia com que os recebera.

— Um dia talvez lhe conte, se realmente estiver interessado. Mas agora precisamos conversar sobre outro assunto.

Ele jogou-se displicentemente sobre uma poltrona.

— Mas logo agora, estou muito cansado. Não pode ser depois do meu banho ou durante o almoço?

Ela estava impassível:

— Não, tem que ser agora, sem a presença de Emily.

Instintivamente, Téo procurou pelo celular. Aline percebeu.

— Você está procurando por isso?

E ela mostrou-lhe o aparelho, balançando-o na mão.

Ele empalideceu e ficou tenso, mas disfarçou.

— Por que você está com ele?

Ela endureceu o tom de voz:

— Quem faz as perguntas agora sou eu, Téo.

Ele fingiu despreocupação.

— Então, pergunte. O que você quer saber?

— Na verdade, quero lhe fazer apenas uma pergunta: você quer o divórcio com ou sem escândalo?

Ele olhou-a com a cara mais inocente do mundo.

— Do que você está falando, querida? Não entendi.

— Entendeu, sim, meu caro diretor de banco, mas vou repetir: eu quero saber se vamos nos divorciar com ou sem escândalo. Para facilitar sua resposta, adianto-lhe que qualquer uma dessas duas opções serve para mim.

Agora ele estava sério.

— O que é isso, Aline? Você ficou louca?

— Acho que sempre fui. Só uma esposa louca como eu não desconfiaria dos seus serões constantes, passando as noites fora de casa, inclusive nos feriados, fins de semana e até no Natal.

— Não há nada do que desconfiar. Trabalho feito um burro para lhe dar este conforto de estar uma semana no litoral. Isso não é barato.

— Sei que não é, mas certamente você gastou muito mais durante todos esses anos com a tal My do que comigo e sua filha. Quem é My? Aliás, como é que você a chama quando está com ela na cama: é "mai" ou "mi"?

Ele empalideceu, mas tentou ainda ficar na defensiva.

— Que loucura é essa, como é que eu vou saber? Você está delirando, deve estar com febre. Sei lá quem é essa tal My.

— Então, vou refrescar sua memória: não seria a abreviatura carinhosa de Myriam, sua assistente pessoal no banco?

Ele levantou-se da poltrona, fingindo irritação.

— Você enlouqueceu, Aline. Não tenho nada com a Myriam. Você acha que eu, como diretor, iria me envolver com uma funcionária?

— Isso é o que veremos, meu caro. Será fácil verificar isso. Quando voltarmos a São Paulo, irei ao banco para conhecê-la.

— Para quê, meu Deus?

— Por uma razão muito simples: eu tenho as mensagens dela para Téo e as *selfies* da My com você na cama. Aliás, várias delas, algumas até parecem o Kama Sutra, outras lembram filmes pornôs. E só para você saber: já copiei todas as fotos do seu celular e as mensagens dela também. Todas. É uma confissão longa e completa, porque essa safadeza já dura anos.

Ele fingiu indignação, para fugir do assunto.

— Você bisbilhotou meu celular? E nosso compromisso de respeito à privacidade do outro, que nos fez até abrir mão de usar senhas?

— Não quebrei o compromisso por simples curiosidade ou bisbilhotice. Verifiquei seu celular porque você é um diretor do banco e poderia ser alguma emergência para você resolver. Só por isso olhei, preocupada com você, porque se fosse necessário, eu iria chamá-lo na praia. Afinal, esposa serve para alguma coisa, não é?

Percebendo, finalmente, que estava sem saída, ele voltou a sentar-se na poltrona, visivelmente abatido. Depois de um instante de silêncio, pediu:

— Aline, vamos resolver isso com calma — era a primeira vez, em tantos anos, que ela o via falar baixo e de forma quase suplicante.

Ela respondeu com serenidade, mas com firmeza:

— É essa a ideia, resolver com calma. Por isso, perguntei se você prefere o divórcio com ou sem escândalo. Tenho certeza de que o Conselho de Administração do banco adoraria ver estas fotos e mensagens entre um diretor e uma funcionária.

Ele quase gritou:

— Aline, você não está sendo razoável.

— Sério? Devo ser razoável numa situação dessa?

— E nossa filha, como fica?

— A Emily? Você acha mesmo que ela vai sentir falta de um pai que sempre foi ausente e nada carinhoso?

— Por favor, não exagere, nem faça disso um drama.

Ela estava imperturbável.

— Com ou sem escândalo, Téo? Você ainda não me respondeu.

Nesse momento, Emily voltou do banho, envolvida numa toalha.

— Sobre o que vocês estão conversando?

Aline brincou com a situação, para não preocupar a filha.

— Ah, estávamos conversando sobre alguns planos que temos que realizar quando voltarmos a São Paulo, não é, querido?

— Posso saber quais planos são esses?

— Ainda não, filha. Vá se vestir para irmos almoçar.

Depois, já vestida, vendo que Téo continuava sentado, Emily convidou o pai:

— Vamos almoçar, papai?

— Vão vocês na frente, filha, ainda vou tomar banho e trocar de roupa. Encontro vocês no restaurante.

Ali, Aline teve a certeza de que ele não iria almoçar com elas e que, assim que se visse só, faria uma ligação para São Paulo: My precisava saber logo que eles haviam sido descobertos e que, com rapidez, precisariam pensar no que fazer para evitar um grande escândalo.

Já na mesa do restaurante, Emily demonstrou para a mãe, mais uma vez, como era observadora.

— Achei o papai preocupado. Ele estava tão alegre na praia, mas quando chegou aqui, parece que mudou.

Aline procurou tranquilizar a filha.

— Enquanto você estava tomando banho, ele recebeu uma ligação de São Paulo. Parece que houve algum problema sério no banco. Acho que deve ser por isso que ele está preocupado.

— Mas que chato, logo num feriado.

— Essas coisas acontecem, filha.

Quando acabaram de almoçar, ao passarem pela recepção em direção aos elevadores, foram surpreendidas pelo recepcionista chamando Aline educadamente.

— Senhora, por favor.

Curiosa e espantada, ela se aproximou do balcão da recepção, dirigindo-se ao rapaz que a chamara:

— Pois não?

— O marido da senhora, o doutor Téo, saiu e deixou este bilhete para entregar-lhe.

Disfarçando sua surpresa, Aline pegou o papel, agradeceu e foi sentar-se numa das poltronas do *hall* para lê-lo. Emily seguiu-a, curiosa:

— O papai já foi? Por quê?

— Não sei ainda. Ele deixou este bilhete, vamos ler:

Querida, precisei voltar com urgência para resolver um imprevisto no trabalho. Me desculpe.

Claro, tudo fazia sentido. Ele e a tal My teriam muito que conversar para encontrar uma saída honrosa.

— O que será que aconteceu de tão urgente assim, mami?

— Ah, filha, nem consigo imaginar, pode ter vários motivos, mas deve ser relacionado com o trabalho dele.

— Será que assaltaram o banco? Se foi isso que aconteceu, ele deve estar muito preocupado mesmo.

Mesmo sabendo que Emily não entenderia, Aline foi irônica:

— Tenho certeza de que ele deve estar muito preocupado, mas não há de ser por esse motivo.

— Ainda bem.

— Bom, mocinha, continuaremos por aqui mais uns dias para nos divertirmos. Está comigo?

A menina abriu um amplo sorriso.

— Claro que estou, mami, mas, da próxima vez, você vai à praia comigo.

— Com certeza, minha linda.

CAPÍTULO 22

Dia 3 de janeiro de 2019, manhã de quinta-feira.
9º dia no hotel.

Na verdade, os dias seguintes à partida de Téo foram até mais divertidos do que quando ele estava com elas, mas Aline começava a se sentir ansiosa por tudo que teria que decidir nas próximas semanas. Como nunca pensara na hipótese de divórcio, sabia muito pouco a respeito. Teria que se informar, possivelmente com seu advogado.

Despertou pensando inicialmente em voltar logo para casa. Mas, como ainda tinha duas diárias pagas, resolveu ficar. Precisava descansar e, principalmente, refletir muito sobre o que descobrira e sobre sua decisão de pedir o divórcio.

De qualquer forma, tão logo chegasse a São Paulo, procuraria Marcelo para ouvir a opinião dele. Era uma pessoa em que confiava muito e tinha certeza do bom senso dele.

Sabia que teria pela frente um período atribulado e não queria correr o risco de se estressar além do normal. Precisava estar com a cabeça no lugar para superar rápida e adequadamente a questão da separação.

Assim, passou aqueles dois dias divertindo-se o quanto pôde com sua filha. Mas sentia-se inquieta por não compartilhar os acontecimentos com Marcelo e ouvir sua opinião. Pensou em telefonar, mas achou que talvez fosse melhor esperar e conversar pessoalmente com ele.

Mas a ansiedade foi maior. Não conseguiu esperar por muito tempo.

Dia 3 de janeiro de 2019, noite de quinta-feira.

Quando se certificou de que Emily já dormira, Aline foi para a varanda da sala de estar e encostou as portas de vidro para que o vento não entrasse, pois elas ficavam de frente para a porta do quarto onde sua filha dormia.

Recostou-se numa das cadeiras longas e ligou para o amigo.

Ele soube na hora que era ela, devido ao número que apareceu na telinha do seu aparelho.

— Oi, linda!

— Oi, lindo. Passou bem as festas?

— Correu tudo bem por aqui, apesar da saudade. E com você?

— Nem tanto, por isso te liguei. Estou meio pra baixo.

— Percebi que sua voz não está legal. O que aconteceu?

— Desculpa, não posso falar agora, por telefone. O assunto é complicado, prefiro falar pessoalmente.

— Mas você está bem?

Ela foi sincera.

— Não, não estou. E não me pergunte mais nada senão vou chorar. Estou quase explodindo.

— É sério assim? Quer que eu vá para aí agora?

— Não, amigo, obrigada, logo voltaremos.

— Por favor, Aline, me procure assim que chegar a São Paulo. Depois do que você me falou, fiquei preocupado.

— Não fique, eu estou conseguindo me controlar bem.

— É tão grave assim que você não pode contar agora?

— É muito grave, sim, mas conversaremos pessoalmente. Eu liguei só porque queria ouvir você para me tranquilizar um pouco. Você sabe que, além de confiar muito em você, é uma pessoa de quem gosto bastante. Ouvi-lo já me acalma e energiza. Espero não tê-lo atrapalhado em alguma coisa que estava fazendo.

Ele decidiu falar algo para descontraí-la:

— Pois eu estava mesmo fazendo uma coisa muito importante.

— Ah, meu Deus, me desculpe, não foi minha intenção atrapalhá-lo.

— Mas atrapalhou... para melhor.

— Como assim?

— Eu estava pensando em você, bobinha. Essa era a coisa importante que eu estava fazendo, mas foi melhor ouvir sua voz do que só ficar pensando.

Ela deixou escapar um sorriso triste.

— Ah, meu querido amigo, você realmente não existe. Continua o simpático galanteador de sempre.

— Acho que você sorriu.

— Claro, só você para me fazer sorrir numa hora dessas.

— Tudo bem, mas eu quero saber se você não vai me contar o que aconteceu ou está acontecendo?

— Melhor não, acredite. E, depois, Emily pode acordar e ouvir, e eu não quero que ela saiba dessa maneira.

Ele pensou um pouco e perguntou:

— É o Téo?

— Marcelo, você é impossível, não desiste nunca. Não vou falar nada agora, moço. Controle-se e espere até minha volta.

— Certo, amiga, mas me ligue toda vez que quiser ou precisar.

— Obrigada, meu querido amigo. Durma bem. Um beijo.

— Outro para você. E fica bem.

Aline respirou profundamente depois que desligou. Marcelo fazia-a sentir-se mais calma, mais segura. Seria o tom de voz? Ou...?

Levantou-se e voltou para o quarto para não pensar nessas coisas. Pelo menos, não agora.

༺❁༻

Dia 4 de janeiro de 2019, noite de sexta-feira.
10º dia no hotel.

Para alívio de Aline, o dia correu tranquilo, sem nenhum incidente com Emily. Dizia para si mesma que tudo o que acontecera já fora suficiente. Mas..."Nada é tão ruim que não possa piorar".

Alguns afirmam que é um provérbio inglês, outros garantem que é apenas uma das famosas leis de Murphy, dentre as quais tem aquela famosa máxima: "Se alguma coisa puder dar errado, vai dar errado".

A verdade é que, quando Aline pensava que o pior já passara, um novo e inesperado susto a aguardava.

Como já foi dito, o quarto do hotel onde mãe e filha estavam hospedadas ficava no quarto andar. Por isso mesmo, a vista era tão linda, com o som do mar sempre invadindo as janelas com alegria e beleza, durante todos os dias e todas as noites.

Mas também havia alguns perigosos inconvenientes.

Na madrugada do dia 4 para o dia 5, Aline acordou com um vento frio no rosto. Um pouco irritada por ter sido acordada no meio da noite, virou o rosto na direção da porta da varanda — que ela tinha certeza de ter fechado antes de se deitar — por onde o vento deveria estar entrando. Ao fazer esse movimento, seu coração quase parou.

Emily estava na sacada, de pé sobre uma cadeira, com a mureta de proteção bem abaixo da sua linha da cintura. Assim, um movimento para frente, e ela cairia para a morte certa.

Aline levantou-se de um pulo, já gritando:

— Filha, cuidado!

Emily virou o rosto para a mãe, mas a expressão não era de medo, parecia até estar quase sorrindo.

— Filha, o que você está fazendo neste frio e em cima desta cadeira, Emily? Não tem noção do perigo, menina?

Mais que depressa, Aline agarrou a filha pela cintura e trouxe-a para dentro do quarto, voltando para fechar as portas da sacada.

Emily parecia desnorteada.

— O que foi, mami? O que aconteceu?

— Como o que foi, filha? Como é que você abre a porta da sacada no meio da noite, fica tomando vento para se resfriar e ainda fica em cima de uma cadeira? Um movimento em falso e poderia ter caído lá embaixo!

A menina estava incrédula:

— Eu fiz isso?

— Claro que fez, Emily, quase me mata do coração. Qualquer desequilíbrio ali e você cairia. Estamos no quarto andar!

— Eu... eu não lembro de ter feito isso, mami, juro. Acho que estava dormindo, talvez sonhando. Não me lembro de nada, só de você me puxando.

Aline não se controlou e cobriu o rosto com as duas mãos. Estava à beira de uma crise nervosa:

— Meu Deus, que susto. Não aguento mais.

Emily abraçou-a:

— Desculpe, mami, não foi minha intenção, não sei o que aconteceu comigo.

Ela também abraçou a menina, que ameaçava chorar.

— Eu sei, filha, não fique assim, não precisa chorar. Deve ter sido um sonho mau e muito perigoso, mas já passou, foi só o susto.

— Você quer que eu vá pegar um pouco de água para passar o susto?

Aline ficou comovida com a pureza da filha, como se um copo de água pudesse apagar todos aqueles pesadelos.

— Ah, minha filha querida, te amo. Venha aqui para o meu colo, quero ficar abraçadinha a você.

Depois que Emily voltou a adormecer no quarto dela, foi difícil para Aline reconciliar o sono. Muitas perguntas agitavam sua mente.

O que estava acontecendo com sua filha? Era o que Aline se perguntava, preocupada. De uns tempos para cá, a começar pelo incidente da competição, os sustos se sucediam e todos representando alto risco para a vida dela. Todos inesperados. Sentia que estava se tornando difícil para ela proteger a filha, e isso não só a preocupava, como também a deixava frustrada, achando-se uma mãe incompetente.

E agora, com a perspectiva do divórcio, será que isso pioraria? Como Emily reagiria à separação dos pais?

Todo esse turbilhão de pensamentos não deixava Aline relaxar e dormir.

Levantou-se devagarinho para não chamar a atenção de Emily, que dormia no outro quarto, e foi para a varanda, deixando a porta entreaberta, para poder ouvir, caso a filha a chamasse ou tivesse algum pesadelo.

A madrugada estava fria, o vento não chegava a ser cortante, mas não era confortável. Voltou ao quarto, pegou dois cobertores grossos no guarda-roupa, usou um deles para agasalhar melhor sua filha e, com o outro, retornou à varanda.

Recostou-se numa das cadeiras longas, agasalhou-se bem e ficou olhando o mar revolto, refletindo a luz da lua. Foi ao som ritmado das ondas que, em pouco menos de uma hora, conseguiu adormecer.

Dia 5 de janeiro de 2019, manhã de sábado.
11º dia da hospedagem

Aline acordou bem cedo com a vozinha de Emily chamando-a baixinho:

— Mami?

Abriu os olhos e levou algum tempo para perceber a situação. Estava começando a amanhecer. Ela dormira na varanda e seria muita sorte se não pegasse um resfriado.

Sua filha parecia surpresa:

— Você dormiu aqui, mami?

Aline puxou a filha para perto de si e sorriu meio desconcertada diante do mau exemplo para a filha.

— Pode acreditar que sim, filha.

— Por quê?

— Estava sem sono, então vim ver o mar. Adoro o som das ondas. É tão relaxante que me fez adormecer, mas foi uma distração que não deve ser imitada.

Emily ficou alisando os cabelos da mãe antes de perguntar:

— Você e papai brigaram, mami?

— Por que você está perguntando isso?

— Sei lá... achei muito estranho ele ir embora antes de nós e sem se despedir. Isso nunca aconteceu antes.

Ela decidiu ser sincera. Mesmo porque precisava dividir seu problema com alguém e, de qualquer forma, a filha ficaria sabendo depois.

— Brigamos, sim. Discutimos feio.

— Por minha causa?

— Ei, de onde você tirou essa ideia?

— Estou só perguntando, mami.

— De jeito nenhum, filha. Fique sabendo que você é o que há de mais amoroso e adorável no meu casamento.

A menina ficou um pouco em silêncio.

— Posso dizer uma coisa que eu penso?

— Claro que pode.

— Acho que vocês não se amam mais.

Aline mostrou um sorriso triste e ao mesmo tempo surpreso.

— Por que você acha isso?

— Os adultos pensam que as crianças não observam as coisas dentro de casa. Eu observo e tiro minhas conclusões.

Aline sempre se admirava da maturidade que sua filha mostrava em certas ocasiões. Às vezes, até parecia gente grande falando.

— E o que você tem observado?

— Bom, são várias coisas. Por exemplo, papai fica muito tempo fora de casa e nem telefona. Nem você para ele. Quando está em casa, vocês quase não se falam e quase nunca se abraçam. Não me lembro de já ter visto vocês se beijarem na boca, como nos filmes de amor. Ele está quase sempre de mau humor, nunca saem juntos para jantar fora, para ir ao cinema. Acho tudo isso muito estranho, nem parecem marido e mulher.

"Meu Deus, que percepção tem essa menina, quase uma criança!", pensou a mãe. Aline nunca pudera supor que sua filha notasse aquelas coisas. Ficou tão emocionada que puxou novamente a filha para seu peito e começou a chorar baixinho.

Dessa vez, quem se surpreendeu foi a garota.

— Você está chorando, mami? Eu fiz você chorar?

— Não, filha, estou emocionada por ver sua sensibilidade, sua capacidade de ver, ouvir e entender o que se passa à sua volta. Você está certa, filha. Eu e seu pai estamos passando por uma fase muito difícil no nosso casamento.

Emily pensou um pouco:

— Vocês vão se divorciar?

Aline pensou um pouco antes de responder a essa delicada questão. Decidiu continuar sendo sincera, nunca mentir sobre assuntos sérios para sua filha.

— Não sabemos ainda, filha, mas, não vou mentir para você, há uma grande possibilidade de isso acontecer.

— Por causa dessas coisas que eu falei?

— Não, Emily, é por causa de uma coisa muito grave que ele fez e que me magoou muito.

— Você pode me dizer o que é?

Aline não precisou pensar muito e resolveu falar a verdade para sua filha, mesmo sem ter completa certeza se estaria certa ou não. Levantou o corpo do encosto, ficou de frente para a filha e segurou seus bracinhos com as mãos. O vento fazia seus loiros cabelos dançarem descontrolados.

— Seu pai tem uma namorada há anos, e eu só descobri há poucos dias, por acaso, naquele dia em que você foi à praia com ele.

Emily olhou para a mãe como se não tivesse entendido.

— Uma namorada? Meu pai tem uma namorada?

— Isso mesmo.

— Mas ele não pode fazer isso.

— Concordo, não pode, mas fez.

A menina demorava um pouco para perguntar, indicando que se esforçava para entender aquela surpreendente revelação.

— O que ela tem melhor do que você?

— Não sei, nem a conheço.

Novo silêncio.

— E como você ficou sabendo?

— Vi fotos e mensagens dela no celular dele. Eram mensagens amorosas e fotos muito íntimas deles.

— Como você conseguiu o celular dele?

— Quando vocês foram à praia, ele esqueceu o celular no quarto.

— E o celular dele não tem senha?

— Nem o dele, nem o meu. Quando casamos, fizemos um pacto, juramos confiar inteiramente um no outro e, para isso, deveríamos respeitar a privacidade de cada um. É por essa razão que não há senha em nossos celulares e computadores, para demonstrar que não teríamos segredos.

— Mas então você quebrou esse pacto.

— Sim, mas com a melhor das intenções. Seu pai é um banqueiro importante, muitas ações e decisões do banco dependem da opinião e autorização dele. Quando o celular dele vibrou indicando o recebimento de uma mensagem, pensei que poderia ser uma emergência, algo muito grave, e, se fosse, eu iria chamá-lo na praia. Foi por isso que peguei o aparelho, mesmo desobedecendo nosso acordo de respeito à privacidade.

— Entendi, acho que você fez o certo, poderia mesmo ser uma emergência — pensou um pouco. — O que você viu no celular era mesmo muito grave?

— Muito grave, filha, e não deixa dúvidas. É tudo muito, muito comprometedor.

Emily afastou-se da mãe e sentou na outra cadeira, ficando algum tempo calada, olhando para o mar.

— Puxa, mami, eu nem sei o que pensar. Estou surpresa e chocada. Isso nunca me passou pela cabeça. Papai é um homem tão sério...

— Eu também achava isso, filha, e fiquei muito decepcionada. Mas não quero que você fique pensando nessas coisas. Trata-se de um problema meu e de seu pai, coisa de adultos, e nós vamos resolver da maneira mais civilizada possível. Eu nem sei por que estou lhe contando tudo isso, nem sei se deveria, você é quase uma criança.

— Acho que você fez muito bem de me contar, eu iria ficar sabendo de qualquer maneira. Se vocês forem mesmo se divorciar, eu iria querer saber o motivo e, então, alguém teria de me contar.

— Pode ser que sim, mas deixe que eu vou resolver esse assunto com ele.

— Eu sei, mas eu fico sentida, porque vocês são meus pais.

— Por isso minha decisão será difícil, mas, qualquer que seja ela, continuaremos sendo seus pais e cuidando de você.

A garota voltou a aproximar-se da mãe e acariciou seus cabelos, como que para consolá-la.

— Você está sofrendo, mami?

— Não é uma situação fácil, confesso. Por isso, estou decepcionada e triste.

— Não gosto de ver você assim. Posso fazer alguma coisa para ajudar?

— Infelizmente não, filhinha. Sei que, se pudesse, você faria qualquer coisa para não me ver assim.

— Com certeza, mas vou estar sempre do seu lado, mami — depois de uma pausa, comentou: — Você vai contar para o tio Marcelo?

— Ainda não pensei a respeito, mas acho que sim, mais tarde. Confio muito nele, e ele sempre me dá bons conselhos. E, como você disse, se acontecer mesmo o divórcio, muita gente vai ficar sabendo, inclusive ele.

— Eu gosto muito dele.

— Eu também. É um homem bom e tem a cabeça no lugar.

— Seria legal se papai fosse como ele.

Aline se surpreendeu com o comentário da filha.

— Como assim?

— Que fosse alegre, carinhoso, amigo, divertido.

No meio da tristeza, Aline brincou, até para descontrair a filha:

— E que não trabalhasse tanto...

Ambas riram com a brincadeira. Era incrível que, com um problema daqueles para resolver, ainda encontrassem disposição para sorrir. São atitudes que só o amor consegue tornar possível.

Mãe e filha ficaram caladas, refletindo, e logo a garota dormiu sentada no colo da mãe e recostada no seu peito. Para surpresa de Aline, depois de algum tempo, sua filha começou a falar durante o sono. E, de repente, abriu os olhos, olhou para a mãe e perguntou com uma vozinha que não tinha nada de sonolenta, mas Aline só conseguiu entender poucas palavras:

— Não sei o que é pior: ser traída pelo marido ou ver a filha morrer.

E logo voltou a dormir, deixando Aline preocupada: "Que sonho estranho minha filha deve estar tendo para falar essas coisas. Deve ser resultado da nossa conversa. Eu não devia ter desabafado tanto a respeito, ela é só uma criança".

Com cuidado para não despertar a filha, Aline levantou-se com ela nos braços, entrou no quarto e cuidadosamente a colocou na cama. Voltou para fechar a porta da sacada e, em seguida, retornou ao quarto e deitou ao lado da menina. Ficou alisando seus cabelos até o sono tomar conta de si.

CAPÍTULO 23

Dia 6 de janeiro, manhã domingo.
12º dia no hotel

No dia seguinte, durante o desjejum, Téo ligou. Vendo quem era pela foto na telinha, ela pegou o celular sem pressa alguma.

— Bom dia, Aline, tudo bem por aí?

Ela respondeu secamente:

— Tudo.

— Já falei com a recepção do hotel e acertei os trâmites para fechamento da conta. Você não precisa pagar nada quando resolver sair. Não tenha pressa.

— Muito gentil da sua parte, Téo.

— Com relação ao assunto que falamos, quero saber se você ainda continua com aquela ideia absurda do divórcio e já conversou com seu advogado?

— A ideia continua de pé, não mudei de opinião. Mas não consegui ainda falar com o doutor Jobert, deixei recado para que ele me ligasse.

— Ah, ele vai retornar sua ligação, com certeza. Os advogados não deixam passar nenhuma oportunidade de faturar.

— Assim espero. Estou tão ansiosa quanto você para resolver isso.

Ele protestou com veemência.

— Eu não estou ansioso por coisa alguma. Na verdade, se você quiser desistir, eu concordo desde já.

Para evitar que a conversa se prolongasse e virasse uma discussão, Aline mudou de assunto:

— Você não quer falar com sua filha?

— Entendi, parece que você nunca vai me perdoar.

— Fico feliz de ver que sua percepção está absolutamente correta. Vou passar o telefone para Emily.

A garota pegou o celular e ouviu:

— Oi, filha.

— Oi, papai.

— Está tudo bem aí?

— Está. Acho que amanhã, depois do café, nós vamos voltar para casa.

— Legal, estarei esperando. Quando você chegar, precisaremos conversar.

Emily reagiu espontaneamente:

— Sobre o divórcio?

Ele demonstrou surpresa e ficou momentaneamente desconcertado.

— Ah, sua mãe já lhe falou?

— Já. Já estou sabendo.

Ele pensou um pouco para responder:

— É sobre isso mesmo. Conversaremos mais tarde.

— Está bem.

— Um beijo, filha.

— Outro, papai.

Como Emily ficou calada depois de falar com Téo, Aline ficou preocupada com o estado emocional dela.

— Filha, eu queria saber de uma coisa: se eu e seu pai nos divorciarmos mesmo, você acha que vai ficar bem?

Ela inclinou um pouco a cabeça.

— Farei força para ficar, eu não tenho outra opção, não é?

— É, eu sei que não será fácil para nenhuma de nós duas e não estou fazendo isso sem motivo. Você agora sabe que ele não foi legal comigo.

— Isso eu já entendi, mami, mas não quero que você fique com raiva dele, ele continua sendo meu pai, mesmo tendo feito uma coisa muito feia.

— Não quero mentir para você, querida, vou precisar de um tempo para conseguir isso. O importante é que você compreenda que essas coisas acontecem entre casais. Você mesma deve ter colegas na escola que são filhos de pais divorciados.

— Ih, tem um monte.

— Pois é. E a vida deles continua. Não é o que deveria acontecer com os casais, mas, às vezes, não há outra saída.

— Acho que é como amizade. Já deixei de ser amiga de algumas meninas que aprontaram comigo.

Aline sorriu diante daquela ingenuidade.

— É mais ou menos a mesma coisa, mas eu não quero que você se sinta abandonada. Eu vou cuidar de você como sempre fiz, e seu pai certamente irá visitá-la regularmente ou levará você para passar alguns dias com ele, principalmente nos fins de semana. Será mais ou menos assim.

— E, quando isso acontecer, você irá junto?

— Não. Será um direito de ele ter um tempo a sós com você. Claro, e será também um direito seu.

— E você não ficará chateada?

— De jeito nenhum, querida, ficarei com saudade, mas é assim que a coisa funciona. Encontrarei uma maneira de me distrair enquanto você estiver fora.

— E se eu não quiser ir com ele?

— Acho que ele ficaria muito triste, ele é seu pai e a ama.

— É verdade — a menina fez uma pausa: — Quando eu estiver passando uns dias com meu pai, você pode aproveitar e passear com o tio Marcelo.

Aline não pôde deixar de rir.

— Menina, mas que mania você tem de ficar falando no Marcelo.

— Mas você não acha isso uma boa ideia?

— Agora nem estou pensando nisso. Mas, quem sabe?

— Eu acho o tio Marcelo muito legal.

— Eu também acho — para seu próprio bem, Aline achou melhor não prolongar aquele assunto. — Vamos embora?

Não havia como Marcelo não ficar preocupado depois que sua amiga lhe telefonara. O que de tão grave assim poderia ter acontecido, ou pior, ainda estaria acontecendo com Aline e que ela não poderia contar pelo telefone?

Teria ela ou Emily se acidentado ou adoecido? Seria algum problema com Téo? Ou ela teria sido vítima de uma agressão ou um assalto na praia? Quem sabe, poderia até estar hospitalizada.

Não havia como saber e tampouco adiantaria ficar fazendo conjecturas a respeito. Teria que controlar sua ansiedade e aguardar a volta dela à capital.

Havia ainda uma preocupação adicional com Emily, depois de tudo o que Tobias dissera e do que acontecera na competição. Acreditando ou não na teoria da obsessão, não era prudente ficar no descaso. O pior era que Aline não acreditava nessas hipóteses, e isso dificultava qualquer plano de proteção espiritual à sua filha.

Sua vontade mesmo era pegar o carro e rumar para o litoral, encontrar-se com Aline e saber qual era o problema. Não o faria com receio de que ela se sentisse invadida. O jeito era esperar pelo retorno delas.

O velho Tobias percebeu a preocupação do patrão. Sem levantar a cabeça, mas apenas o olhar, perguntou:

— Não me leve a mal, patrão, mas ou muito me engano ou o chefe está preocupado com algo, acertei?

Ele sorriu.

— Como sempre, acertou, meu caro.

— Não quero ser intrometido, mas se trata de algo a ver com dona Aline e a filha, a menina Emily?

— Acertou de novo. Conforme lhe falei, elas ainda estão no litoral.

— Com o marido?

— Em princípio, sim. Mas ela me ligou e disse que algo de muito grave aconteceu ou está acontecendo.

— E não disse o que era?

— Nem uma palavra. Teimosamente, disse que só me falaria pessoalmente. Devem chegar amanhã ou depois.

Tobias ficou pensativo.

— Não quero parecer chato, patrão, mas acho que o senhor deveria insistir o quanto antes e convencê-la a levar a sério aquilo que lhe falei sobre o espírito obsessor de Alícia. Sinto que não há tempo a perder.

— Eu sei, Tobias, mas preciso encontrá-la em um momento em que esteja receptiva ou não vai adiantar nada meu discurso.

— Façamos o seguinte: volte a falar com dona Aline e tente obter a maior quantidade possível de exemplos do que está ocorrendo com a menina. Então, de posse dessas informações, conversarei novamente com meu orientador espiritual no centro. Ele já deu a opinião dele quando estivemos lá, mas talvez, de posse de mais dados, ele possa sugerir outra forma de ajudar a menina.

— Combinado.

Foi uma noite difícil para Marcelo. Não havia jeito de esquecer que Aline poderia estar sofrendo e que ele não estava fazendo nada para ajudá-la.

Nas poucas vezes em que conseguiu cochilar, teve sonhos curtos, mas impressionantes, em que tanto Aline quanto Emily apareciam chorando ou gritando assustadas, chamando por ele.

Acordou sobressaltado, angustiado, suando frio. Por várias vezes, levantou-se de madrugada, bebeu água, tentou ler e até assistir à TV para ver se se acalmava e dormia. Só conseguiu dormir quando os primeiros raios do sol da manhã atingiram seu rosto, entrando por uma fresta da persiana da janela.

Felizmente era o período de férias escolares e assim não precisaria se preocupar com o horário.

A ansiedade agora era por um telefonema de Aline. De acordo com o que sabia, ela deveria estar se preparando para voltar. Talvez até já estivesse a caminho.

CAPÍTULO 24

Dia 7 de janeiro de 2019, manhã de segunda-feira.
13º e último dia no hotel.

Quando Aline despertou, Emily já estava acordada. Ambas estavam sem a menor vontade de sair da cama, talvez porque fosse o último dia das férias no litoral.
— Dormiu bem, meu anjo?
— Muito bem, mami. E você?
Ela espreguiçou-se, bocejando:
— Maravilhosamente.
Emily estava alegre e brincou com a mãe:
— Já sei, sonhou com tio Marcelo.
Ela sorriu maliciosamente.
— Ah, isso você nunca vai saber.
— Eu sei que sonhou. Sabe o que eu acho?
— Não sei, diga.
— Acho que você vai acabar se casando com o tio Marcelo.
Aline não segurou uma gargalhada.
— E você sabe se ele quer?
— Aaaaah, mami, como se você não soubesse que ele a paquera.
— Verdade? Pois eu nunca percebi isso.
— Me engana que eu gosto, mami.
Aline ficou séria e fez um instante de silêncio.
— Na verdade, eu sonhei com minha irmã.

— A Alícia?
Ela confirmou com um movimento de cabeça.
— E foi um sonho bom?
— Mais ou menos. Ela estava brigando comigo.
— Por que motivo?
— Realmente, não lembro — fez uma nova pausa. — Você sabe que se ela estivesse viva hoje teria minha idade?

De repente, Emily, quase de um pulo, levantou o corpo, ficou em cima da mãe, aproximou bem o rosto do dela e gritou com uma expressão feroz:

— Mas não estou viva por sua causa, porque você me deixou morrer! Você e meus pais! — e, em seguida, deixou-se cair de lado, voltando à posição anterior, como se nada tivesse acontecido. Aline assustou-se de verdade, o coração disparado, a mão sobre o peito:

— Emily! Que brincadeira é essa? O que você está dizendo? — A menina não respondeu, e Aline insistiu: — Emily, o que você disse?

A vozinha dela estava normal, a mesma de sempre:

— Eu? Nada. Estava calada, pensando se ia conseguir afastar essa preguiça.

— Filha, você chegou perto de mim e falou algumas palavras. Na verdade, você gritou comigo, bem na minha cara! Quase morri de susto!

— Mami, não pode ser. Você cochilou e sonhou isso. Eu estava quieta aqui no meu canto. Que eu lembre, a gente estava falando de sua irmã.

Aline estava confusa, esgotada, já não sabia mais em que acreditar. Ficou olhando para a filha.

— Eu cochilei?

— Só pode, não é, mami? Eu não falei nada. Você estava me dizendo que, se Alícia fosse viva, teria sua idade, e eu apenas escutei.

A mãe deu um suspiro resignado.

— Tudo bem, devo ter cochilado mesmo. Vamos nos levantar.

Enquanto lavava o rosto, Aline estava pensando no que acontecera. Foi tudo muito estranho. Ela vira perfeitamente Emily erguer o corpo, debruçar-se sobre ela e gritar aquelas frases horríveis. Se foi um sonho, foi tudo muito real.

— Mami!

Imersa nos pensamentos, Aline voltou a assustar-se, desta vez devido à entrada intempestiva da filha no banheiro.

— Ai, menina, você quer me matar de susto?

— Mami, você anda se assustando à toa. Mas me desculpe, não tive a intenção de assustá-la. É que você está demorando, e eu estou faminta.

— Já estou indo, filha.

— Então, vamos. Mas temos que tomar café bem depressa, pois falta arrumarmos as malas.

— Volte sempre, dona Aline, e dê nossas recomendações ao doutor Téo.

— Darei, sim, obrigada.

O recepcionista mostrava-se gentil no *check-out* de Aline e Emily e providenciou um mensageiro para levar as bagagens até o carro, já estacionado na frente do hotel.

Satisfeita, certificando-se que as bagagens estavam em ordem e que Emily estava bem acomodada no banco traseiro e já com o cinto de segurança, Aline deu partida no carro.

O dia continuava aprazível, com um sol nada exagerado e uma agradável brisa entrando pelas janelas. Com facilidade, Aline atravessou as ruas da cidade e entrou na rodovia que levariam as duas de volta ao lar.

Os primeiros quilômetros foram percorridos em silêncio pelas duas, satisfeitas, mas cansadas. Emily ouvia música com o fone nos ouvidos, e Aline se concentrava na direção do carro.

Emily parecia sonolenta, por isso, Aline se surpreendeu quando, inesperadamente, tirando os fones do ouvido, ela perguntou:

— Mami, você está com raiva do papai?

— Com raiva, não, filha. Como já lhe disse, estou triste e, principalmente, decepcionada. Nunca esperei isso dele.

— E da moça que ele namora, você tem raiva?

Ela pensou um pouco antes de responder:

— Para falar a verdade, dela eu tenho é desprezo. Namorar um homem sabendo que ele é casado, pai de uma filha, é muita falta de caráter, de moral, de vergonha. Para mim, é uma pessoa desprezível, não merece que eu sinta nada por ela, nem mesmo raiva.

Depois de um momento, a menina voltou a fazer nova pergunta:

— Você nunca sente raiva de alguém?

— Filha, acho que as pessoas em geral deveriam se amar, se respeitar, serem amigas e solidárias, sentirem admiração, gratidão e amor. Não é bom sentir raiva e muito menos saber que alguém tem raiva da gente, não acha?

A menina também pensou antes de responder:

— Você é uma pessoa muito boa, mami.

— Bem, pelo menos procuro ser e me esforço nesse sentido — fez uma breve pausa. — E você, tem raiva de alguém?

Ela demorou um pouco para responder:

— Bom, eu penso como você. Mas...

Vendo que a filha hesitava, Aline insistiu:

— Mas o quê?

— Tem vezes, principalmente quando estou quase dormindo ou mesmo já dormindo, ou quando estou muito cansada, sinto uma espécie de queimação dentro de mim que me faz sentir raiva. Eu não quero sentir essa raiva, mas não consigo me controlar. Mas isso também acontece quando estou acordada, de uma hora para outra, assim, de repente.

— Uma espécie de queimação? Estranho isso.

— Também acho.

— E contra quem é essa raiva?

— Não sei ao certo. Às vezes, parece que é contra você, eu acho. Mas aí eu penso: não pode ser, eu amo tanto a minha mãe, e ela nunca me faz nada de mal, pelo contrário, só me faz o bem, como posso ter raiva dela?

Aline começou a ficar preocupada:

— E aí?

— Então a queimação aumenta, fica insuportável, e eu apago.

— Como, assim, você apaga?

— Não sei, acho que pego no sono e, quando acordo, acho que aquilo foi um sonho ruim. Ou, quando estou acordada, dá um branco na cabeça por alguns minutos, como se eu tivesse desligado, e não me lembro do que acabou de acontecer comigo.

— Curioso. Você sempre teve isso, filha?

— Não, só de uns tempos para cá. Acho que foi depois daquela competição em que eu passei mal.

Aline pensou um pouco:

— Vamos fazer o seguinte: quando chegarmos a São Paulo, vou agendar um dia e levá-la ao médico para sabermos do que se trata essa queimação.

— Combinado.

Emily voltou a colocar os fones nos ouvidos e se balançou um pouco, certamente ao som de alguma música.

Mas essa trégua não demorou muito. Depois de alguns minutos, voltou a tirar os fones dos ouvidos e saiu-se com outra pergunta, pegando a mãe de surpresa, outra vez:

— Mami, antes de mudarmos para nosso apartamento de agora, já moramos em alguma mansão?

Aline sentiu-se desconfortável com a pergunta:

— Numa mansão?

— Sim, bem grande, com dois andares, com um lago, cercada por um bosque e com um belo jardim, cheio de fontes.

Dessa vez, Aline associou a pergunta à casa onde morara quando adolescente e surpreendeu-se mais ainda:

— Por que você está me perguntando isso, filha?

— Porque ultimamente tenho sonhado muito com um lugar assim.

A mãe não soube o que responder de imediato, pois ficara intranquila com aquela súbita curiosidade da filha. De qualquer forma, decidiu não fazer referência ao passado. Se o fizesse, essa conversa poderia se estender muito e talvez tivesse que entrar em detalhes desnecessários no presente.

— Não, filha, nunca moramos numa mansão. Alguns meses antes de casar com seu pai, compramos a cobertura onde moramos até hoje e, desde então, nunca saímos de lá.

Pelo espelho retrovisor, Aline percebeu que Emily olhava para fora, pela janela, como se estivesse refletindo sobre a resposta da mãe. Depois de um curto silêncio, voltou a fazer mais uma pergunta incômoda:

— E eu já tive alguma irmã?

Aline disfarçou a surpresa e forçou um sorriso:

— Que pergunta é essa, filha? De onde você tirou isso? Você sempre foi filha única. Por que isso agora?

— Porque, nesses meus sonhos, na mansão, sempre aparece uma garota muito parecida comigo, como se fosse uma irmã gêmea. Na verdade, a menina parece mais com você do que comigo. É tudo tão real que eu comecei a duvidar se era só sonho mesmo ou se aquilo já tinha acontecido de verdade.

— Pode ficar tranquila, foi só sonho mesmo, filha. Você nunca teve irmã.

A garota não fez comentários. Mas, inquieta, Aline insistiu no assunto:

— Desde quando isso vem acontecendo? Quero dizer, desde quando você vem tendo esses sonhos?

— Não faz muito tempo, apareceram quase ao mesmo tempo em que aquela queimação de que lhe falei. Acho que começou depois que fiz 11 anos. Lembro-me disso, porque eles começaram naquela noite, quando fui dormir, depois da minha festa de aniversário — novo breve silêncio entre as duas. Depois, Emily completou: — Talvez, com essa idade, a minha imaginação tenha se tornado mais criativa. Estou ficando adolescente, e os adolescentes costumam ser muito criativos, com muita imaginação.

A mãe aproveitou aquela explicação:

— É, também acho que deve ser isso mesmo. E não é por acaso, pois é a imaginação que cria nossos sonhos.

A garota retrucou de imediato:

— Bom, na verdade, eu nem tenho muita certeza de que são sonhos mesmo ou se sou eu que anda pensando.

Aline pigarreou, um tanto desconcertada:

— Sim, também pode ser isso. Mas, nesse caso, por que você andaria pensando sobre isso?

— Ah, sei lá, mami. Não fico pensando nisso a toda hora. Simplesmente, essas ideias vêm à minha cabeça, quando menos espero.

— E elas a incomodam?

— Nem um pouco. Apenas dá vontade de ir para aquele lugar onde fica a mansão. É tão bonito, parece tão tranquilo. E o lago é lindo, muito grande, mas me mete medo, não sei o porquê.

— Siga meu conselho: quando isso acontecer de novo, procure pensar em outras imagens, outras pessoas, algo que você ache bastante agradável.

A garota pensou um pouco antes de responder:

— Já sei. Vou pensar que estou na livraria do tio Marcelo, conversando com ele. É um lugar que acho muito agradável.

Aline sorriu, pensando: "Eu também".

— Ótima ideia — para fazer a filha mudar aqueles pensamentos, Aline procurou mudar de assunto.

— E sobre o que você conversaria com ele?

— Sei lá, sobre muitos assuntos. Por exemplo, eu perguntaria se ele gosta muito de você.

A mãe riu com gosto.

— E o que você acha que ele responderia?

A vozinha ficou lenta e maliciosa:

— Eu acho que responderia que gosta muuuuuito de você.

Aline voltou a rir.

— Que bom, mas, na certa, ele perguntaria se você acha se eu também gosto muito dele.

— Ah, eu também acho que ele perguntaria isso, sim.

— E o que você responderia?

— Que eu acho que você gosta dele tanto quanto ele de você.

— Então, empatou. Ele gosta de mim, e eu gosto dele.

— É, empatou, mas eu acho isso bom.

Aline só pensou: "Eu também acho, filha, e você não é capaz de imaginar o quanto...".

Depois de percorrerem o restante do trajeto com facilidade, chegaram finalmente à confortável cobertura no Jardins.

Aline passara apenas poucos dias na praia, mas o retorno ao lar dava-lhe uma satisfação imensa, um enorme sentimento de segurança e conforto.

Emily parecia sentir o mesmo: passeou por todas as dependências e depois foi organizar seu quarto.

Lenice cuidara de tudo com carinho e competência, e o apartamento estava um brinco, perfumado, enfeitado com flores e bastante limpo.

Quando se viu sozinha, Aline ligou para Marcelo:

— Oi?

A voz dele, ao reconhecê-la, transmitia alegria pura:

— Oooooi, sumida, já voltou?

— Já, acabei de entrar em casa, de volta à Terra, graças a Deus.

— Como você está, amiga?

— Além da saudade de você, estou muito bem, mas tenho uma novidade para contar.

— Oba, adoro novidades!

— Vou me divorciar.

Marcelo levou um choque.

— Oi?

— Isso mesmo que você ouviu. Chega, não aguento mais.

— Mas o que houve, Aline, o que lhe levou a tomar essa decisão, depois de tantos anos de casada?

— Por um mero acaso, descobri que meu marido, o pai da minha filha, vem me traindo há anos com uma colega de trabalho, sua assistente pessoal.

Amiga, isso é muito grave! Você tem certeza disso?

— Absoluta, não agiria assim se não tivesse. Tenho fotos e mensagens da amante para ele. Sabe o que significa isso num processo de divórcio?

Marcelo estava perplexo.

— Meu Deus!

— As noites passadas fora, os feriados e fins de semana, os atrasos, alegando que estava trabalhando, e eu ainda ficando com pena dele! Tudo mentira! Eram pretextos para ficar com a amante. Você acha isso perdoável?

Ele não sabia o que dizer.

— Caramba, amiga! Isso é inacreditável e profundamente desonesto com você. Sendo a pessoa maravilhosa que é, não merecia passar por isso.

— E nem a filha dele. Emily ficou sem a presença do pai por todos esses anos, em momentos muito importantes para ela.

— Tem toda a razão. Imagino como você deve estar.

— Estou muito brava, decepcionada e, agora, principalmente ansiosa. Nos próximos dias deverá ter início o processo de divórcio. Quero acabar logo com isso.

— Deve ter sido uma decisão muito difícil pra você tomar.

— Foi, mas não tive opção ou estaria faltando com respeito a mim mesma. Eu fui indecorosamente traída pelo pai de minha filha.

— Tem razão, amiga. Respeito sua ansiedade, que é mais do que justa. Eu também estou com muita saudade de você, mas aguardarei o tempo que for necessário para conversarmos com calma.

— Esse tempo para conversarmos e matarmos a saudade virá, é só uma questão de paciência.

— Eu sei. E a Emily, como vai?

— Vai bem, mas continua me dando sustos frequentes e cada vez maiores. Também falaremos sobre isso depois. Contarei as novidades com todos os detalhes.

— Está bem, ficarei aguardando com toda a paciência que eu conseguir juntar, mas sei que não será fácil, principalmente sabendo agora que você está mais perto.

Ela relaxou um pouco.

— Você vai sobreviver.

— Nós vamos sobreviver — fez uma pausa. — Talvez o momento não seja adequado, mas posso lhe pedir um favor?

— Qual?

— Não se esqueça de mim.

Ela fingiu dar uma bronca nele:

— Marcelo, você ficou bobo assim em tão pouco tempo? Acha que isso seria possível?

Ele fez charminho:

— Sei lá, nunca se sabe.

— Ah, já entendi. Meu querido amigo está carente.

— Lógico que estou, afinal, depois de ser abandonado por tanto tempo...

— Abandonado? Muito engraçadinho você. E onde estava a tal, como se chama mesmo a entendida, Vanessa, é isso mesmo? Onde ela estava?

— Nunca mais vi essa moça, se é isso que você quer saber.

— Tá bom, vou acreditar.

Ele mudou o tom de voz, falando mais sério:

— Senti muita falta de você, Aline.

— Eu também senti muito a sua falta, amigo, mas minha cabeça está cheia de preocupações. Falaremos disso depois.

— Claro, entendo.

— Não se preocupe. Quando tudo estiver resolvido, ligarei.

— Ligar? Prefiro que venha aqui.

— Está bem, combinado.

CAPÍTULO 25

Dia 8 de janeiro, noite de terça-feira.

Aline e Téo jantaram em silêncio, a não ser por algumas poucas e monossilábicas frases de Téo sobre assuntos banais como o tempo, o trânsito, a comida, nada relevante para o casal. Aline percebeu que Emily, de vez em quando, olhava discretamente para o pai, com o canto dos olhos.

Concluída a refeição, esperaram Emily saborear um sorvete e, em seguida, permaneceram na sala de estar.

Depois de assistirem a alguns noticiários na TV por algum tempo, Aline levou a filha para o quarto dela.

— Vamos, filhinha, já passou da hora de dormir.

Subiram as escadas em silêncio e, pela primeira vez em muitos anos, Emily não deu o beijo de boa-noite no pai.

Quando Aline cobria a menina com o lençol, Emily perguntou:

— Mami, você vai brigar com o papai?

— De jeito nenhum, filha. Se ele quiser, podemos apenas conversar, mas sem essa de briga.

— Você quer dizer conversar com calma?

— Naturalmente. Como duas pessoas adultas.

— Promete?

— Sim, senhora, pode ficar sossegada e dormir em paz. Ficarei aqui um pouco com você.

— Te amo, mami.

— Eu também te amo, filha.

Quando se certificou de que Emily já adormecera, Aline desceu as escadas e voltou para a sala, sentando em um sofá diante do marido, que estava numa poltrona. Ela percebeu que Téo acompanhava seus movimentos com o olhar. O marido aguardou um pouco até sentir-se com coragem de perguntar educadamente:

— Podemos conversar?

Ela respondeu de modo frio, sem olhar para ele:

— Algum assunto em especial?

— Não precisa ser irônica, Aline, você sabe muito bem do que se trata.

Ela cruzou os braços e olhou fixamente para ele.

— Muito bem, estou ouvindo.

— Você estava falando sério com aquela história do divórcio ou aquilo pintou devido ao momento de raiva?

— Estava falando sério, sim.

— Você sabe muito bem que essa não é a melhor maneira de resolver esse problema. Você não pode esquecer que temos uma filha.

— Ter uma filha dá ao marido o direito de ter uma amante?

— Não quis dizer isso.

— O que você quis dizer?

— Que o divórcio não é a melhor solução.

— Para quem?

— Para nenhum de nós dois. Afinal, temos doze anos de casados.

Ela foi irônica.

— Ah, é depois de doze anos de casado que o marido adquire direito ao adultério? A esposa também?

Pela primeira vez, Téo, que até então vinha falando serenamente, começou a mostrar sinais de que estava se enervando.

— Aline, assim não vamos chegar a nenhum acordo.

— Isso mesmo, Téo, não haverá acordo que não seja o divórcio. Minha decisão já está tomada. Só preciso saber se faremos isso com discrição ou com muito barulho, para que eu possa orientar meu advogado.

— Esqueça essa história de barulho, não faz sentido nenhum. Você sabe que um escândalo dessa natureza seria um grande desastre para minha carreira e até para a imagem institucional do banco.

— Não maior do que o desastre que sua traição provocou na minha vida.

— Ora, vamos, não seja dramática. Você está exagerando.

Ela perdeu a paciência com o cinismo dele.

— Estou exagerando? Então façamos o seguinte: sou uma mulher bonita e, como os homens machistas gostam de dizer, gostosa. Será fácil, para mim, arranjar um amante. Aí ficaremos quites. Temos um acordo?

Ele levantou-se irritado e foi servir-se de uma bebida.

— Não seja idiota!

— Por que idiota? Chifres só ficam bem nas mulheres?

Não foi muito difícil para Téo perceber que Aline estava inabalável. Diante desse quadro, ele procurou acalmar-se e voltou a se sentar.

— O que você pretende fazer?

— Vou conversar com meu advogado, contar-lhe nossa situação, a minha decisão e lhe pedir que marque uma audiência com o juiz o quanto antes. Depois disso, certamente, ele ligará para o seu.

— Só não entendi porque essa pressa. Não vejo necessidade disso — fez uma pausa: — Você vai contar tudo para o seu advogado?

Ela sorriu perversamente.

— Naturalmente. Eu imagino que ele precise saber de tudo aquilo que justificou meu pedido de divórcio para defender melhor meus interesses.

— Vai mostrar para ele as fotos e as mensagens?

— Claro, porque senão ele não vai acreditar que os meus argumentos são verdadeiros e não atuará em minha defesa.

Téo ficou em silêncio por um momento.

— Já entendi tudo. Agora percebi que você quer prejudicar minha carreira, jogar meu nome na lama. Essa será sua vingança.

— Engano seu. Foi você quem preparou a lama e se jogou nela e com uma funcionária sem-vergonha, por mais incrível que pareça. Ou, por acaso, as fotos e mensagens no seu celular são *fake news*?

— Sei que errei, mas não precisa alardear meu erro para o mundo.

— Concordo. Basta fazermos um divórcio amigável.

Ele ficou longo tempo olhando para o copo de uísque em sua mão. Depois falou com voz mansa, olhando para a esposa:

— Aline, não quero me separar de você.

Ela se lembrou de Marcelo.

— Oi?

— Eu a amo, não quero deixá-la.

Ela controlou-se para não falar alto, com receio de acordar a filha. Mas não conseguiu permanecer sentada. Perguntou, com as mãos nos quadris:

— Téo, você não tem vergonha de me dizer isso, depois do que aprontou, depois de eu ter lido as mensagens indecentes de sua amante e das fotos pornográficas de vocês dois na cama? E, aliás, quero saber se aquela cama é a da nossa casa da praia, para onde eu já sei que você levou sua amante, como ela mesma admite numa das mensagens. Por isso mesmo, nunca mais porei os pés naquela casa. Pode vendê-la, doá-la ou ficar com ela. Faça o que quiser. Isso é inacreditável, Téo, você levar sua amante para transar na nossa cama, na mesma em que já estivemos juntos!

— Aline, acredite que meu caso com Myriam...

Ela o interrompeu e aplaudiu com ironia.

— Ah, obrigada por admitir que a tal My das mensagens é mesmo a Myriam, sua assistente. Eu estava desconfiada, mas achando uma hipótese muito absurda um diretor envolver-se com uma funcionária. Que pouca vergonha, hein, senhor Téo?

— Aline, vou ser sincero: meu caso com ela foi apenas sexo. Eu amo mesmo é você, a mãe da minha filha.

Agora, a ironia fez com que ela falasse alto, com indignação:

— Puxa, só sexo? Durante sete ou oito anos? A garota deve ser mesmo um fenômeno na cama, uma enciclopédia sexual.

— Por favor, Aline, fale baixo, Emily pode acordar e ouvir.

— Seria bem feito para você, mas nossa filha não merece ouvir essas sujeiras.

— Aline, peço-lhe que acredite em mim, estou dizendo a verdade. Foi só uma atração física, coisa de homem.

Ela riu de forma debochada.

— "Coisa de homem"? E eu não o estava satisfazendo nessa "coisa de homem"? Que eu me lembre, você nunca se queixou, apesar de, nos últimos anos, me procurar muito pouco — e só agora sei o motivo.

— Você me entendeu mal, não quis dizer isso. É que os homens são mais ligados na parte física da relação do que na parte romântica, como as mulheres em geral. Uma relação baseada só em sexo, como era a minha com Myriam, não significa nada, não tem valor nenhum. Acredite em mim, Aline, por favor.

Ela pensou um pouco.

— Está certo, apesar de toda essa absurda colocação machista de "coisa de homem", acredito em você.

Diante dessa inesperada reação dela, Téo quase se engasgou com a bebida.

— Acredita?

— Acredito, se me provar.

— É justo. Mas como é que eu posso provar a minha sinceridade? Diga e farei. Estou lhe dando a minha palavra.

— Ora, Téo, sua palavra agora vale tanto quanto um cheque sem fundos, e você, que trabalha em banco, sabe o que isso significa. Por isso, só sua palavra não basta, preciso de algo mais prático, mais concreto.

— Então me diga sua condição. O que mais posso fazer para convencê-la de que estou falando a verdade?

Ela voltou a se sentar e cruzou as pernas e os braços.

— É muito simples, podemos resolver a situação num piscar de olhos. Vou facilitar as coisas para você.

Ele estava ansioso.

— Diga o que você quer, minha querida!

Ela falou calmamente:

— Ligue agora mesmo para a Myriam, pelo telefone fixo, coloque no viva-voz e diga-lhe: "My, Mai, Myriam ou o raio que a parta! Estou ligando a esta hora para lhe dizer que está tudo acabado entre nós. Percebi que amo mesmo minha mulher. Você foi só um passatempo, um quebra-galho para me satisfazer sexualmente. Amanhã, ao chegar no banco, vá direto ao departamento de Recursos Humanos acertar suas contas. Sua carta de demissão já está assinada".

Téo ficou pasmo, parado como uma estátua, olhando para Aline com os olhos arregalados, uma palidez enorme no rosto.

— Você ficou louca? Não posso fazer isso, não é assim que esses problemas são resolvidos. A moça trabalha para mim já faz oito anos!

— E há anos vocês vêm transando quase todo santo dia, usando até minha casa de praia, minha cama e rindo às minhas custas. Me fale algumas das piadinhas infames que vocês devem ter contado sobre mim enquanto se divertiam.

Téo estava começando a perceber que não conseguiria fazer sua mulher mudar de ideia e a voz dele tornou-se mais frágil:

— Aline, seja razoável. Você está se esquecendo de tudo o que vivemos de bom nesses doze anos de casados.

Ela levantou-se decidida.

— Esta conversa acaba aqui, Téo. Aguardemos a reunião com os advogados. E, por favor, não tente entrar no meu quarto durante a noite. A partir de hoje, a porta estará sempre fechada para você.

E resolutamente caminhou em direção à escada que conduzia ao andar superior. No meio do caminho, parou e voltou-se para ele:

— Mais uma coisinha: não queira bancar o esperto e tentar pegar meu celular para apagar as provas, nem mandar alguém de suas relações me assaltar e levá-lo. Seria inútil. Já enviei todas as mensagens e imagens para a nuvem — dito isso, continuou subindo as escadas e foi para o seu quarto, deixando Téo boquiaberto.

CAPÍTULO 26

Dia 9 de janeiro, manhã de quarta-feira.

Na manhã seguinte, Téo acordou cedo alegando que precisava ir ao banco resolver algumas pendências e assinar diversos documentos.

Antes de sair, após um desjejum rápido e silencioso, Téo disse a Aline que passaria a dormir provisoriamente no quarto de hóspedes, até que a situação ficasse resolvida em definitivo.

Aline aproveitou para ligar para o doutor Jobert, seu advogado.

— Alô?
— Doutor Jobert, é Aline, esposa do Téo.
— Olá, minha cara, como vai o lindo casal de amigos?
— Não muito bem, doutor.
— Como assim, Aline? O que houve?
— Peço-lhe que formalize, o quanto antes, meu pedido de divórcio.

Surpreso, o advogado silenciou, certamente tentando assimilar aquela impactante notícia.

— A senhora quer divorciar-se do Téo?
— Isso mesmo, doutor, já conversei com ele e já está tudo acertado entre nós. E antes que o senhor me pergunte se estou mesmo decidida, quero lhe dizer que é uma posição irrevogável.
— Puxa vida! Se não me engano, são mais de dez anos de casados.
— Sim, só minha filha Emily tem onze anos.

Ele pigarreou, certamente ganhando tempo para assimilar melhor a situação.

— Bom, se vou cuidar desse caso, preciso saber os motivos.
— Claro, o senhor tem tempo para me ouvir?
— Com certeza. O dia está tranquilo para mim. Vim ao escritório apenas para dar uma organizada nos processos. Fique à vontade.

E, então, Aline relatou tudo o que achou de relevante para facilitar o trabalho do seu advogado.

Dia 9 de janeiro, noite de quarta-feira.

Quando Téo chegou em casa estava com cara de poucos amigos. Foi entrando e reclamando:
— Você não perde tempo mesmo, não é? Meu advogado disse que a pressa em agilizar uma audiência judicial foi sua.

Ela retrucou calmamente:
— É verdade. Doravante, não vou perder tempo com nada, para compensar o tempo que você e sua amante ganharam às minhas custas.

Pelo tom de voz da esposa, ele percebeu que ela também não estava para brincadeiras e amaciou a voz:
— Aline, ainda há tempo de parar com essa loucura. Já disse que não quero me separar de você. Eu a amo, não consigo parar de pensar em você.

Ela não se alterou:
— Pode parar com essa baboseira de dizer que me ama. Certamente não era em mim que você pensava enquanto fazia com sua amante aquelas indecências que eu vi nas fotos, mais parecendo um álbum de pornografia. Por acaso estou errada?
— Ora, querida, não supervalorize isso. Aquelas "indecências", como você diz, qualquer homem faz com as amantes.

Ela cruzou os braços, desafiadora.
— E com a esposa não?
— Espere aí, a esposa é a mãe dos filhos, a dona de casa. Não fica bem...
— Ah, sei, então a esposa não tem os mesmos desejos, as mesmas fantasias e curiosidades que as amantes. Com elas é só papai-mamãe.
— Não é bem assim, mas com a esposa a relação é diferente.
— Além de machista, você é um grande ignorante. E, durante todos esses anos de casada, eu pensava que você era apenas um sujeito

inibido, sem criatividade na cama, e, por isso, reprimi todas as minhas fantasias. Quanto tempo perdi...

— Espere aí, você não pode se queixar de nada. Durante todo o tempo em que estamos casados, nunca lhe faltou nada.

— Pronto, do tema vida sexual passamos para o seu assunto predileto: dinheiro, não é, senhor banqueiro?

Surpreendentemente, ele mantinha a calma, certamente porque, desde que estavam casados, nunca Aline o enfrentara daquela maneira. Em outros tempos, já teria gritado com ela ou saído, batendo a porta.

— Escute com atenção, Aline. Ainda há tempo de parar o processo e esquecer essa história de divórcio. Basta um telefonema aos nossos advogados e fica o dito pelo não dito. Basta você querer.

Aline aproximou-se dele e falou em tom baixo, mas decidido:

— Téo, a falta de respeito, a humilhação, a desconsideração, a mentira, a traição, todas essas agressões são intoleráveis para as mulheres que levam o amor a sério. Você não valorizou meus sentimentos e jogou tudo na lama. Não tenho como perdoá-lo. Com tudo que vi e li no seu celular, eu nunca mais teria coragem de me deitar ao seu lado e muito menos abraçá-lo e beijá-lo. Teria nojo e não suportaria.

Finalmente, ele endureceu o semblante e sua voz tornou-se metálica:

— É sua última palavra?

— Sim, desde a primeira vez que pedi o divórcio.

Ele sentou-se e cruzou as pernas.

— Bem, então você não me deixa outra opção senão continuar com a minha vida. Quero dizer que a fila vai andar.

Ela riu e deu o troco na mesma hora.

— Claro, vai andar para você e para mim.

Ele olhou sério para ela por um instante. Depois relaxou.

— Bom, você é quem quer assim. Mas espero que, mesmo divorciados, possamos pelo menos continuar amigos. Afinal, temos uma filha, e isso, para mim, tem um grande valor.

— Não alimente ilusões, Téo. Depois do que você aprontou, não há a menor condição de continuarmos amigos. Não vou odiá-lo, não tenho estômago para isso, mas vou deletá-lo da agenda, da minha vida.

Ele foi irônico:

— Você perderá essa raiva e essa revolta assim que conhecer outro homem e se apaixonar por ele.

— Pode ser, mas, por enquanto, estou em desvantagem. O jogo está 2 a 1 para você. Só você tem outra pessoa, eu continuo sozinha.

— Ok, então preciso lhe confessar algo, antes que você saiba através de fofocas — levantou-se e serviu-se de uma bebida: — Já que você insiste no divórcio, vou assumir minha relação com a Myriam. Ela vai pedir demissão do banco, deixaremos passar um ou dois meses, e depois nós iremos morar juntos. Claro, depois que assinarmos o divórcio.

Aline aproveitou a deixa:

— Ah, vão morar juntos? Então o caso não era só de cama, como você tentou justificar, ou seja, mais uma mentira sua, santo Deus.

— Eu estava só tentando salvar nosso casamento.

Dessa vez, Aline mostrou toda sua indignação:

— Não acredito que ouvi isso! Você estava tentando salvar nosso casamento com mais uma mentira? Gente, eu não entendo como é que você conseguiu se tornar diretor de um banco sendo esse sujeito sem moral e sem caráter.

Ele se levantou sem mostrar aborrecimento.

— Vou subir para meu quarto, não quero brigar com você.

Ela foi enfática:

— Não há mais nenhuma razão para brigarmos.

No meio da escada, ele parou, voltou-se e perguntou:

— Você mostrou as fotos para seu advogado?

— Está preocupado com sua imagem, senhor banqueiro?

— Claro. Essas notícias vazam rapidamente.

— Tranquilize-se, ainda não mostrei. Enquanto nosso divórcio for consensual, amigável, não haverá necessidade de mostrar nada. Portanto, a possibilidade de vazamento da sua sujeira só vai depender de você.

— Tranquiliza-me saber disso. Vai ser tudo amistoso e rápido.

— Assim espero.

Depois que Téo subiu, Aline saiu, chamou o elevador e foi para o jardim do condomínio, onde, depois que percebeu que não havia outros moradores por perto, deixou sua raiva sair por meio de um choro desesperado.

Como pudera ser tão ingênua e tola durante tanto tempo? Como pudera acreditar em todas as palavras de amor que Téo lhe dirigira na fase de conquista? Como pudera acreditar que ele fosse um homem fiel, chegando tão tarde em casa e passando as festividades fora de casa?

E como uma pessoa pode ser tão cínica, fria e inconsequente como ele estava se mostrando?

O que essa tal de Myriam poderia estar proporcionando a ele que ela não conseguira? E Emily, como reagiria a essa nova situação?

E ela, tão tola, tão comprometida com o casamento, chegara a sentir remorsos e sentimento de culpa por sua amizade com Marcelo. Claro, gostava muito dele, até admitia que ele a atraía, mas nunca tivera a menor intimidade, o menor contato físico mais íntimo com ele.

Mais tarde, já mais calma depois do desabafo, e somente quando calculou que Téo já se recolhera ao quarto de hóspedes, foi que Aline se dirigiu ao seu aposento — anteriormente o quarto do casal.

Como afirmara ao marido, fechou a porta do quarto. Com Emily dormindo ao seu lado, não havia razão para deixar a porta destrancada.

Assim Téo não iria incomodá-la.

CAPÍTULO 27

Dia 14 de janeiro, manhã de segunda-feira.

Foram quatro dias terríveis para Aline, sem conversar com seu amigo Marcelo e aturando a presença agora aversiva de Téo. Ainda bem que ele não lhe dirigia a palavra, mas era uma situação bizarra, tendo-o na mesa do café e do jantar e, pior, na maior parte das vezes, na presença de Emily, que se mantinha calada também, olhando, de vez em quando, para um e para o outro.

Nessas ocasiões, Aline sentia um aperto no coração ao imaginar o que estaria se passando na cabecinha da filha, mas consolava-se pensando que a situação se estenderia somente por poucos dias.

A qualquer momento, o processo de separação teria início.

✦

Depois do almoço, Aline estava lendo na sala, recostada no sofá, quando a esperada ligação do seu advogado chegou.

— Boa tarde, dona Aline, é o doutor Jobert.

— Tudo bem, doutor?

— Vai tudo caminhando bem. Continua disposta a separar-se?

— Mais do que nunca. Só espero que esse processo não demore muito.

— Não vai demorar. Uma vez que será consensual e não litigioso, o processo será relativamente mais simples. Mas, de qualquer forma, precisamos, antes da audiência com o juiz, fazer uma reunião com o casal e os dois advogados.

— Para quê essa reunião, doutor? Já está tudo certo entre mim e Téo.

— Sim, está tudo certo quanto à decisão de se divorciarem, mas precisamos definir, de comum acordo e de maneira oficial, alguns pontos muito importantes. Se formos à audiência com esses pontos acertados, será tudo mais rápido.

— Que pontos são esses, doutor?

— A guarda da filha, por exemplo, os dias e horários de visita, a definição do valor da pensão alimentícia para a Emily e um dos pontos geralmente mais polêmicos: a divisão dos bens. Há outros pontos menores, como a continuação ou não do uso do sobrenome do marido, são esses assuntos que discutiremos e acertaremos em nossa reunião.

— Eu li que, se feito no cartório, o divórcio pode ser resolvido em até 48 horas, isso é verdade?

— Sim, no caso de divórcio consensual extrajudicial, mas somente quando não há filhos menores envolvidos, e vocês têm a Emily.

— Eu não sabia disso.

— Não se preocupe: no seu caso, será um divórcio consensual judicial, que também não deve demorar muito, uma vez que, quando formos à presença do juiz, já teremos o consenso entre vocês dois sobre aqueles itens.

— Em quanto tempo isso ficará definido oficialmente, doutor?

— Há algumas etapas jurídicas a serem seguidas até a expedição final do documento que oficializa o divórcio, mas o importante é que ele já estará em vigor no instante seguinte à assinatura do termo pelo casal e aprovação do juiz. Talvez fique tudo resolvido dentro de dois ou três meses.

— Tudo isso?

— Veja, caso você escolha voltar a usar seu nome de solteira, o que geralmente acontece nessas situações, será preciso fazer alterações em todos os cartórios do Brasil, pois a senhora passará a ter nova identificação em todos os documentos, depois do divórcio. Essa é uma das razões da demora.

— E quando o Téo deverá sair de casa? Estou cansada de discussões com ele, e elas não fazem bem a Emily, embora, sempre que possível, evitamos que ela esteja presente.

— Para resolver essa situação, pedirei separação de corpos, e aí ele deverá sair de casa imediatamente. Inclusive, já posso fazer esse pedido antes mesmo da efetivação do divórcio.

— Então, doutor, já pode providenciar. A saída de Téo, de casa, não será problema, pois, além do apartamento onde moramos, temos dois outros na Avenida Paulista. Basta ele escolher um deles e se mudar para lá.

— De fato, isso facilitará.

— Mas também gostaria de esclarecer: só depois daquelas etapas burocráticas é que eu serei uma mulher divorciada?

— Não, de jeito nenhum. O casamento entre você e o Téo estará encerrado, terminado logo após a assinatura do termo, na audiência com o juiz.

— Ah, bom. Não me leve a mal, mas, apenas por curiosidade, gostaria de saber também depois de quanto tempo, após o divórcio, a mulher pode voltar a namorar?

O advogado sorriu.

— Imediatamente, minha cara, logo depois que assinar o termo — Aline se esforçou para que o advogado não percebesse que ela respirara profundamente aliviada ao saber disso.

Após breve pausa, ele continuou:

— Mas, apenas por precaução, para não darmos à defesa de Téo qualquer pretexto para entrar com recursos anulatórios que poderiam retardar o processo, recomendo, e é apenas recomendação e não proibição, que, depois de assinado o divórcio, a senhora evite ser vista com companhias masculinas em lugares públicos, pelo menos durante umas duas ou três semanas. Mera precaução e talvez até exagero meu.

— Entendi, doutor, e acho que faz todo sentido. Não gostaria mesmo que esse assunto ficasse se arrastando por muito tempo.

— Com sua permissão, eu também quero lhe fazer uma pergunta, porque o juiz certamente a fará.

— Fique à vontade, doutor.

— A pergunta, que já lhe fiz antes mas preciso confirmar, é a seguinte: você está absolutamente certa de que quer mesmo se divorciar do Téo?

— Mais do que certa. Inclusive, em respeito ao cargo dele no banco, vou poupá-lo de um escândalo, pois tenho provas mais do que claras e inquestionáveis de que, há anos, ele vem me traindo, e só descobri isso agora, conforme lhe contei no nosso primeiro contato.

O advogado pigarreou e falou com cuidado:

— Não quero duvidar da senhora, mas provar adultério é algo muito difícil, a menos que ocorra um flagrante.

— Muitas mensagens amorosas da amante para o celular do meu marido e várias fotos íntimas servem?

— Se, pelas fotos, for claramente possível identificar os personagens, claro que elas servem, mas, no seu caso, isso não será necessário, já que o divórcio é consensual.

— Para evitar um escândalo que poderia prejudicar a carreira dele, Téo concordará com tudo o que pedirmos, mas não pretendo explorá-lo, nem tirar proveito disso. Vou querer apenas o que for de direito e justo, principalmente com vistas a manter para Emily o mesmo padrão de vida, estudo e assistência médica aos quais ela está habituada. Nada mais além disso.

— Muito louvável de sua parte. Algumas mulheres aproveitariam a vantagem que você tem para arrancar a pele do marido.

— Sei disso, mas não é o meu caso. Tenho minha profissão e amo meu trabalho.

— Mesmo assim, é uma atitude admirável.

— E para quando o senhor agendará a reunião e a audiência? Estou à disposição, a qualquer dia, a qualquer hora.

— Consegui marcar ambas para quinta-feira próxima, com uma diferença de duas horas entre nossa reunião e a audiência. Se você estiver de acordo, manterei a agenda. Senão, cancelo e marco outro dia.

— Pode deixar na quinta, para mim, está ótimo. Quanto antes acabarmos com isso, melhor.

— Que bom, porque o advogado já havia concordado com essa data, e Téo também. Agora, só terei que confirmar com eles.

— Ótimo. Vamos em frente.

CAPÍTULO 28

Dia 17 de janeiro, manhã quinta-feira.

Aline estava um pouco apreensiva enquanto se dirigia para o encontro decisivo com Téo e os dois advogados.

No entanto, tudo correu muito melhor do que ela esperava. Os participantes foram pontuais, Téo e seu advogado estavam muito gentis com ela, e o doutor Jobert parecia bastante tranquilo e seguro. Não esperava que eles fossem amistosos em um encontro dessa natureza.

No decorrer da reunião e conforme os acertos iam sendo feitos, Aline percebeu que Téo estava realmente disposto a não ter, nem criar problemas. Concedeu muito mais do que ela previa.

Ficou acertado que Aline manteria consigo a cobertura onde já morava, o carro e a casa em Campos do Jordão. Téo ficaria com os dois apartamentos na Avenida Paulista, o carro, a moto e a casa no litoral, na Praia de São Lourenço.

A pensão alimentícia para Emily foi definida com um valor bem acima dos gastos com a garota, incluindo o plano de saúde, as mensalidades e os materiais escolares, além de vestuário e entretenimento. A cada quinze dias, a menina passaria o fim de semana com o pai, a menos que ele preferisse visitá-la em casa. Aline receberia um valor mensal para remunerar a empregada. Téo também sugeriu uma verba para a contratação de um motorista, o que Aline agradeceu, mas recusou. Ela gostava de dirigir, sem ficar dependente de um motorista. Também ficou acertado que ela voltaria a usar o nome de solteira e, para isso, seu advogado, mediante procuração, se encarregaria de fazer as alterações em todos os registros oficiais, o que, como ele já a havia alertado, levaria algum tempo.

Outro ponto importante foi a determinação da chamada separação de corpos, o que significava que não deveriam mais morar juntos, ou seja, Téo deveria se mudar do apartamento imediatamente. Ele foi compreensivo.

— Sem problemas. Provisoriamente, ficarei num *flat*, enquanto mando arrumar um dos apartamentos da Avenida Paulista, onde pretendo morar.

Aline segurou um suspiro de alívio.

E a grande surpresa veio no final: ela teria direito à metade dos valores das aplicações e dos investimentos de Téo, a partir de quando casaram. O montante era tão alto que, se preferisse, Aline passaria a viver com a renda das aplicações e não precisaria mais trabalhar. Ela se esforçou para não deixar tão óbvia sua surpresa e satisfação.

Assim, com tudo acertado entre o casal, a audiência com o juiz foi rápida, apenas para oficializar o divórcio.

Ao se despedirem, Téo revelou a Aline a provável razão da sua "generosidade": acabara de ser promovido a vice-presidente do banco.

Ela sorriu ao descobrir a verdadeira razão pela qual seu agora ex-marido temia tanto a possibilidade de um escândalo.

Depois de ele revelar sua alegria pela ascensão profissional, aproximou-se de Aline e falou baixinho:

— Que bom que deu tudo certo, não é? Está feliz?

— Feliz não é bem o termo. Eu diria satisfeita.

— Dá no mesmo. Escuta, penso que agora podemos zerar os arquivos dos celulares, não acha?

— Não tenho pressa quanto a isso. Vou pensar no assunto com calma.

— Não sei por que, já que eles agora não são mais necessários. Voltamos a ser "solteiros".

— É verdade. De qualquer forma, vou pensar a respeito. Quem sabe serão úteis no futuro, em caso de descumprimento de alguma cláusula dos acordos?

— Eu jamais faria isso com você.

— Oi? — Aline só não gargalhou em respeito ao ambiente, mas não conseguiu segurar o riso.

— Que grande cara de pau você é, Téo. Descumprir uma cláusula seria pior do que aquilo que você já fez?

Ele se mostrou desconcertado.

— Bom...

Ela foi rápida. Não via a hora de deixar aquele lugar.

— Passe bem, Téo.

A despedida daquele homem com o qual vivera doze anos e tivera uma filha foi através apenas de um formal aperto de mãos.

Toda a alegria e felicidade que Aline tivera com Téo durante os primeiros anos de casados foram gradualmente anuladas pela mudança de comportamento e de caráter dele depois da promoção e fatalmente esquecidos depois da descoberta da traição durante tanto tempo, ignorando sua fidelidade e confiança.

Nem por um segundo, ela olhou para trás enquanto se dirigia para a saída, acompanhada por seu advogado.

Ao chegar à rua, respirou aliviada ao sentir a brisa leve em seu rosto naquele fim de manhã. Sentiu-se feliz.

Agora divorciada, Aline sentiu uma desconhecida e muito agradável sensação de liberdade e pensou: "Vida que segue".

Despediu-se do doutor Jobert, entrou no carro e voltou para casa. Precisava refletir melhor sobre tudo o que acontecera, e, principalmente, a respeito do que aconteceria. Esqueceria o passado e focaria sua energia no presente e no futuro.

Em casa, Aline encontrou Emily brincando com Lenice. Quando viu a mãe, a garota levantou-se e correu para abraçá-la.

— Mami, você chegou!

— Oi, filha, que saudade da minha pequena!

— Correu tudo bem, mami?

— Maravilhosamente. Depois te conto os detalhes. Deixe-me contar uma novidade: agora voltei a ser uma mulher livre.

— Eba! — Emily saiu correndo pela sala, pulando alegremente sobre as almofadas do sofá.

Depois daquela euforia da filha, puderam conversar em paz, no quarto.

— Como eu te disse, correu tudo bem, sem brigas ou discussões.

— E meu pai, como ele estava?

— Muito bem, calmo e muito generoso.

— Sério? Então você ficou satisfeita com o resultado?
— Bastante. Ele também parecia muito contente e aliviado.
— E ele continuará morando aqui com a gente?
— Não, não precisamos mais ficar juntos. Ele disse que ficará num *flat* enquanto prepara um dos apartamentos da avenida Paulista para morar.

A garota pareceu pensar um pouco sobre essa nova situação.
— Acho que vou sentir saudades dele.
— Claro, ele é seu pai e vivemos juntos mais de dez anos. E sempre que você quiser, pode ligar para ele ou visitá-lo.
— Você não ficará brava se eu fizer isso?
— De jeito nenhum, filha. Eu compreenderei perfeitamente.
— Você é a melhor mãe do mundo!
— E, para compensar, você também não ficará brava comigo se eu arranjar um namorado, certo?

Ela levantou o dedinho indicador
— Não ficarei desde que seja o tio Marcelo!

Aline não conteve o riso, fazendo cócegas na filha.
— Engraçadinha!

CAPÍTULO 29

Dia 18 de janeiro, manhã de sexta-feira.

Às nove horas da manhã, Aline já estava no centro da cidade. Tinha pressa e, por isso, o dia foi estressante para ela: precisou de cópias atualizadas e autenticadas de vários documentos, tirar fotos, obter e assinar atestados e acordos, abrir conta em um banco com nome de solteira e, principalmente, separar os pertences de Téo para que ele fosse buscá-los. Foi cansativo, mas deu tudo certo.

Bem no final da tarde, enquanto Emily assistia a um filme na televisão da sala, foi para seu quarto e deitou-se para tirar um merecido cochilo.

Acordou algum tempo depois com um enorme sentimento de culpa: tivera um sonho muito sensual com Marcelo.

Mas por que aquilo acontecera? Claro que ninguém tem o poder de controlar os sonhos, mas parecia-lhe não ser correto. Mal acabara de se divorciar e isso já estava acontecendo? Bom, talvez o fato de se sentir livre tivesse justamente causado o sonho.

A verdade era que estava um tanto desconcertada, até porque não andara pensando no amigo naqueles termos, então o que motivara o sonho tão erótico? Seria um desejo reprimido, ainda que inconsciente? E por que aquele incômodo sentimento de culpa se fora apenas um sonho?

Ora, seu ex-marido a traíra de verdade, com uma mulher de carne e osso. Ela apenas sonhara. Então, bolas para a culpa!

Até porque fora muito gostoso...

Dia 19 de janeiro, manhã de sábado.

No meio da manhã seguinte, Téo foi buscar seus pertences, e Aline deu graças aos céus que Emily ainda não havia voltado da casa da amiga onde fora dormir.

Seu ex-marido viera na van de um funcionário. Ele fazia força para parecer tranquilo, mas Aline, que o conhecia muito bem, sabia que ele estava bastante desconfortável e até um tanto nervoso.

Só falou com a ex-esposa o estritamente necessário, enquanto o funcionário dele se encarregava de levar para o carro a bagagem que ele havia separado. Eram roupas, sapatos, gravatas, itens de toalete, uma máquina fotográfica que trouxera do Japão, DVDs, alguns eletrônicos (computador, monitor, iPad, equipamento de som e, claro, botas, equipamentos de pesca, indumentária para usar com a moto e muitos livros, muitos documentos e cadernos de anotações.

Durante todo esse tempo, Aline permaneceu na sala de estar, lendo. Quando ele deu por concluída sua tarefa, dirigiu-se a ela antes de sair:

— Se eu tiver esquecido algo, por favor, mande me avisar, que eu peço para alguém vir buscar.

— Não se preocupe. Farei isso.

Ele olhou-a firmemente, e Aline achou ter percebido alguma tristeza na expressão dele.

— Adeus, Aline, e procure me perdoar.

— Tentarei.

Ele saiu levando na mão o capacete da moto sem ao menos perguntar pela filha. Esse era o Téo.

Depois que ele saiu, Aline ainda permaneceu algum tempo sentada no sofá, olhando para o vazio.

Tendo consciência de que ali acabava de se encerrar uma convivência de doze anos, um ciclo de vida, ocorreu-lhe que deveria estar triste, chorando, mas isso não aconteceu. Na verdade, estava aliviada e sentia que o apartamento ficara mais respirável já que, com ele em casa, sentia opressão no ar. E, sobretudo, não poderia continuar vivendo sob o mesmo teto e deitando na mesma cama com um homem que cometera tão infame traição, durante anos de mentiras e desfaçatez.

Quando Emily chegasse, deveria contar-lhe sobre a saída do pai de forma a não deixá-la triste. Como Téo sempre fora um pai ausente,

Aline não tinha muita certeza de que sua filha sentiria falta do pai, exceto por alguns dias.

Isso, só o tempo diria.

Dia 19 de janeiro, noite de sábado.

Emocionalmente agitada com os últimos acontecimentos relativos ao seu divórcio, Aline não conseguia dormir. Por isso, preferiu ficar na sala, assistindo a um filme qualquer na televisão, mas sem se concentrar na história. Pensava em várias coisas ao mesmo tempo.

Além disso, também estava se lembrando do que Marcelo lhe dissera, antes de sua viagem ao litoral, a respeito do que vinha acontecendo com sua filha. Por mais absurdas que aquelas ideias lhe parecessem, criaram um espaço de intranquilidade em sua mente.

Obsessão espiritual na sua filhinha Emily? Sem chance! Isso era trama de filme de horror! De onde Tobias tirara essa ideia louca e ainda contaminara seu patrão?

Não havia dúvidas de que seus dois amigos estavam enganados: ela e Alícia foram muito apegadas uma à outra. E ela nunca tivera preguiça de aprender a nadar, apenas não gostava. Cada pessoa tem preferência por um determinado esporte, nem todos pensam iguais. Se, de alguma maneira, ela pudesse ter ajudado a irmã e Josias naquela manhã fatídica, claro que o teria feito.

E depois, sua Emily era uma menina tão doce, tão meiga, jamais alimentaria pensamentos de raiva, vingança ou perseguição contra quem quer que fosse, muito menos contra a própria mãe.

Ouviu uma vozinha:

— Mami, você não vai se deitar?

Emily estava no pé da escada, já de camisola.

— Você já está com sono, filhinha?

— Já, sim. Vamos nos deitar.

— Venha cá, deite um pouco aqui comigo. Estou assistindo a um filme, que já está no final. Logo subiremos.

Emily desceu lentamente os degraus e deitou-se no sofá, ao lado da mãe.

— Papai vai vir dormir aqui?

— Creio que não, filha. Ele veio hoje de manhã e já levou as coisas dele. Você não o viu porque ainda estava na casa de sua amiguinha.

— E vocês brigaram?

— Nada disso, agora não há mais motivos para discutirmos.

— Ah, bom, só pensei.

Depois de um instante de silêncio, Aline quis tirar uma dúvida e perguntou:

— Emily, você já ouviu falar da Alícia, não é verdade?

— Claro, outro dia você mesma falou que ela teria sua idade se ainda fosse viva. Inclusive, você tinha sonhado com ela. Não foi sua irmã gêmea que morreu adolescente?

— Ela mesma. Não lembrava que já tinha falado com você a esse respeito.

— Ora, mami, se você não tivesse falado, como eu poderia saber a respeito?

— Verdade, que bobagem minha.

Depois de um breve silêncio, a garota surpreendeu a mãe com o que disse:

— Ela ficou muito brava com você porque não tinha aprendido a nadar e, por isso, não pôde salvá-la.

Aline, que estava recostada no sofá, levantou o corpo, intrigada.

— Ei, espere aí, eu tenho certeza de que não lhe disse isso. De onde foi que você tirou essa ideia?

— Que ideia?

— Essa de que Alícia morreu com raiva de mim por eu não saber nadar. Como alguém poderia saber disso se ela está morta?

Emily olhou intrigada para a mãe.

— Ela morreu com raiva de você?

— Foi o que você acabou de dizer, filha.

Emily riu.

— Você ouviu mal, mami, eu devo ter dito que ela morreu adolescente.

Aline tinha certeza de que ouvira direito, mas achou prudente não discutir isso com a filha.

— Ah, desculpe, então entendi mal — ficou um instante calada. Estava se lembrando da conversa com Marcelo, na qual ele dissera que, segundo Tobias, o espírito de Alícia, através de Emily, estava querendo vingar-se da irmã, que ela considerava culpada. — Agora, eu que vou lhe fazer uma pergunta, porque tenho uma curiosidade: você é feliz aqui, minha filha?

— Muito. Preferia que você e papai tivessem se entendido, mas já que isso não foi possível, me basta ter você perto de mim. Eu a amo.

— Eu também te amo muito, filha. Por isso, nenhuma de nós duas teria coragem de fazer nada que fizesse a outra sofrer, não é mesmo?

— Claro, mami, que pergunta boba é essa? Eu quero vê-la feliz e sei que você também quer me ver feliz, certo?

— É isso aí, filha.

— Pois, então, nenhuma das duas faria mal a outra.

— Certíssimo. Foi outra bobagem minha perguntar isso.

— Você acredita em mim, não acredita?

— Sempre acreditarei em você, meu amor.

Novo breve silêncio.

— Mami, estou mal acomodada aqui. Você se importa se eu subir primeiro e deitar na sua cama?

— Lógico que não. Vá indo que vou em seguida.

Emily deu um beijo na testa da mãe, que retribuiu. Em seguida, subiu as escadas. No meio, parou, voltou-se e olhou a mãe com uma estranha expressão no rosto, mas Aline não percebeu, pois estava imersa novamente em suas preocupações.

Aquilo não era um bom sinal.

Talvez Aline tivesse tirado um cochilo, mas levou um susto enorme quando ouviu uma pavorosa gargalhada de criança vinda do quarto dela. Fora um sonho ou realidade? Gargalhar daquela maneira não era do feitio de sua filha.

Olhou para cima e gritou:

— Emily? Está tudo bem?

Não tendo obtido resposta, e por via das dúvidas, subiu rapidamente as escadas e empurrou a porta do quarto que estava apenas encostada.

Emily estava deitada, acordada, séria, olhando para o teto, com o cobertor puxado até o pescoço. Olhou surpresa para sua mãe quando ela entrou bruscamente no aposento, acendendo a luz.

— Filha, você ouviu?

Sonolenta, a menina balbuciou:

— Ouvi o quê, mami?

— Tive a impressão de ter ouvido uma gargalhada de menina vindo daqui, do meu quarto.

— Gargalhada? Não ouvi nada e eu não dei gargalhada nenhuma. Já estava quase dormindo.

De pé, na porta, Aline, intrigada, passeou o olhar desconfiado em toda a extensão do quarto.

— Esquisito, ouvi direitinho.

— Não foi do filme que você estava assistindo?

— É, pode ter sido isso, mas tive a impressão de que a gargalhada saiu daqui do quarto.

— Se fosse, eu teria ouvido, certo, mami?

— Certo, acho que cochilei vendo o filme. Desculpe ter interrompido seu sono. Boa noite, filha.

— Boa noite, mami, te amo.

— Eu também.

Aline voltou a encostar a porta do quarto e tornou a descer as escadas, lentamente, esperando, a qualquer momento, voltar a ouvir aquela gargalhada assustadora.

Ainda bem que ela não chegou a perceber que, enquanto saía do quarto, sua filha havia se virado no sentido oposto e mantinha um sorriso sarcástico no rostinho, apresentando uma expressão que pouco lembrava a da doce Emily.

Já no térreo, desligou a TV, fechou portas e janelas, apagou as luzes e subiu para o quarto, para se deitar ao lado da filha.

Não tardou muito para que Emily voltasse a assustar a mãe.

CAPÍTULO 30

Dia 20 de janeiro, manhã de domingo.

Na manhã seguinte, um pouco antes da hora do almoço, Aline estava novamente lendo, deitada no sofá da sala, no térreo. Emily, no seu quarto, divertia-se em abrir, finalmente, os embrulhos restantes com os presentes que ganhara no Natal e não tivera tempo de fazê-lo. Na verdade, ela nunca dera muita atenção aos presentes natalinos porque, em geral, costumava ganhar muitos outros durante todo o ano, pois sua mãe era pródiga em presenteá-la, independente da época do ano. Além disso, na maior parte das vezes, a própria Emily acompanhava sua mãe nas compras e escolhia seu presente.

Um deles estava envolto em um plástico, deixando ver que se tratava de uma grande taça de metal, imitando aqueles troféus geralmente concedidos aos campeões de provas esportivas. Emily se interessou, porque nunca tinha ganhado algo semelhante.

Ao retirar o plástico, lembrou-se de que algumas crianças brincavam de heróis colocando na cabeça dobraduras imitando chapéus ou capacetes.

Sorriu divertida ao se lembrar disso e resolveu repetir o gesto.

Assim, pacientemente, dobrou as bordas do saco plástico para que ele tomasse a forma de um chapéu ou boné.

Concluída a tarefa, olhou-se no grande espelho da penteadeira. "Até que ficou legal!", pensou.

Mas quando usou as mãos para puxar as abas um pouco mais para baixo, de forma a cobrir a testa, aconteceu algo estranho. Suas mãos como que adquiriram vida própria e começaram a puxar demais o plástico, que agora já passara dos olhos e já cobria a boca da menina.

Suas mãozinhas continuavam a puxar o saco para baixo, agora já à altura do pescoço. Emily começou a sentir que o ar lhe faltava. O plástico como que aderira à pele do seu rosto e a impedia de respirar.

A menina começou a entrar em pânico. Quanto mais tentava retirar o saco plástico de sua cabeça, mais parecia que ele descia e a apertava cada vez mais, e tudo feito com suas próprias mãos. Tentou chamar pela mãe, mas a voz não saía. Sentiu que estava sufocando.

Desesperada, tentou ir ao encontro de sua mãe no andar térreo, mas não conseguia andar direito, pois já se sentia tonta pela falta de ar. Talvez tenha sido essa a sua sorte, pois começou a esbarrar em tudo que havia no quarto: cadeiras, mesinha, uma pequena estante, até que esbarrou na penteadeira, fazendo com que tudo que estava em cima dela caísse no chão, fazendo enorme barulho.

Aline ouviu um barulho estranho vindo do andar superior e, por segundos, achou que a filha estivesse brincando. Mas quando percebeu o som de vidros quebrando e objetos caindo no chão, preocupou-se e decidiu ir ver o que estava acontecendo.

Ao abrir a porta, ficou horrorizada com o que viu: sua filha se contorcia no chão, as mãos agarradas ao saco plástico que agora lhe cobria todo o rosto, batendo as pernas no chão, desesperada. Aline percebeu que Emily estava sufocando, os olhos já arregalados.

Correu até ela e rapidamente rasgou o plástico usando as unhas, libertando assim a filha daquela tortura.

— Emily, o que você fez?

— Mami! — e a menina, apavorada, ainda respirando com dificuldade, começou a chorar, agarrando-se desesperada à mãe.

— Já passou, filha, procure se acalmar, está tudo bem agora. Respire fundo que vai melhorar logo.

Aline se ajoelhara para ajudar Emily e agora a amparava no seu colo, acariciando seu rosto.

— Como foi que isso aconteceu, filha?

— Não sei, mami. Eu quis fazer um chapéu com o saco plástico para brincar e, de repente, ele começou a entrar na minha cabeça, me sufocando. Quanto mais eu me esforçava para tirá-lo, mais ele entrava.

— Na certa, sem querer, você puxou muito o plástico para baixo.

— Não, mami, sei que não se deve fazer isso. Eu só o coloquei na minha cabeça e quis ajeitá-lo melhor sobre a testa. Só até a testa.

— Tudo bem, filha, já passou. Agora, procure se acalmar.

Emily ainda soluçou por um bom tempo, até se sentir melhor.

— Vá tomar um banho para irmos almoçar, filha.

Devagar, e ainda soluçando, a menina se levantou e encaminhou-se para o banheiro.

— Deixe a porta aberta, filha, e use o chuveiro. Eu vou esperar por você aqui no quarto.

— Aline suspirou aliviada quando ouviu o som da água do chuveiro caindo.

Jogou-se de costas na cama, abriu os braços e respirou fundo: "Meu Deus, outro acontecimento estranho com minha filha. Será que ela está muito estressada? Ou muito distraída? Ela nunca foi assim, e esses acidentes nunca aconteceram com tanta frequência, pois Emily sempre foi muito cuidadosa".

CAPÍTULO 31

Dia 21 de janeiro, tarde de segunda-feira.

Marcelo estava na livraria quando o celular tocou. Sorriu feliz ao reconhecer o número de Aline na telinha do aparelho:

— Oi?

— Oi!

— Que bom ouvi-la, amiga. Você está com a voz boa! Está tudo bem?

— Tudo. Quero informar ao meu querido amigo que você agora tem uma grande amiga divorciada!

Ele quase deu pulos de alegria.

— Já? Ooooba, precisamos comemorar.

— Está tudo resolvido e assinado, e da melhor forma possível, sem brigas e discussões. O ponto que pensei fosse dar mais trabalho, o da divisão de bens, não deu. Foi tudo muito tranquilo.

— E como você está se sentindo "solteira"?

— Ótima! Estou mais leve, com um enorme e gostoso sentimento de liberdade. Mas ainda estou tentando imaginar como será minha nova vida — fez uma breve pausa e falou mais séria: — Mas estou sentindo muito a sua falta.

— Porque você quer. Se depender de mim, vou correndo agora encontrar você, no lugar que quiser.

— Meu querido, não fique bravo comigo, mas acho que precisamos aguardar ainda algum tempo para nos vermos.

— Por quê? Você não já está divorciada?

— Procure me entender, amigo. Fiquei doze anos casada com o Téo. Tenho uma filha com onze. Isso quer dizer que, bem ou mal, temos uma história. Eu estou feliz por me separar do Téo, mas preciso pensar na Emily. Ela vai precisar de um período para assimilar a ausência do pai, e eu quero estar perto dela a maior parte do tempo. Por outro lado, eu não gostaria de ser vista passeando com você, após tão pouco tempo do divórcio. Não que eu me preocupe com o que os outros vão pensar, mas é uma questão de foro íntimo. É uma situação muito nova para mim e preciso assimilar as mudanças, que não são poucas. Mas acho que, em poucos dias, eu já terei me reinventado. Você me entende?

Ele ficou um pouco em silêncio antes de responder:

— Sinto um grande conflito entre minha ansiedade e meu bom senso. Usando a razão, reconheço que doze anos é uma vida e deve haver lembranças boas. Por isso, eu entendo você. Quando achar que já podemos nos ver, é só avisar, e eu estarei à sua espera.

A voz de Aline estava embargada pela emoção:

— Eu sabia que poderia contar com você, meu querido. Graças a Deus. Não iria ter paz se você tivesse ficado bravo comigo.

— Fique tranquila, amiga, use seu tempo. Quando você me chamar, virá inteira. E aí, tenho certeza de que será muito bom. Inclusive, depois, vou convidar você e a Emily para um fim de semana bem relaxante. Devem estar precisando.

— E como, você nem imagina.

— Por falar na Emily, como ela está?

— Ah, meu amigo, continua me dando sustos. Ontem mesmo... — e contou o episódio do saco plástico.

Marcelo ficou apavorado.

— Meu Deus, que perigo ela correu! Se você não tivesse ouvido o barulho e ido ao quarto, nem quero imaginar.

— Pois é, amigo, não dá para ficar calma desse jeito. E ela tem me dado outros sustos, um atrás do outro. Emily tem tido um comportamento que não consigo entender, não apenas aqui em casa, mas desde o litoral, no hotel, fatos muito estranhos e perigosos aconteceram com ela — e, resumidamente, se abriu com o amigo, contando-lhe todos os incidentes ocorridos com a filha. No final, desabafou: — Não está fácil para mim, Marcelo — e iniciou um choro contido.

— Querida, não aguento ver você assim, à beira de um estresse. Deixe-me ajudá-la, por favor.

Ela respondeu fungando:

— Dentro de mais alguns dias, poderemos nos encontrar, e então eu lhe contarei tudo com mais detalhes. Preciso desabafar, senão vou explodir. E não apenas por causa dos meus problemas resultantes do divórcio, mas principalmente por causa da minha filha. Sinto que ela está correndo perigo, mas não sei a razão.

Marcelo estava seriamente preocupado com Emily, principalmente levando em conta tudo o que Tobias contou.

— Aline, eu não queria voltar a falar nesse assunto, mas você chegou a pensar no que eu e Tobias falamos para você?

Ela pareceu desconfortável com a ideia:

— Ah, Marcelo, meu querido, não me venha com esse papo outra vez. Já estou com a cabeça cheia de assuntos reais e práticos para pensar.

— Desculpe, só quis ajudar.

— Você já me ajuda muito me ouvindo, amigo. Não sei como atravessaria tudo isso sem seu apoio e seu carinho.

— Você sabe que pode sempre contar comigo.

— Sei, e foi por isso que liguei e sempre ligarei.

— Faça sempre isso, sim, pois ouvir sua voz também me faz muito bem.

— Eu gosto muito de você, amigo. A propósito, queria falar algo muito importante.

— Fale, linda.

— Espero que você compreenda esse nosso afastamento temporário. Pode até ser frescura minha, mas acho que um pouco de tempo sozinha vai me fazer bem. Se não fizer bem, sei a quem chamar. Mas, de qualquer forma, prometo a você que esse afastamento será por pouco tempo.

Marcelo ficou um instante em silêncio.

— Eu estaria mentindo se dissesse que gosto dessa ideia de afastamento, mas é claro que entendo sua sensibilidade e isso me faz admirá-la ainda mais. Você está certa, não vai ser fácil ficar esse tempo sem nos vermos, mas... — e jogou um charminho, para provocá-la: — Será até bom para você ter um descanso de mim...

A reação dela foi exatamente a esperada por ele:

— Ei, você bebeu? Está louco? Você acha mesmo que estou precisando descansar de você? Retire imediatamente essa bobagem que disse, bobão!

Ele riu com gosto.

— Calma, linda, estava só brincando, para você relaxar um pouco, mas gostei muito da sua reação.

Ela riu também.

— Ah, bom, mas, se aceita um bom conselho, não fique me provocando. Você não conhece minha face oculta.

— Gosto de todas as suas faces, mesmo das ocultas, e estou ansioso para conhecê-las e demonstrar isso.

— Tá bom, eu imagino, mas controle-se. Eu avisarei quando já estiver melhor, me sentindo "solteira" de fato.

Ele preferiu descontrair a conversa.

— Então, depois desse prazo, já poderei paquerá-la sem culpa e sem disfarces.

Ela sorriu.

— Estou esperando por isso.

Depois que desligaram, Marcelo ficou pensativo. O divórcio de Aline estava deixando-o apreensivo. Ele sabia muito bem que, ainda, em nossa sociedade machista e preconceituosa, a vida de uma jovem e bela mulher divorciada costuma não ser nada fácil.

Para muitos homens, pouco evoluídos, essa mulher estaria sempre carente, receptiva a cantadas e de fácil conquista. Não eram poucas as que se queixavam de assédio por conta do seu novo estado civil.

CAPÍTULO 32

Dia 24 de janeiro, manhã de quinta-feira.

Bem que Marcelo tentou se distrair diante da perspectiva de não ver nem falar com Aline. Numa das vezes em que estava saudoso, voltou ao supermercado onde a vira pela primeira vez. E, claro, foi até a mesma gôndola onde ela o ajudou a abrir o saquinho plástico para colocar as frutas e onde a amizade começara.

Reviu em pensamento, como em um filme, todas as cenas que se sucederam desde então. Do episódio ocorrido no caixa, quando pagou a conta de um desconhecido, até a conversa no estacionamento e a visita dela à livraria. Não deveria ter se deixado trair pela saudade, pois a consequência foi sentir um vazio enorme, uma profunda saudade, daquelas de doer o coração. Questionou-se: será que ele estaria apaixonado por Aline? Parecia que sim, ainda mais que agora ela...

Não, não quis pensar no divórcio, pois lhe pareceu egoísmo. Mas que ela fazia falta em sua vida lá isso fazia.

E se estivesse mesmo apaixonado por Aline, como ficaria seu "luto" pela memória de Patrícia, seu grande amor do passado? Será que o espírito dela ficaria revoltado contra ele? Estaria traindo-a se amasse Aline?

— Ora, ora, quem vejo por aqui!

De início, Marcelo não reconheceu a pessoa que lhe dirigia a palavra. Depois, lembrou: era o senhor vestido com uniforme de gari que tinha esquecido a carteira em casa, e que ele, Marcelo, havia pagado suas compras. Voltou-se e sorriu:

— Olá, amigo, que coincidência, não?

Os dois homens trocaram um forte e caloroso aperto de mão.

— Uma feliz coincidência. Hoje sou eu quem paga suas compras.

Marcelo mostrou as palmas das mãos, indicando que não aceitaria a cortesia.

— De jeito nenhum. Naquele dia, eu só lhe paguei um empréstimo.

O velho deu uma gostosa gargalhada.

— Aquela desculpa do empréstimo foi boa! Um empréstimo de uma pessoa que eu nunca havia visto na vida.

Marcelo sorriu.

— Desculpe, mas foi a única saída que me ocorreu naquele momento.

— Não se desculpe, amigo. Você me proporcionou um dos melhores natais com minha família, pois comprei presentes para todos com o dinheiro das compras. Deus lhe pague.

— Ele já vem pagando há muito tempo, amigo. Sou um sujeito feliz.

— Que bom. Que este novo ano lhe seja ainda mais favorável.

— Para o senhor também. E o uniforme de gari?

Ele respondeu sério, mas com visível orgulho:

— Não preciso mais dele. Um amigo advogado já deu entrada no meu pedido de aposentadoria e me garantiu que não terei problema. É caso ganho, pela minha idade e pelo tempo de serviço, que ele me garantiu que vai conseguir provar.

— Caramba, que legal! Fico mais feliz ainda.

O homem pôs uma mão no ombro de Marcelo.

— Na verdade, foi o senhor que me estimulou a procurar meus direitos. Devo-lhe mais essa.

— O senhor não me deve nada, amigo. Lutar pelos nossos direitos não é favor algum. É justiça.

— E tem mais. Decidi não ser mais gari. Nada contra a profissão, mas é muito cansativa para a minha idade.

— E o que vai fazer agora?

— Bicos. Agora sou pedreiro, pintor, encanador, faxineiro, sempre com moderação e devagar. Inclusive — e tirou um cartão de visitas do bolso —, se algum dia precisar de algum desses serviços, é só me chamar. Irei com prazer.

— Mas que legal saber disso — Marcelo pegou o cartão e leu: — Casimiro? Rapaz, só agora estou sabendo do seu nome. Eu sou Marcelo.

— Pronto, Marcelo, então não tem mais erro. Casimiro, ao seu dispor.

— Foi muito bom tê-lo conhecido e reencontrado hoje, Casimiro. Até a próxima compra, mas que seja antes do próximo Natal.

— Será, com certeza. Boa sorte, amigo.

O encontro com aquele idoso reacendeu as saudades de Aline, pois aquele episódio foi um dos motivos que a fizeram aproximar-se dele.

Com essas lembranças, Marcelo ficou parado, à frente das frutas, com o olhar perdido, a ponto de uma das auxiliares do estabelecimento aproximar-se dele e perguntar:

— Precisa de ajuda, senhor?

Ele sorriu e brincou:

— Preciso, moça, mas muito obrigado. O que estou procurando não está aqui e nem está à venda — ela não entendeu, mas sorriu simpaticamente.

Marcelo saiu do supermercado sem comprar nada, mas, antes, pegou três daquelas embalagens de plástico e as guardou no bolso.

Tinha algo em mente, para o futuro. Isto é, se tudo corresse como ele esperava.

Voltou para casa e procurou relaxar. Mas ele estava particularmente preocupado com o que ouvira de Aline sobre Emily. E se o velho Tobias estivesse certo a respeito do espírito obsessor de Alícia?

Se era verdade que Alícia estava tentando fazer a irmã Aline sofrer pela morte da filha, tudo indicava que estava quase conseguindo seu intento — pelo menos estava tentando cruelmente — e já por várias vezes. Como ajudá-la, se Aline não acreditava em obsessão e outros fenômenos no campo da espiritualidade? Ela era uma mulher inteligente, sem dúvida, mas certamente não tivera formação religiosa — em qualquer direção espiritual —, daí sua descrença.

Sua mente estava inquieta, buscando respostas. Quem poderia ajudá-lo a convencer Aline do perigo que Emily estava correndo?

Foi então que se lembrou novamente de Vanessa, amiga e vizinha de sua irmã, que parecia entender bem desses assuntos.

Não hesitou em ligar para a moça. Sabia que ela estaria em casa, pois trabalhava no sistema de *home office*.

— Olá, Vanessa, não sei se você ainda vai se lembrar de mim. Sou o Marcelo, irmão da Maísa, sua vizinha.

Ela respondeu alegremente:

— Marcelo! Claro que lembro. Não é aquele moço lindo que tinha algumas dúvidas sobre a reencarnação e vida após a morte?

— Eu mesmo, mas o moço lindo é por sua conta.

— Lindo e modesto, isso é ótimo. Posso ajudar?

— Espero que sim. É uma história longa e confusa. Seria melhor conversarmos pessoalmente. Seria possível nos vermos ainda hoje?

Era tudo o que Vanessa queria ouvir e tratou de não perder a oportunidade:

— Você não quer dar um pulinho aqui?

Ele se surpreendeu um pouco:

— No seu apartamento?

Ela percebeu a preocupação dele.

— Sim, mas prometo que não vou atacá-lo, apesar de que a oportunidade seria boa: sua irmã já deve estar se preparando para ir ao consultório.

Ele sorriu e achou que não correria "perigo".

— Combinado. Estou a caminho.

Antes de sair, Marcelo ligou para a livraria e avisou a Tobias que provavelmente iria chegar um pouco atrasado. O restaurador ficou preocupado:

— Algum problema, patrão? Não está passando bem?

— Estou ótimo, Tobias, mas preciso fazer umas pesquisas.

— Está bem. Tomarei conta da livraria direitinho até o senhor chegar.

— Tenho certeza disso. Se alguém me ligar, por favor, anote o recado — ele estava pensando em Aline, mas ela, se quisesse falar com ele, ligaria no celular e não no telefone fixo da livraria. Mas ele não queria se arriscar.

CAPÍTULO 33

24 de janeiro, tarde de quinta-feira.

Desta vez, Vanessa não estava de camisola ou pijama. Pelo contrário, vestia-se de forma discreta, mas elegante. Ela o recebeu mostrando genuína alegria:

— Olá, Marcelo, desculpe minhas brincadeiras ao telefone. Eu sou assim mesmo, para disfarçar minha timidez ao vivo.

— Ora, Vanessa, tudo bem. Acho o bom humor uma das qualidades que tornam as mulheres mais irresistíveis.

Ela ironizou:

— Ah, sei. Sua irmã já tinha me prevenido que você é muito galanteador.

— Não é bem assim. Eu apenas sou sensível ao que é belo.

Devido ao seu jeito de tratar com as mulheres, apenas tentando ser simpático, Marcelo não percebia que estava brincando com fogo, tratando-se da sedutora Vanessa.

— Vamos nos sentar. Quer tomar algo?

— Um suco, se tiver.

— Tenho. Não recebo muitas visitas, mas estou sempre preparada para o caso de aparecer alguém — ela foi à cozinha e voltou com dois copos com suco de frutas. — Pronto, agora, vamos ver se posso ajudá-lo, meu caro.

— Para ser mais claro, Vanessa, se você me permite, vou dividir meu relato em duas partes. Na primeira, vou contar o que aconteceu com uma garota de 11 anos, chamada Alícia, no verão de 1995.

— Combinado. Vamos saber o que aconteceu com Alícia.

— Ela, seus pais e uma irmã gêmea chamada Aline moravam numa bela mansão ao lado de um grande lago, no interior de São Paulo — e Marcelo prosseguiu com a narrativa até chegar ao acidente fatal com a menina, o amiguinho Josias e as terríveis consequências para os pais e o casal de empregados.

Vanessa estava chocada.

— Meu Deus, que tragédia!

Em seguida, Marcelo veio para o presente, começando a falar sobre a bela mulher na qual se tornara Aline, a gêmea sobrevivente, sua filha e seu marido.

— Agora, preste bem atenção, porque, nesta segunda parte, começam os fatos estranhos e as complicações.

Com um semblante sério, Vanessa estava atenta, mostrando muito interesse na narrativa de Marcelo.

— Como, por exemplo?

Então, ele falou do episódio ocorrido durante a competição aquática. Depois, relatou o despertar da garota durante a madrugada, aparecendo no quarto da mãe, gritando com raiva. Em seguida, narrou os episódios do disparo acidental do revólver na casa dos avós, sem se esquecer de contar o episódio na banheira do hotel, no litoral, e, depois, na sacada, durante a noite, quando ela ameaçou pular de lá de cima. Por fim, narrou o fato ocorrido com a embalagem plástica, quando Emily abria seus presentes de Natal. E concluiu:

— Enfim, em todos esses episódios, Emily poderia ter morrido. Tudo isso ou é muita coincidência ou...

Vanessa, sentada à frente de Marcelo e com o queixo apoiado em uma das mãos, foi rápida e categórica no seu comentário:

— Sinto dizer, mas não é coincidência, meu caro.

Marcelo suspirou e apertou os lábios, preocupado.

— Era o que eu temia ouvir de você.

Vanessa levantou-se e sentou-se ao lado dele.

— Veja, Marcelo, estamos diante de uma hipótese, na qual aposto minhas fichas. Baseando-me apenas no que você me contou, confirmo o que já lhe disse antes: tenho certeza de que é um caso de obsessão.

— Verdade, eu me lembro, mas gostaria de mais detalhes.

— Vou explicar da maneira mais simples possível. Segundo Allan Kardec, o codificador do espiritismo, a obsessão ocorre quando o espírito de uma pessoa desencarnada "invade", para usarmos uma expressão simples, a mente de uma pessoa viva, passando a exercer sobre ela um domínio tanto físico quanto emocional e moral. Esse espírito, que chamamos de "obsessor", assume a mente e, consequentemente, o corpo do encarnado e faz sua moradia temporária. Deu para entender?

— Deu, sua explicação foi muito clara, mas eu queria saber se qualquer espírito consegue fazer essa... essa "invasão".

— Em teoria, sim, mas a obsessão é sempre praticada por espíritos menos evoluídos, que procuram dominar o obsidiado, ou seja, aquele que sofre a "invasão". Manifesta-se de forma muito diversa, muitas vezes pela mudança do tom de voz, da expressão facial, até do comportamento moral e de uma perturbação completa das faculdades mentais, como se fosse outra pessoa.

Marcelo começou a suar frio.

— E quanto tempo dura esse "domínio"?

— Depende. A obsessão não se manifesta todo o tempo, mas de forma descontínua, alternada, em determinados momentos e lugares e para certas pessoas. Reforçando tudo o que lhe disse, lembro que o próprio Allan Kardec em seu livro *A Gênese*, no capítulo XIV, item 47, esclarece que o "espírito, em possessão momentânea do corpo, dele se serve como o faria com o seu próprio: fala por sua boca, enxerga pelos seus olhos, age com seus braços, como o teria feito se fosse vivo".

— Se entendi bem, a pessoa obsidiada pode dizer e fazer coisas que, sem essa condição, jamais faria.

— Exatamente, entendeu direitinho.

— E depois a pessoa se lembra do que disse ou fez?

— De jeito nenhum, pois não era ela quem se manifestava.

Marcelo estava com enorme sentimento de pânico diante da gravidade da situação em que Emily se encontrava.

— Santo Deus!

Vanessa percebeu o pânico do jovem.

— Posso ajudar, Marcelo?

Ele entendeu a urgência com que precisava tomar alguma providência.

— Já ajudou e muito, amiga. Depois, voltaremos a nos falar, porque agora preciso me apressar. Tenho que tomar algumas providências, com urgência.

O rapaz despediu-se e saiu às pressas.

Não chegou a notar a expressão de frustração de Vanessa que pretendia esticar bem mais a conversa com aquele gato.

CAPÍTULO 34

Marcelo saiu apressadamente do apartamento de Vanessa e chegou à livraria suado, não apenas por causa do terrível calor que fazia naquela tarde, mas pela ansiedade e pressa em chegar logo e falar com Tobias.

Depois da conversa que tivera com Vanessa, sentira-se invadido por um enorme sentimento de urgência, pois sabia que precisava fazer algo para ajudar a menina.

O velho restaurador de livros até se assustou com a entrada intempestiva do patrão na oficina e pelo aspecto desarrumado dele.

— Tobias, precisamos conversar. Venha — e entrou na sua sala particular, seguido pelo amigo.

Os dois sentaram-se frente a frente, com Marcelo atrás de sua mesa de trabalho. Enxugou apressadamente o suor do rosto com um lenço.

— Amigo, me escute com atenção. O problema da Emily é mais sério do que eu imaginava. Agora concordo inteiramente com você: ela corre sério perigo de morte.

— O que houve, patrão?

— Conversei bastante com Aline e já tenho mais dados para lhe contar sobre o comportamento estranho que Emily está apresentando.

— Na verdade, nós sabemos que não é bem a Emily.

— Que seja, amigo, mas é a vida da garota que está em risco. Ouça-me com atenção — E Marcelo contou toda a conversa que tivera com Aline a respeito da menina. Preferiu não tocar no assunto do divórcio para não misturar os problemas.

Tobias nem piscava, olhando fixamente para seu patrão. Depois de ouvir tudo, coçou vagarosamente a cabeça e depois a ponta do queixo.

— Patrão, o caso é mesmo muito sério. Sério mesmo. Tem um espírito obsessor muito zangado, negativo e perigoso dominando a menina quando deseja.

— Foi exatamente isso que me disse Vanessa, amiga e vizinha de minha irmã, conhecedora desses assuntos e com quem voltei a conversar. Segundo ela, trata-se de uma terrível obsessão espiritual, para usar as mesmas palavras dela.

— E ela está certíssima. Quando nós estivemos no centro, meu orientador já havia acenado com essa possibilidade, lembra?

— Claro que lembro, mas o que faremos, Tobias? Como resolver isso?

O velho se levantou ainda coçando a ponta do queixo, parecendo refletir muito sobre a situação. Depois de algum tempo de silêncio naquela sala, aproximou-se de Marcelo e postou-se à sua frente.

— Precisamos levar a menina ao centro. Não vejo outro jeito.

— Já pensei nisso, amigo, mas acho impossível. Aline jamais concordaria. E provavelmente nem o Téo também. Como Emily é menor de idade, seria necessária a permissão dos pais dele, certo?

— Sim, claro, mas não tem outro jeito. Com a ajuda de Emily, tentaremos conversar com esse espírito obsessor e tentar fazê-lo entender que está no caminho errado, distanciando-se da luz e da evolução.

— Você não poderia fazer isso na casa dela?

Tobias balançou a cabeça, negando:

— De jeito nenhum, meu amigo. O ambiente precisa ser adequado, livre dos miasmas e com uma energia espiritual forte e positiva. E, além disso, é um trabalho para ser feito por um grupo de médiuns, sob a orientação de um dirigente. Não há outra solução: insisto que temos que levar Emily ao centro.

— Se isso não for possível, se não tivermos autorização dos pais de Emily, esse trabalho de expulsar o obsessor não poderia ser feito com Aline?

— Meu orientador também fez essa sugestão: a de levar dona Aline para tentar fazê-la conversar com Alícia, que, afinal, foi irmã gêmea dela, e procurar convencê-la a desistir dessa tolice de vingança. Mas o ideal mesmo seria levar a Emily, porque o espírito obsessor está dominando a menina.

— Supondo que Emily vá, o que seria feito para livrá-la desse obsessor?

— Meu orientador tentará fazer contato com Alícia através da Emily. Rezaremos para que consiga, porque não depende só dele.

— E, se conseguir...

— Tentará doutriná-la, mostrar-lhe como poderá ser feliz se seguir o caminho da evolução espiritual em outro plano, esclarecê-la sobre a consequência de seus atos.

— Mas entendo que ainda assim não temos garantia de sucesso, não é? — perguntou Marcelo.

— Como assim?

— Ora, e se não conseguirmos fazer esse contato ou, mesmo que consigamos, e se Alícia não quiser ajuda e preferir continuar fazendo a irmã sofrer por meio da morte de Emily?

Tobias olhou firmemente para Marcelo e falou com voz grave e lenta:

— Patrão, ouça o que vou dizer: para o bem de todos, será melhor não pensarmos nessas possibilidades, acredite em mim.

Marcelo cobriu o rosto com as duas mãos e ficou pensando por um instante. Sentia-se num beco sem saída.

— Por onde começamos, amigo?

— Convide dona Aline para vir aqui, para que o senhor converse com ela e tente fazê-la compreender que é absolutamente indispensável levar Emily ao centro. A vida dela está correndo perigo. Se for necessário, eu também falarei com dona Aline. Talvez nós dois juntos consigamos convencê-la.

— Vou ligar para ela agora mesmo.

Dia 24 de janeiro, final da tarde, quinta-feira.

O assunto era tão sério que Marcelo não teve coragem de cumprimentá-la com o tradicional *oi*.

— Aline?

Ela deu um gritinho de alegria e surpresa antes de responder:

— Marcelo, que bom ouvi-lo, amigo. Já ia te ligar.

— Já se refez dos últimos acontecimentos?

— Isso agora é passado. O tempo só confirmou o que eu já sabia: meu caso com Téo não tinha mais jeito, teria que acabar assim. Aliás, hoje, nem entendo como ficamos juntos tanto tempo. Estou tranquila comigo mesma.

— Fico mais calmo sabendo que você está bem, mas ainda temos muito que conversar. Imagino que esses processos são mesmo bastante complicados e não quero ajudar a esquentar mais ainda sua cabeça lembrando-a de tudo.

— Pelo contrário, amigo, você me ajuda a esfriar a cabeça. Mas, me diga, você está com algum problema?

Ele foi direto ao assunto para não perder tempo.

— Não sou eu, amiga, é a Emily.

— Oi? O que tem a Emily?

— Precisamos conversar pessoalmente e com urgência.

— Credo, você está me assustando, Marcelo.

— Não duvido. Sei que, por recomendação do seu advogado, não deveríamos nos ver, nem conversar durante certo tempo, mas o que tenho para lhe falar não pode esperar. É muito sério mesmo. Você poderia vir aqui na livraria agora?

— A esta hora, Marcelo? Não pode ser amanhã?

— Acredite em mim: não podemos perder tempo.

— Nossa! Pode, pelo menos, adiantar o assunto?

— Aline, lamento, mas insisto que precisamos conversar pessoalmente.

— Certo, patrão, estou indo — brincou ela.

Aline chegou em poucos minutos, esbaforida, e foi direto para a sala de Marcelo, que já estava impaciente à sua espera.

— Pronto, apressadinho, cheguei. Devo ter ganhado umas três multas de trânsito, por excesso de velocidade.

— Amiga, você me conhece e sabe que não agiria desse jeito se não fosse mesmo urgente.

— Eu sei disso e estou ansiosa para ouvir o que você tem de tão importante para me dizer.

Ele deixou sua "cadeira de chefe" e sentou-se ao lado dela.

— Só lhe peço que me ouça até o final. Depois, você me dá sua opinião, ou melhor, sua decisão.

— Certo, vou tentar controlar minha ansiedade — e colocou sua bolsa sobre a mesa de Marcelo. — Pronto, estou ouvindo.

— Sei que este será um assunto a respeito do qual você não gosta de abordar, mas, acredite, será necessário eu falar e você ouvir até o fim.

— Vá em frente.

Marcelo pigarreou antes de começar:

— Como sabemos, você teve uma irmã gêmea chamada Alícia.

— Certo.

— Ela morreu afogada aos 11 anos de idade, juntamente com um garoto que ela tentou salvar, o Josias.

E Aline completou:

— Que era filho de Tobias.

— Exato. Alícia ficou com muita raiva e muito ressentimento, porque achou que seus pais foram displicentes, irresponsáveis, deixando três crianças brincando sozinhas na beira do lago, sem a vigilância de qualquer adulto.

Aline cruzou os braços sobre o peito, mostrando-se um tanto contrariada.

— Conheço essa história e não gosto de me lembrar dela.

— Eu sei, amiga, mas confie em mim: você precisa saber o que está acontecendo e colocando Emily em perigo. Se ela sofresse algum acidente sério, você, minha amiga, ficaria arrasada, não é verdade?

— Pare com isso, Marcelo! Nem quero pensar nessa hipótese.

Mas ele não se deixou intimidar. Falaria agora ou nunca mais. E aí talvez já fosse tarde demais para salvar Emily.

— Aline, lembre-se de quantos episódios ruins têm acontecido ultimamente com Emily. Você mesma me disse que estava preocupada com isso.

— Ora, foram incidentes perfeitamente explicáveis aqui na Terra mesmo, sem precisarmos recorrer a espíritos.

— Aline, eu estou falando sério: sua filha corre perigo de vida, e tudo isso para fazer você sofrer. Essa é a vingança de Alícia, sua irmã gêmea. E, se você pensar bem, sabe que já poderia ter perdido Emily afogada, por duas vezes, outra vez com uma bala no coração, pulando da varanda de um quarto andar ou então sufocada por uma embalagem de plástico. Não é suficiente para lhe convencer que há algo perverso por trás disso tudo?

Ela baixou a cabeça, e Marcelo até pensou que havia conseguido seu intuito. Mas ela levantou o rosto, falando pausadamente, mostrando que ele estava enganado.

— Marcelo, eu adoro você, talvez até mais do que deveria. Mas hoje você não está legal, essa história é absurda, é invenção do Tobias. Não entendo como você se deixou levar pelas teorias absurdas dele.

— Não são, não, dona Aline.

Aline voltou-se e viu Tobias entrando na sala.

— Tobias!

— Desculpem me intrometer na conversa, mas percebi que a senhora não está levando a sério o que meu patrão está tentando lhe dizer.

— E é para levar a sério, Tobias, uma história fantasiosa dessas?

— Não é fantasia, dona Aline — o senhor aproximou-se da mesa, ficando mais perto do casal. — Quando perdi meu filho e logo em seguida minha mulher, o mundo, para mim, tinha acabado. Mas Deus me conduziu a um centro espírita na minha cidade e lá fiquei estudando e praticando durante mais de 15 anos. Vi acontecimentos que nem o mais criativo dos autores conseguiria imaginar. Portanto, eu sei do que estou falando. Quando sua filha esteve aqui, já por duas vezes, consegui ver que ela está acompanhada de Alícia, que é tão parecida com Emily.

Aline perguntou meio cética:

— Você viu isso antes, Tobias?

— Vi muitas vezes e em nenhuma delas gostei do que vi, nem do que escutei.

Marcelo completou:

— E assim que vocês foram embora, ele me contou. A minha reação foi a mesma que você está tendo agora, a de não dar crédito.

— Mas, meus amigos, vocês precisam entender que isso é muito difícil de acreditar para quem não é do meio...

Tobias interrompeu-a calmamente:

— Sim, para quem não conhece ou não pratica o espiritismo, é difícil de acreditar. Esse fenômeno de um espírito influenciar temporariamente a mente de uma pessoa viva se chama obsessão. A senhora pode pesquisar à vontade e vai encontrar milhares de referências a esse respeito.

— Tobias, respeito todas as crenças, mas entre respeitar e acreditar há uma grande diferença. Me desculpe, mas eu simplesmente não acredito. Prefiro achar que todos os incidentes ocorridos com minha filha foram fatos comuns, que podem acontecer com qualquer criança descuidada. Além disso, eu e a Alícia nos dávamos muito bem, éramos muito amigas. Ela não teria nenhuma razão para achar que fui culpada pela sua morte, a ponto de querer uma vingança.

Marcelo estava visivelmente frustrado com a descrença de sua amiga.

— Bem, Aline, eu e o Tobias fizemos o que estava ao nosso alcance, alertando-a e, se fosse o caso, ajudando Emily a se livrar desse espírito obsessor. Mas, como você não acredita, agora a responsabilidade é toda sua. Só o que podemos fazer é recomendar-lhe que fique sempre perto da menina.

— Meus amigos, é claro que é de toda mãe a responsabilidade de criar seus filhos, cuidar deles e protegê-los. E quanto a ficar por perto, agora, mais do que nunca, ficarei, já que eu e o Téo... — interrompeu o que ia dizer por achar que o momento não era adequado para falar novamente sobre o divórcio. — Bem, agradeço a boa intenção de vocês e tomarei minhas providências, podem estar certos disso.

— Que Deus a proteja. Com licença — desconsolado e lentamente, Tobias voltou para sua oficina.

Aline pôs a mão no ombro de Marcelo.

— Querido, não me queira mal. Eu adoro você e por nada deste mundo quero perder sua amizade e seu carinho. Mas, sinceramente, eu...

Marcelo interrompeu-a:

— Aline, não se preocupe quanto a isso. Você sabe o quanto também adoro você. Se eu pudesse escolher uma mulher para passar com ela o resto dos meus dias, escolheria você ou alguém como você.

Ela sorriu emocionada.

— Nossa! Isso é uma declaração!

— É verdade. Nada neste mundo faria eu me afastar de você. Farei tudo para manter o imenso carinho que tenho por você e também pela Emily. Não precisamos concordar em tudo. Por mais amigos que sejamos, em alguns pontos, sempre teremos opiniões diferentes, e isso é normal entre qualquer casal.

Ela não deixou passar esse "descuido", sorrindo maliciosamente.

— Então, somos um casal?

Ele corou.

— Assim você vai me deixar inibido...

Ela sorriu com gosto.

— Você, inibido? Conta outra, Marcelo.
— Portanto, não se preocupe. Esqueça tudo o que conversamos, cuide-se e cuide da princesinha.

Ela já caminhava em direção à porta da sala, quando algo a fez parar. Voltou-se para o amigo e falou em voz baixa e emocionada:

— Sendo muito franca, sabe o que eu gostaria de fazer agora?
— Diga.
— Uma declaração de amor a você.

Ele aproximou-se dela.

— E por que não faz?
— Porque sou uma mulher recém-divorciada e não ficaria bem, por enquanto.
— E quanto tempo vai durar esse "por enquanto"?
— Quando eu me declarar, você vai saber.
— Veja o que você está dizendo. Vou lhe cobrar essa declaração.
— Ainda não sei quanto tempo vai levar, mas pode cobrar.

Dessa vez, o abraço de despedida e os beijos na face foram muito mais eloquentes e significativos do que da vez anterior.

O rosto de ambos estava pegando fogo.

CAPÍTULO 35

Dia 28 de janeiro, noite de segunda-feira.

Emily fora dormir novamente na casa de uma colega da escola. Sozinha, deitada no sofá da sala, com a televisão ligada, Aline acabou cochilando e teve outro sonho erótico com Marcelo, talvez motivado pelo último encontro, na livraria, que mexera muito com ela.

Desde que acordara, estava sentindo um calor estranho no corpo, pensamentos loucos que não paravam de girar em sua mente. E a figura de Marcelo pairava sobre tudo isso.

Não suportou aquela ansiedade e ligou para ele:

— Marcelo?

— Oi, minha querida! Eu estava querendo ligar, mas fiz um enorme esforço para me controlar.

— Por que não ligou?

— Porque você me disse que estamos num período de trégua, por orientação do seu advogado.

— Verdade, querido, mas, na verdade, eu já não estava aguentando: precisava falar com você — a vontade dela era contar-lhe sobre o sonho e o desejo de transformá-lo em realidade, mas sabia que não podia, nem devia.

— Aconteceu alguma coisa? Sua voz está diferente.

Ela tinha consciência de que sua voz estava rouca pela emoção de estar falando com ele poucos minutos depois do sonho. Portanto, ainda que relutasse em admitir, de desejo também. Procurou disfarçar:

— Diferente, como? Mais feia?

— De jeito nenhum. Sua voz é sempre linda, mas, agora, está mais rouca, tenho que confessar, está mais sensual.

Ela estremeceu de prazer, torcendo para que ele não percebesse seu estado.

— Uau... Sem comentários. Vamos mudar de assunto — aproveitou para pigarrear: — Está tudo bem comigo, mas mesmo assim eu precisava falar com você.

— Algum motivo especial?

Ela pensou um pouco antes de falar:

— Sim, um motivo muito especial: saudade.

Ele sentiu o impacto da emoção e fez uma pausa. Quando falou, sua voz também estava rouca:

— Aline, você quer que eu vá até aí?

— Ah, como eu gostaria que você estivesse aqui, meu amigo. Mas ainda não convém. Não, por enquanto.

— Então, por que você não vem aqui?

— Bem que eu gostaria, mas também não seria recomendável.

— Por que não?

A voz dela estava sussurrante:

— Marcelo, não me provoque, você está entendendo minha situação. Se eu fosse aí, a sós com você, não me controlaria.

Ele respirou fundo, excitado.

— Quer saber? Nem eu. Por isso mesmo quero que você venha.

— Não me peça outra vez, querido. Não seria bom por enquanto. Sei que já estou oficialmente divorciada, mas, na opinião do doutor Jobert, ainda é cedo para sermos vistos juntos. Téo já veio pegar as coisas dele, e isso já é o começo da minha nova fase.

— Então, depois que seu advogado der o OK, poderei visitá-la aí?

— Depois disso, sim. Por enquanto, vou preferir ir ao seu apartamento, até porque a Emily e a Lenice poderão estar aqui quando você vier.

— É verdade, amiga, estou me precipitando. Mas é que... — deu um profundo suspiro, que ela entendeu muito bem.

— Não precisa dizer, eu também estou assim, mas vamos ter um pouco mais de paciência. Agora falta pouco.

Ele respirou forte, conformado.

— É o jeito, não é?

— Marcelo, escute bem o que vou te dizer: gosto muito de você, muitão.

— E eu te adoro, linda.

Foi uma noite difícil para Aline. Seu corpo ardia de desejo como se estivesse com febre. Pensou em tomar um banho frio, mas logo desistiu. Não era masoquista, mas até que estava gostando daquele calor interno.

Ele estimulava sua imaginação de uma maneira que a fazia sentir--se... pecadora! O pior era que ela achava muito bom pecar com ele...

Dia 29 de janeiro, noite de terça-feira.

Emocionalmente, Aline precisava ver Marcelo. Já fazia mais de uma semana que assinara o divórcio, por isso não via muito sentido na "proibição" imposta pelo seu advogado. Desde que estivesse com ele, em situações normais, não haveria mal algum. Afinal, não poderia ser vista com amigo algum?

Com esse raciocínio, pensou que seria uma boa ideia fazer um piquenique sábado ou domingo com Emily e Marcelo, que, aliás, lhe prometera isso depois que tudo se acalmasse. Se levassem Tobias junto, afastariam a possibilidade de fofocas, caso fossem vistos por conhecidos.

Como já era de se esperar, sua filha adorou a ideia, só faltava consultar o amigo, o que fez sem demora:

— Oi?

— Oi!

— Não sei se você vai topar, mas estou ligando para te convidar para um piquenique, que, aliás, é ideia antiga sua.

— Acho ótimo, mas já podemos nos encontrar?

— Não sei se podemos, mas não estou aguentando mais essa quarentena, sem poder vê-lo. E não vejo mal algum nisso.

— Eu também acho, mas não queria forçar a barra e eventualmente causar-lhe algum problema. Mas adorei a ideia. Vamos, sim, e tenho certeza de que será muito bom, depois dessa fase tumultuada. Algumas horas de lazer e descontração vão lhe fazer muito bem.

— Para a Emily também vai ser bom. Ela está precisando relaxar, depois do divórcio e das situações de perigo pelas quais passou nas férias.

— Com certeza, amiga, e queria lhe perguntar uma coisa: se você não se importar, levaremos o Tobias. O que acha?

— Eu já ia lhe propor isso.

— Então, estamos conectados. Ele não tem família, é uma pessoa só e raramente tem oportunidade de participar de um piquenique ou de outra atividade de lazer qualquer. E, em segundo lugar...

Percebendo que Marcelo estava hesitando em falar, ela insistiu:

— Em segundo lugar...

— Bem, pode até ser bobagem minha, mas você acaba de se divorciar e não quero que falem por aí que a nova solteira do pedaço já está fazendo piqueniques com um pretendente. A presença do Tobias e de Emily dará outra conotação.

Ela sorriu.

— Foi justamente no que pensei. Mas me esclareça: ouvi você falar *pretendente* ou foi impressão minha?

Ele riu gostosamente.

— Eu? Imagina, eu nunca falaria isso...

— Ué, e por que não?

— Tenho pavor de ser rejeitado.

Ela fingiu ralhar com ele.

— Bobo! Falou uma grande bobagem.

— Olha, não me crie falsas esperanças...

— Bobo duas vezes. É um recorde: falou duas bobagens seguidas.

Ele aproveitou a provocação:

— Então, prove que estou enganado: o próximo piquenique vai ser somente nós dois, sem testemunhas.

E ela topou, brejeira.

— No dia, hora e lugar que você quiser.

— E com as armas que eu quiser?

— Todas!

Depois que riram gostosamente, ele amoleceu e falou com carinho:

— Então, retiro as duas bobagens que falei.

— Assim é melhor.

— Te pego aí domingo, às dez. Já levo o Tobias junto.

— Feito. Eu me encarrego de levar o lanche e os sucos.

Dia 31 de janeiro, manhã de quinta-feira.

O lugar escolhido por Marcelo era lindo, embora exigisse certo esforço para chegar. Bem afastado do perímetro urbano, ficava no alto de uma montanha, de onde, no topo, havia um planalto com um belo bosque com várias clareiras, lugares para acampamentos e, mais à frente, um penhasco com um pequeno mirante, do qual se podia apreciar uma belíssima paisagem de um profundo vale verdejante ao longo do qual grandes rochas disputavam espaço com muitas e imensas árvores. Era um belo cenário, sobretudo quando, como naquele instante, o céu estava limpo, com poucas nuvens, insuficientes para esconder o maravilhoso cenário.

Aos domingos e feriados, o local ficava apinhado de gente. Na maioria, famílias que levavam seus filhos para piqueniques ou brincadeiras ao ar livre, distante da poluição da capital.

Nesse dia, o local estava praticamente deserto.

Ao saltar do carro, Marcelo chamou Emily para perto, ajoelhou-se para ficar na sua altura e disse-lhe carinhosamente, mas sério:

— Escute aqui, mocinha, viemos nos divertir, nada de sustos. Não chegue perto da borda daquele penhasco porque é muito perigoso, mesmo com o mirante. Tem um precipício que dá para um vale muito profundo, cheio de rochas pontiagudas e árvores enormes. Se quiser apreciar a paisagem, faça-o daqui ou chame algum de nós — eu, Tobias ou sua mãe — para acompanhá-la, certo?

— Certo, tio Marcelo, não se preocupe.

— Então, temos um acordo?

— Sim, temos.

— Então, toque aqui — e encostaram os punhos fechados um no outro. Aline se aproximou mais dos dois. Ouvira o que seu amigo dissera para Emily.

— Você prestou bem atenção no que tio Marcelo falou?

— Claro, mami, fique tranquila, viemos aqui para nos divertir.

Tobias se aproximou e segurou na mão da garota.

— Deixem, eu posso cuidar dela. Emily vai me ajudar a estender a toalha e colocar a comida.

A menina vibrou:

— Legal! Vamos pôr a mesa, não é, Tobias?

— Isso mesmo. Pouparemos sua mãe desse trabalho.

Enquanto aqueles dois cumpriam a tarefa, Marcelo e Aline se afastaram um pouco e iniciaram uma conversa em baixo tom:

— Querida amiga, você não deveria ter vindo com essa bermuda tão apertada. É muita provocação.

Ela retrucou, sorrindo, brejeira.

— Por acaso minhas pernas são feias?

— Feias? Muito pelo contrário. Estou com taquicardia de tanto esforço para me controlar e não passar as mãos nelas. Minha vontade agora é de abraçá-la.

Sua voz escondia promessas.

— No próximo piquenique, no qual estaremos somente nós dois, você não precisará se controlar, nem eu também. Mas, no momento, estamos sendo vigiados.

Agora, Emily e Tobias procuravam algo na grama, parecendo estar se divertindo. Depois, juntaram-se ao casal que já estava sentado na grama, em volta da toalha que servia de mesa, petiscando algumas iguarias.

O tempo estava ótimo, com uma suave brisa alimentada por um sol bem amigável.

Estava tudo correndo bem e, por isso, Aline e Marcelo baixaram a guarda, recostados um no outro, contra um grosso tronco de árvore. O som dos risos de Emily soava para eles como uma harmoniosa sinfonia, deixando-os tranquilos.

Sem que eles percebessem, Emily e Tobias haviam se aproximado do estreito mirante a pedido da menina, sob o pretexto de apreciar a paisagem. Por precaução, o senhor segurava-a pela mão.

Então, ela falou para ele:

— Tobias, veja ali que flor bonita. Vou pegá-la para dar à minha mãe.

E, sem que ele esperasse, ela largou sua mão e correu. Só que não foi pegar flor nenhuma e, sim, aproximar-se ainda mais da beira do penhasco.

Tobias puniu-se intimamente por deixar a garota escapar de suas mãos.

— Emily, volte aqui. Esse lugar aí é muito perigoso, e, nervoso, preparou-se para ir buscá-la, mas ela o fez parar, mostrando-lhe a mão aberta. A expressão do rosto e a voz ameaçadora já não eram as habituais de Emily.

— Não se aproxime, Tobias. Se chegar perto, eu me jogo.

O velho tremeu e empalideceu, porque percebeu, naquele momento, que não era mais Emily quem estava ali. Alícia assumira o comando. Mesmo assim, chamou-a pelo seu nome:

— Emily, deixe de brincadeira. Isso não tem a menor graça.

— Tolo! Não sou a Emily, você sabe muito bem quem eu sou. E não estou brincando. Se duvidar, pague para ver eu me jogar.

Horrorizado, Tobias percebeu que estava diante do espírito obsessor de Alícia e nada podia fazer. Procurou ganhar tempo para tentar se aproximar e segurar a menina.

— Alícia, é você?

— Até que enfim me reconheceu. E não tente me distrair para chegar mais perto. Não me provoque.

— O que você pretende fazer, Alícia?

— Dar uma lição à minha bela irmã, fazendo-a provar o gostinho amargo de perder uma filha.

— Alícia, pare com isso, por favor. Aline não merece isso. Pense melhor, você está perturbada por um desejo de vingança injusto.

— Injusto? Ela poderia ter salvado a minha vida e a do seu filho.

— Mas ela era tão criança quanto você e não sabia nadar.

— Porque não quis aprender.

O vento levou até Aline e Marcelo aquela discussão. Voltaram-se na direção de onde vinham as vozes e tiveram um choque: Emily estava à beira do penhasco, e Tobias, a três ou quatro metros dela, tentando afastar a menina dali.

O casal levantou-se rapidamente, e Aline gritou desesperada:

— Emily, venha aqui, filha, saia daí. O tio Marcelo não lhe pediu para não se aproximar desse lugar?

Lentamente, a menina voltou-se, e eles puderam ver sua expressão sorridente de maldade. Falou com ironia, com uma voz horrível:

— Você se lembra desta gargalhada, *mami*? — e repetiu o pavoroso som que tanto assustara a mãe, quando estavam no apartamento.

E tornou a olhar para as profundezas do abismo.

Marcelo estava em pânico.

— Princesa, venha para o tio.

Os dois tentaram se aproximar da garota, que se virou novamente para eles e gritou com uma voz ameaçadora:

267

— Se vocês se aproximarem, eu me jogo. Não quero fazer isso já, primeiro quero me divertir um pouco com o pavor de vocês, principalmente da minha irmãzinha. Mas se vierem, acabo logo com tudo.

Tobias fez um gesto com as mãos para que o casal parasse onde estava.

— Filha, o que você está fazendo?

— Não sou Emily, e você não é minha mãe! Sua filha vai morrer agora, e você não vai poder salvá-la, da mesma forma que não me salvou no lago.

Marcelo gritou:

— Alícia, sua irmã não teve culpa. Se você fizer o que pretende, Emily vai morrer, sem ter culpa de nada.

A menina olhou para ele com desprezo e respondeu sorrindo.

— Essa é a ideia — e fez voz irônica —, *titio Marcelo*.

Aline implorava, chorando:

— Emily, pelo amor de Deus, reaja!

— Quer se despedir, irmãzinha?

Tobias gritou:

— Alícia, pare, pelo amor dos seus pais.

Ela riu com desprezo:

— Nossos pais? Eles também são culpados, eles foram irresponsáveis — e voltou-se para Aline: — Quer ou não quer dizer alguma coisa, irmãzinha?

Aline sentiu que ia desmaiar e apoiou-se em Marcelo, que a segurou. Ambos sentiam-se impotentes.

Nisso, ouviu-se outra voz adolescente, mas que não saiu da boca da menina.

— Eu quero falar, Alícia.

Alícia voltou-se bruscamente para Tobias, que se agachara bem perto dela. Havia surpresa no rosto da menina:

— Josias?

A partir daquele momento, Aline e Marcelo não mais conseguiram ouvir o que Tobias e a garota falavam, porque a conversa agora era entre dois espíritos e eles conversavam pelo pensamento.

O espírito de Alícia viu a imagem de Josias. A mesma fisionomia, a mesma voz, os mesmos gestos de quando brincavam juntos à beira do lago da mansão.

— Josias? É você mesmo?

— Sou eu, amiguinha. Vim lhe pedir que não faça isso que pretende.

— Como você chegou aqui?

— Do mesmo jeito que você. Ambos somos espíritos libertos do corpo físico.

— E o que você quer? Está me atrapalhando.

— Vim salvá-la. Quero pedir a você que não faça o que está pensando, porque não é certo, nem justo. Será um erro terrível, Alícia.

— Você está louco, Josias? Já se esqueceu do que fizeram conosco, no lago? Eles nos deixaram morrer!

— Ninguém fez nada conosco. Se se lembrar de como aconteceu, foi você mesma que provocou tudo.

— Eu? O que é que você está dizendo, moleque?

— Quantas vezes nós fomos nadar no lago, na beirinha, e nunca aconteceu nada? Seus pais e os meus confiavam na gente.

— Você está dizendo bobagem. Eu não fiz nada de errado.

— Claro que fez, Alícia, ou já esqueceu? Você foi para a parte funda do lago, para aquele pedaço de terra, e me desafiou a entrar também. Eu não queria entrar, porque eu não sabia nadar direito, mas você insistiu. Mais do que isso, você me insultou, me humilhou me chamando de covarde, dizendo que eu estava com medo. Não lembra ou não quer lembrar?

— Claro que lembro, mas eu só estava brincando.

— Não se brinca com essas coisas. Quando alguém mexe com o orgulho de uma pessoa, deixa de ser brincadeira. Nenhuma pessoa, mesmo sendo jovem, gosta de ser chamada de covarde.

— E por que você entrou na água se não sabia nadar direito?

— Para provar a você, que estava me desafiando, que eu não era covarde, que não estava com medo, apenas com cautela. Mas você insistiu demais.

— Josias, você morreu também. Não está com raiva?

— No plano espiritual, em que estou e onde você também deveria estar, porque agora é espírito, somos orientados e ajudados a evoluir. Mas a raiva, o ressentimento, o desejo de vingança e outros sentimentos negativos não nos deixam evoluir e nos mantêm presos a este plano terreno, o que não nos faz bem.

— Isso não me interessa. Não tenho mais nenhuma chance de evoluir, porque, desde que desencarnei, me recusei a seguir esse caminho.

— Claro que tem chance, sim, Alícia. Há uma parte boa em você, ou já se esqueceu de que você morreu para me salvar? Quer maior prova do que essa de que há bondade dentro de você?

Ela pareceu refletir sobre o que acabara de ouvir.

— Isso é verdade, eu morri tentando salvar sua vida.

— Foi o que eu disse. Nossos corpos foram encontrados abraçadinhos, como dois amigos que se gostam.

Alícia ficou olhando para Josias e parecia pensar no que ele dissera. Depois, perguntou:

— E por que me transformei num espírito perverso?

— Porque você deixou a raiva e o ressentimento tomarem conta de você e, ao fazer isso, se esqueceu de como sua irmã lhe amava, se esqueceu de quantos momentos felizes vocês partilharam juntas.

— Do que você está falando?

— Alícia, eu estava todo dia com vocês, brincando. E eu via como Aline era carinhosa com você. Muitas vezes, pedi a Deus para que eu pudesse ter uma irmã como ela. Vocês passavam o dia rindo. Não se lembra mais de como gostavam de brincar de cozinhar? De fazer bolos? E que vocês construíram uma casinha de madeira dentro do bosque que rodeava a casa onde vocês moravam? E de quantas vezes vocês duas brincaram naquela casinha de madeira? Não lembra que Aline permaneceu todo o tempo ao seu lado quando você ficou de cama, adoentada, com muita febre, e que ela só saiu de perto quando você melhorou? E de como vocês duas gostavam de cantar juntas? Eu ficava só assistindo, dando risada. Aline sempre foi uma boa garota. Ela sempre guardava um pouco da sobremesa para levar para mim, na casa dos fundos, onde eu morava com meus pais.

Alícia parecia mais calma. Aline e Marcelo perceberam isso e, ainda que não ouvissem o que estavam falando, decidiram não intervir. Confiavam na experiência e habilidade de Tobias, sem imaginar que não era o amigo que estava dialogando com Alícia.

— Sim, Josias, eu me lembro disso tudo.

— E é essa menina que você quer matar de sofrimento e dor, acabando com a vida da filha dela, sua sobrinha? Emily é uma ótima garota, tão meiga e bondosa quanto eram você e sua irmã. É uma menina doce, que ama muito a mãe, assim como é amada por ela. Se você prosseguir com seu plano, destruirá a vida das duas. Você acha que isso vai lhe trazer felicidade?

Alícia agora parecia confusa:

— Mas e o que eu faço? Há anos, venho esperando por este momento, quando Emily completou 11 anos. Perdi esse tempo todo?

— O tempo não conta para os espíritos, Alícia, porque eles são imortais. Você tem toda a chance do mundo de fazer o mesmo percurso que eu fiz. Estou muito feliz por tudo que aprendi no plano espiritual e sei que você gostaria também de aprender.

— Tenho inveja de você, Josias. Não quero mais sentir essa raiva, porque me faz sofrer também. Estou cansada, quero ter paz.

— Se você desistir dessa ideia de vingança, prometo que vou ajudá-la a ter paz, a evoluir, assim como eu consegui.

Muito lentamente, como se ainda estivesse em conflito interno, a garota se afastou um pouco do penhasco e chegou mais perto do amigo.

— E, para isso, o que faço agora, Josias?

— Deixe-se ir, Alícia, seu lugar não é mais aqui nesta terra. Deixe que Emily siga sem sua interferência. Prometo-lhe que nós dois vamos nos encontrar muito em breve e contar com a ajuda de espíritos bondosos, qualificados e preparados, e garanto que você vai ficar bem. Eles vão recebê-la com muito amor. Você tem a minha palavra.

— Josias, não serei punida pelo que andei fazendo?

— De jeito nenhum. O plano espiritual pratica e nos ensina a praticar o perdão. Você apenas será orientada por espíritos muito evoluídos e especiais.

Ela pareceu pensar, olhou para trás, onde estavam Aline e Marcelo, e voltou-se para o amigo de infância.

— Então, eu me vou, Josias. Confio em você. Vou esperá-lo para me ajudar.

— Obrigado, amiga. Deus lhe pague. Feche os olhos, relaxe e deixe-se ir.

Emily/Alícia fechou os olhos e lentamente foi tombando para trás, como se fosse desmaiar. Marcelo e Aline correram em sua direção para ampará-la e evitar que caísse no chão. Ao mesmo tempo, Tobias sentou-se e depois se deitou na grama, quase sem sentidos O esforço fora muito grande para proporcionar a conexão espiritual entre Alícia e Josias.

Marcelo deixou Emily com a mãe e correu para ajudar o amigo.

Os dois estavam bem, apenas muito esgotados emocionalmente. Nada que uma boa oração e um bom repouso não resolvessem.

Marcelo, debruçado sobre o amigo, ouviu-o murmurar com a voz frágil:

— Pronto, patrão. Graças ao bom Deus, Emily está livre do espírito obsessor. Diga isso à dona Aline, para que ela se tranquilize e tenha paz.

— Não se preocupe, amigo, direi o quanto antes. Mas, agora, você precisa descansar para recuperar as energias.

Aline e Emily, relativamente recuperadas, aproximaram-se de Tobias e ajoelharam-se ao seu lado.

— Tobias, não tenho como lhe agradecer o que fez, salvando minha filha.

Ele balbuciou, respirando com dificuldade:

— Não precisa me agradecer, dona Aline. Mas, quando tiver um tempinho, faça uma prece por mim.

Entre rindo e chorando, ela respondeu:

— Está bem, mas primeiro preciso aprender.

O pequeno grupo teve que rir, cada um na forma que seu estado permitia.

Durante o caminho de volta, Aline permaneceu calada a maior parte do tempo. Mais do que preocupada, ela parecia confusa. Marcelo sabia que ela tinha boas razões para estar assim. Afinal, presenciara uma cena insólita, que nunca teria imaginado ver em toda sua vida, e que, sobretudo, apresentara a ela, de maneira inesperada, outra maneira de ver a espiritualidade e a própria vida.

Marcelo não gostava de vê-la daquele jeito.

— Você está bem, amiga?

— Só confusa. Depois, preciso que você me explique o que aconteceu ali, na beira do penhasco.

— Na verdade, quem poderá nos explicar é Tobias, mas, desde já, posso lhe assegurar que você não terá mais sustos com Emily, graças ao nosso bom amigo.

O velho restaurador, que estava no banco de trás com a garota cochilando no seu colo, completou:

— Com a ajuda do espírito do meu filho Josias. Foi ele quem convenceu Alícia a desistir da ideia de vingança e seguir o caminho do bem.

— Sem dúvida, amigo. Pena que não conseguíamos ouvir a conversa de vocês. Certamente, nos ensinaria muito.

Tobias esclareceu:

— Foi muito proveitosa a conversa entre espíritos, patrão. A maioria das pessoas não consegue ouvi-los. Por isso, quando querem nos dar uma orientação, eles recorrem aos sonhos ou ao que nós chamamos de intuição, que é um recado silencioso dos nossos protetores.

Esgotados física e emocionalmente, foram todos para o apartamento de Aline.

Quando chegaram, Marcelo pegou Emily nos braços, Tobias segurou a porta do elevador, e Aline desceu no andar para abrir a porta do apartamento.

Marcelo entrou com cuidado e levou Emily para o quarto dela. Cuidadosamente, colocou-a na cama, onde ela continuou adormecida, respirando tranquilamente.

Aline ainda estava um pouco inquieta.

— Marcelo, você tem certeza de que ela está bem mesmo?

— Absoluta. Ela só está precisando recuperar as energias, segundo Tobias me explicou. Ele descreveu para mim todo aquele processo que aconteceu no piquenique e tudo faz sentido com o que eu vinha tentando alertar você.

Ela se aproximou e abraçou-o:

— Meu amigo, me perdoe por não ter dado mais atenção ao que você tantas vezes falou sobre minha filha.

— Não se preocupe com isso, Aline. Para quem não estuda ou participa do espiritismo, é realmente difícil entender e aceitar de imediato o processo. Eu mesmo, quando Tobias me falou do assunto pela primeira vez, fiquei totalmente incrédulo.

— Então, agora ela está bem, não vai mais sentir aquelas coisas estranhas que a faziam ter atitudes absurdas e até perigosas?

— Sim, ela agora está bem, mas precisamos pensar no futuro. Emily está com a mediunidade aflorando e será preciso que ela estude e eduque esse dom. Caso contrário, poderá sofrer outros processos de obsessão de outros espíritos. Falta apenas o Tobias ir ao centro que ele frequenta para fazer umas preces de agradecimento.

— Posso ir junto? Eu também tenho de agradecer, embora não saiba exatamente a quem, nem como.

— Acredito que possa ir, mas vou conversar com ele sobre isso.

Aline aproximou-se novamente de Marcelo e beijou-o carinhosamente na face.

— Não sei como lhe agradecer, Marcelo. Não sei o que faria sem você por perto.

— Doravante, estarei sempre por perto.

A troca de olhares amorosos foi mais do que significativa.

Algum tempo depois, estavam os três adultos conversando na sala de estar. O assunto era a história de vida de Tobias, emocionando o casal. Em certo momento, ouviram uma vozinha vinda da escada: era Emily, que acordara e vinha ao encontro dos amigos.

— Olá!

Aline levantou-se e foi ao seu encontro.

— Filha, que bom que acordou! Como está se sentindo?

— Muito bem. Estou revigorada, como se eu tivesse tomado uma vitamina.

Todos riram da comparação, mas Marcelo ajudou a explicar:

— É porque você dormiu bastante, desde que a gente saiu do piquenique.

Ela já estava na sala, no colo da mãe.

— Eu achei tão legal! Precisamos fazer isso outras vezes.

Tobias estava curioso sobre como o que ocorrera no piquenique poderia ter impactado a menina.

— Gostou mesmo, Emily? Do que você se lembra?

— Ora, me lembro do almoço, dos brigadeiros, das flores que nós colhemos... ah, lembrei!

Todos ficaram na expectativa do que a garota diria. Aline perguntou temerosa da resposta:

— Do que você se lembrou, filha?

— Eu e Tobias corremos pela grama, catando pedrinhas. Foi muito legal. Tobias é muito divertido.

Os três adultos respiraram aliviados.

— Eu também gostei de catar pedrinhas com você. Meu filho gostava de fazer isso e até guardava as pedrinhas que ele considerava mais bonitas.

Emily mostrou-se surpresa.

— Você tem um filho, Tobias?

— Tenho, mas agora ele mora longe, num lugar muito bonito e agradável e que ele ama.

— E você não tem saudade dele?

— Quase todos os dias, mas só em saber que ele está feliz, no lugar em que está, isso me conforta.

Marcelo interrompeu a conversa, sobretudo para evitar que Tobias se emocionasse ao falar do filho.

— Tobias, precisamos ir embora, cuidar do nosso almoço.

Aline protestou:

— Marcelo, não acredito que você disse isso. Nós vamos almoçar todos juntos, e não aceito recusas.

Emily reforçou o que a mãe dissera.

— É isso mesmo, tio Marcelo. Você e o Tobias vão almoçar conosco.

Marcelo ainda tentou se justificar:

— Seria um prazer, Emily, mas não queremos dar trabalho à sua mãe de ter que preparar comida.

Aline riu.

— Isso não é desculpa, meu caro. Não será preciso fazer comida. Tem um ótimo restaurante aqui perto. Logo, vocês dois não têm escapatória.

Emily completou:

— Eu sei onde é. É muito legal. Vamos lá, tio Marcelo, eu nunca almocei com você, vai ser a primeira vez.

Diante disso, Marcelo se rendeu. Aliás, com muito prazer.

— Então, está decidido: iremos a este restaurante recomendado pela Emily, que, aliás, é quem vai pagar a conta.

A garota deu uma risada tão gostosa e espontânea, que fez todos ali terem certeza de que o problema dela estava resolvido.

— Mas eu não tenho dinheiro, tio Marcelo.

— Eu lhe empresto. Você me paga com beijos e abraços.

— Ah, se for assim, eu aceito.

CAPÍTULO 36

O restaurante era, de fato, muito agradável e confortável. O almoço transcorreu num clima de tanta paz e alegria, que levou Emily a comentar:

— Que legal! Isso está parecendo um jantar em família!

Discretamente, Aline e Marcelo trocaram olhares cúmplices, levando Tobias a fingir que não tinha percebido.

Em nenhum momento, falou-se sobre o que havia acontecido no piquenique. Saborearam a sobremesa com calma e decidiram partir. Marcelo levantou-se e, antes de se dirigir ao caixa, avisou a Emily, sorrindo:

— Veja bem, estou indo pagar a conta com o dinheiro que estou lhe emprestando. Não se esqueça do que combinamos para você me devolver, certo?

— Certo, tio. Com beijos e abraços.

— Isso mesmo.

A conversa continuou animada dentro do carro, enquanto voltavam para o apartamento de Aline.

Ao chegarem, Tobias tomou a iniciativa:

— Enquanto vocês se despedem, vou acompanhar Emily até dentro de casa. A menina foi até a janela do motorista.

— Até amanhã, tio Marcelo. Volte mais vezes. Gosto muito de você.

— Eu também gosto muito de você, princesa. Não vou ganhar um beijo?

— Claro — a garota debruçou-se na janela do carro, beijou-o na face e saiu correndo em direção à entrada do edifício.

Ao se verem a sós, dentro do carro, Marcelo voltou-se para Aline, que já o olhava com carinho:

— Moça, eu tenho ótima memória. Alguém me prometeu que, quando o divórcio estivesse concluído, me faria uma declaração de amor.

Ela respondeu baixinho:

— Eu... eu sou tímida nessas coisas. Você pode não acreditar, mas não tenho experiência, não sei como agir direito.

Lentamente, Marcelo segurou carinhosamente o rosto dela com as mãos e disse romanticamente:

— Não se preocupe com isso, vou facilitar sua tarefa — e, devagarinho, aproximou seus lábios dos dela e uniram-se num longo e intenso beijo. Havia muito tempo que esperavam por aquilo e, portanto, não havia pressa alguma em concluir.

Quando finalmente se separaram, ambos estavam ofegantes.

Ela perguntou baixinho, emocionada:

— Minha declaração de amor foi convincente?

Ele respondeu maliciosamente:

— É que... não escutei direito. Você precisa repeti-la.

Aline retrucou com a voz rouca pela excitação:

— Então, preste atenção desta vez.

Agora foi ela quem segurou o rosto dele com as duas mãos, aproximou os lábios úmidos e repetiram o beijo com mais intensidade e demora que o anterior.

Marcelo estava ardendo:

— Aline, eu...

— Não precisa falar, querido. Eu também o desejo. Mas hoje não é o lugar certo. Precisamos de mais tempo e privacidade, concorda? A qualquer momento, o Tobias voltará. Nossa primeira vez deve acontecer com calma, sem sustos, nem pressa.

Ele suspirou profundamente, conformado:

— Você está certa, mas eu quero saber se o plano do nosso piquenique a dois está de pé.

Ela respondeu de forma insinuante:

— Agora mais do que nunca.

Voltaram a se beijar e só pararam porque perceberam a aproximação de Tobias.

— Até amanhã, amor.

— Que bom que não precisamos mais nos tratar por "amigo, amiga". Já não estava me controlando mais.

— Agora podemos escolher: amor, querida, minha paixão, meu bem e outros adjetivos impublicáveis.

— A propósito, senhor Marcelo, o que você fará no próximo sábado?

Ele riu.

— Já começou a me controlar, é?

— Claro, não vou mais largar do seu pé. Você é um homem muito perigoso, não pode ficar andando por aí sozinho, dando moleza para as garotinhas assanhadas.

— Não se preocupe. A garotinha assanhada que eu queria já é minha.

— Convencido.

— Mas, como é a primeira vez, vou prestar contas: no sábado, aproveitando que nem a livraria nem o consultório de minha irmã funcionam, combinamos de nos encontrar.

— Ótimo. Dela não tenho receio.

Enquanto dirigia de volta para casa, Marcelo pensava na contradição dos seus sentimentos. Quando estava com Aline, não existia outra mulher para dividir seus pensamentos. Ele tinha quase certeza de que estava apaixonado por ela.

Mas, quando estava sozinho, como agora, o fantasma de Patrícia ameaçava atrapalhar aquela sua convicção. E ele, por incrível que pudesse parecer, se debatia entre a certeza inegável: sua esposa era passado, e Aline era uma realidade próxima e palpável.

O que tinha de errado consigo?

Felizmente, iria estar com sua irmã no sábado. Quem sabe ela poderia ajudá-lo?

Dia 1º de fevereiro, manhã de sexta-feira.

Pela manhã, Aline surpreendeu-se ao receber uma ligação de Téo. Atendeu com má vontade:

— Alô?
— Bom dia, Aline.
— Bom dia — respondeu friamente, mas no íntimo estava preocupada com a possibilidade de se tratar de algum assunto indesejável, algo que pudesse criar problemas para ela, pois ela achara que ele cedera muito facilmente durante a negociação do divórcio.
— Não se preocupe, não vou importuná-la. Liguei apenas para avisá-la que decidi antecipar alguns planos: eu e Myriam já estamos morando juntos, e ela já pediu demissão do banco. Não gostaria que você soubesse por outras pessoas.
Ela segurou um suspiro de alívio.
— Obrigada pela gentileza. Fico feliz por você.
— Só tem isso a dizer?
— Acho até que falei muito. Terminou?
Ele ficou claramente desconcertado:
— Bem... Não, era só isso mesmo. Você e Emily estão bem?
— Estamos ótimas, obrigada. Espero que tenha um bom-dia — e desligou.
Mas que cara de pau! Como se ela se interessasse pela vida deles! Mas, pensando bem, até que era uma boa notícia: ela, agora, sentia-se mais livre do que nunca! O pacto de silêncio e de afastamento com Marcelo estava encerrado! Podiam se ver e se falar à vontade sem que o advogado do ex-marido pudesse alegar algo contra ela. Se o ex-marido já se unira a outra mulher, ela também poderia retomar sua vida afetiva.
Isso precisava ser comemorado. E com Marcelo, claro.

CAPÍTULO 37

Dia 2 de fevereiro, tarde de sábado.

Conforme combinado, Maísa foi visitar Marcelo à tarde. Tomaram um cafezinho e foram para a sala conversar. Ela cruzou os braços e disparou:

— E, então, mano, como vai o coração?

Ele mostrou-se hesitante:

— Até que vai bem, mas...

Maísa não escondia sua impaciência com a postura do irmão. Sempre havia um *mas*.

— Mas?

— Sei lá, às vezes, me acho muito complicado.

Ela foi cruel.

— Sua percepção está ótima. Você não é apenas muito complicado. É complicado demais, quase obsessivamente.

Ele balançou a cabeça em sinal de desaprovação do comentário da irmã.

— Como você tem coragem de falar assim? Sendo psicóloga, você deve saber que ouvir isso coloca minha autoestima abaixo do chão.

— Sinto muito, meu irmão, mas não tenho outra expressão para definir um belo espécime de homem que, aos 34 anos, insiste em permanecer celibatário. Ou vai me dizer que, até hoje, nunca achou uma mulher que passasse pelo seu crivo de seleção?

Ele pensou em Patrícia, mas também em Aline, de cuja existência sua irmã nada sabia.

— Na verdade, achei, sim, mas...

Maísa interrompeu-o, irônica:

— Já morreu! É isso que você ia dizer? — Maísa levantou-se irritada, mesmo antes de ouvir alguma resposta dele. — Eu não aguento mais ouvir isso! Por acaso, Patrícia era a mulher-maravilha? A insubstituível? A perfeita?

Ele não se deixou abalar pela irritação dela.

— Se não era, chegava perto de tudo isso.

Sua irmã parecia que ia explodir.

— Escuta aqui, Marcelo, se você quer mesmo saber... — mas não continuou. Maísa achava que não tinha o direito de revelar a traição da cunhada. Mas ele insistiu:

— Por que parou? Diga o que você ia dizer. Estamos aqui para falar de mim, não é mesmo? Então, manda ver.

Ela sentou-se e cruzou os braços.

— Não vou falar.

— Ué, sempre soube que é o paciente que se recusa a falar com o terapeuta, mas o contrário, para mim, é novidade.

— Quando acha necessário, o terapeuta também se cala.

Marcelo tentou acalmar Maísa para que ela concluísse o que começara a dizer.

— Eu gosto de ouvir você, mana. Você é uma psicóloga talentosa e tem tentado me ajudar, mas eu é que sou resistente, tenho consciência disso.

— Então, continue assim.

— Não fique brava, mana. Você sabe que Patrícia foi importante para mim.

A psicóloga explodiu:

— Pare, Marcelo! Você é um tolo! Patrícia não era o que você pensava!

Ele preferiu não ouvir.

— Eu sei que você não gostava dela e até hoje eu não entendo por que, mas você precisa reconhecer que Patrícia, para mim, era...

Maísa, furiosa, deu a estocada final:

— Não era, Marcelo! Patrícia o traía!

Ele ficou um instante em silêncio, olhando para a irmã, e falou com voz calma, mas trêmula:

— Não entendi, mana.

Maísa começou a chorar.

— Fique calado, Marcelo, por favor, não me faça falar.

Lentamente, ele se levantou, sentou-se ao lado dela no sofá, pôs um braço sobre seus ombros e falou procurando manter a voz calma:

— Desculpe insistir, irmã, mas se você falou o que eu penso que ouvi, preciso que você continue.

Ela não queria falar, porque sabia que ele iria sofrer com a decepção.

— Marcelo, por favor! Eu te amo, meu irmão, não quero vê-lo sofrer.

— Maísa, eu também te amo, mas não somos mais crianças. Não há nada que não possamos dizer um para o outro, se é para ajudar.

Ela se deu por vencida. Enxugou as lágrimas do rosto, respirou fundo e soltou, olhando para ele:

— Está bem, você venceu. Sua mulher traía você.

Ele continuou olhando para ela como que tentando assimilar o que ouvira. Então, recolheu devagar o braço, olhou para o chão durante um instante e depois voltou a encarar a irmã:

— A que tipo de traição você se refere? Quero dizer, traição conjugal ou você está usando uma metáfora?

A voz dela estava desanimada:

— Não é metáfora, Marcelo. Patrícia tinha um amante.

Dessa vez, ele a levou a sério.

— Deixa ver se entendi direito. Você está me dizendo que, mesmo casada comigo, Patrícia tinha outro homem?

— Isso mesmo, meu irmão.

Ele ainda tentava se enganar, fugir da realidade.

— Maísa, eu te amo muito, mas você precisa ter cuidado com o que fala. Essa é uma suspeita muito grave.

— Não é apenas uma suspeita, Marcelo.

Agora ele começou a se mostrar nervoso.

— Então, é uma acusação. E, nesse caso, suponho que você tenha como provar, de maneira a não deixar dúvidas.

— Tenho, sim, meu irmão.

Ele passou as mãos no rosto, nervoso:

— Mas por que você está chorando? Se isso for verdade, eu é que deveria estar me derretendo em lágrimas.

— Estou chorando porque te amo, seu tonto. Não queria ver você sofrer essa desilusão. Sei que você a amava muito e tinha uma bela imagem dela. Estou me punindo por seu eu, sua irmã, quem vai desfazer essa imagem. É cruel demais tudo isso.

Maísa percebeu que ele estava tremendo muito, mas tentava manter a calma.

— Mana, nossos pais sempre nos ensinaram que as pessoas precisam ser fortes e que, se algo der errado na vida, devem ter forças para recomeçar. Eu posso ter errado na minha percepção da pessoa com quem me casei, e ela própria também pode ter se enganado. Mas ela já morreu, e eu estou vivo. Então, ainda tenho chances de recomeçar. Portanto, fique à vontade para falar o que achar que deve, sem medo de me machucar. Eu aguento.

Ela começou a falar numa voz sem expressão:

— Ele se chamava Hector e era colega dela de teatro. No dia do acidente, haviam bebido muito, e ele estava dirigindo.

Ela quase não ouviu a voz dele perguntando:

— Como você sabe disso?

— Uma outra atriz, que foi minha colega na faculdade, sabia de tudo, aliás, segundo ela, todo o elenco sabia. Parece que eles não faziam questão de manter o caso em segredo, até porque estavam quase sempre embriagados nessas ocasiões. Então, minha amiga fotografou, com o celular, vários momentos da intimidade deles. E isso já acontecia havia algum tempo, mesmo quando vocês já estavam casados.

Ele estava pensativo.

— Sei — fez uma breve pausa. — Você tem essas fotos?

Ela hesitou:

— Tenho, mas não gostaria que você as visse.

Ele se aborreceu:

— Isso é ridículo, minha irmã. São fotos da minha mulher.

— Marcelo, me escute, você vai sofrer mais do que está sofrendo agora.

Ele levantou-se, foi ao barzinho no canto da sala e serviu-se de uma grande dose de uísque. Maísa ficou preocupada porque ele só bebia cerveja ou vinho. Não estava habituado a consumir uísque. Aquelas garrafas existiam por causa de eventuais visitas.

Ele voltou pensativo, com o copo na mão e sentou-se diante dela.

— Eu fiz quase dois anos de terapia para abandonar o luto afetivo e não funcionou. Você tentou me ajudar várias vezes, como se eu fosse um paciente, e também não deu resultado. Desculpe-me, não quero ofendê-la, mas como é que eu posso ter certeza de que você não está tentando um tratamento de choque, inventando essa história absurda, achando que, por raiva ou ressentimento, abandonaria o tal luto? Isso não é uma estratégia sua?

Ela o olhou por longo tempo, como que não acreditando que seu irmão, a quem estava tentando ajudar, estivesse pensando isso dela.

— É isso mesmo que você está pensando de mim?

Percebendo que ela ficara magoada com a desconfiança dele, tentou amenizar:

— Bem, admitamos que é uma possibilidade.

Ela se sentiu insultada e não poderia permitir que tal acusação passasse em branco. Pensou: "Seja o que Deus quiser".

Maísa pegou seu celular na bolsa, selecionou as fotos na galeria e passou para ele. Depois, levantou-se e foi se servir também de uma bebida, ficando de costas para o irmão. Não queria ver a expressão dele quando visse as fotos, porque sabia que aquela imagem iria assombrá-la pelo resto de sua vida.

Só se virou para ele quando ouviu o dramático som de um soluço e um choro reprimido. A luta interna de um homem entre soltar ou reprimir a dor é algo dramático. Os sons que saíam de sua garganta eram assustadores, ampliados e distorcidos pelo desespero. Foi assim com Marcelo, e, naquele instante, Maísa quis morrer de culpa.

Depois de tanto tempo, Marcelo finalmente chorava, sem tirar os olhos do celular.

Maísa aproximou-se dele e o abraçou forte. Só então ele se permitiu chorar de verdade, apoiando-se no ombro dela.

A moça não saberia dizer quanto tempo ficou abraçada ao irmão, acariciando seus cabelos, enquanto ele amparava o rosto no ombro dela. Aquele tormento parecia ter durado horas.

Quando finalmente ele pareceu estar um pouco recuperado, levantou-se, serviu-se de outra dose de uísque e ficou andando pela sala. Maísa permanecia sentada, mexendo nas próprias unhas, perguntando-se se fizera bem em revelar aquele segredo ao irmão.

Viu-o esvaziar o segundo copo e servir-se de um terceiro, em silêncio. De repente, virou-se para a irmã, apontou-lhe um dedo indicador e disse em voz alta, forçando um sorriso:

— Jamelão!

Maísa, que estava pensativa, olhou para o irmão assustada:

— O que foi, Marcelo?

Sua voz já mostrava os efeitos de três doses generosas de uísque.

— Agora me lembrei do Jamelão cantando *Matriz ou filial* — e começou a cantar numa voz pastosa, duplamente desafinada: *"Quem sou eu, pra ter direitos exclusivos sobre ela, se eu não posso sustentar os sonhos dela, se nada tenho e cada um vale o que tem..."*. Lembra que nosso pai sempre cantava isso e nos fez aprender a letra? Muito interessante. Algumas frases lembram a minha vida. Escute esta: *"Afinal, se amar demais passou a ser o meu defeito, é bem possível que eu não tenha mais direito, de ser matriz por ter somente amor pra dar."* — tomou mais um gole. — Veja como é a vida. Somente agora descobri que no meu casamento, supostamente feliz, eu era somente a filial. Parece que o tal Hector era a matriz.

Maísa chorava descontroladamente, achando aquela cena triste e patética. Nunca vira seu irmão bêbado e não gostava do que via.

— Marcelo, querido, sente-se aqui ao meu lado, venha.

Ele serviu-se de uma quarta dose e cambaleou até ela, desabando no sofá. Depois, ajeitou-se melhor e ficou com o olhar perdido no espaço. Sua voz estava irreconhecível:

— Minha querida irmã, sabe o que a minha amada esposa me disse antes de viajar para a apresentação em outra cidade, da qual não voltaria viva? Simplesmente, como ótima atriz que era, declamou Shakespeare para mim. Eu nunca esqueci, porque achei muito romântico e emocionante: "Duvida da luz dos astros, de que o sol tenha calor, duvida até da verdade, mas confia em meu amor."

Marcelo soltou uma patética gargalhada que foi seguida por uma crise de choro. Depois de alguns segundos, recompôs-se e olhou para a irmã com os olhos molhados e vermelhos.

— Legal, né? Alguém precisa dizer ao senhor William Shakespeare que ele escreveu uma grande bobagem e que pode até acobertar mentiras deslavadas e traições.

— Marcelo, a vida continua. Vou levar você para sua cama, para que você possa dormir um pouco e se recuperar.

— Pra quê dormir? Vou acordar e perceber que nada mudou.

— Está enganado. Aposto que você vai mudar depois de hoje.

Enquanto ela o conduzia para o quarto, amparando-o com o braço em torno do seu pescoço, ele parou e levantou o dedo indicador:

— Ah, minha irmãzinha, você me fez lembrar outra música: *"Daqui pra frente, tudo vai ser diferente..."*.

Maísa teve que sorrir.

— Mulheres, aguardem, aí vem o novo Marcelo.

A irmã praticamente jogou-o na cama e ajeitou suas pernas que haviam ficado pra fora. Depois, tirou seus sapatos.

Com a voz enrolada, ele revelou algo:

— Não precisa convocar mulher nenhuma, eu já tenho a minha.

Maísa parou o que estava fazendo.

— Oi?

— Cadê meu celular?

— Para que você quer o celular, homem de Deus? Neste estado em que está, não vai conseguir digitar nada.

— Você vai ligar para mim.

— Para quem, Marcelo? Você bebeu? Ah, sim, bebeu — ela foi até a sala e voltou com o celular dele. — Pronto, já estou com ele. O que faço agora?

— Você sabe a minha senha. Procure aí o nome e ligue para Aline.

— Quem é Aline, Marcelo?

— Não interessa. Ligue e peça para ela vir aqui o quanto antes.

— Essa Aline é alguma namorada sua?

— Já disse que não interessa. Já ligou?

— Calma, homem, estou ligando — depois de duas ou três chamadas, uma suave voz feminina atendeu.

— Oi?

— É Aline?

Aline se assustou. Vira na telinha que a chamada era de Marcelo, mas aquela não era a voz dele.

— Ela mesma. Quem fala? Esse celular não é do Marcelo?

— Aline, ainda não nos conhecemos. Sou Maísa, irmã do Marcelo, seu... — ela hesitou, pois não sabia se podia dizer seu namorado. Por via das dúvidas, preferiu não arriscar: — seu amigo. E sim, este celular é dele.

— Muito prazer, Maísa. Aconteceu algo com o Marcelo?

— Bem, acho que aconteceu.

Aline mostrou-se nervosa.

— Como assim *acha*?

— Quero dizer, aconteceu. Você sabe onde é o apartamento dele?

— Sei, sim, mas o que aconteceu com ele?
— Acho melhor você vir aqui e ver com seus próprios olhos.
— Mas o que houve, Maísa, algum acidente? Ele está doente?
— Não, nada disso. Estou lhe esperando.
— Vou ajeitar as coisas aqui com minha filha e já vou para aí.

Depois que desligou, Maísa ficou pensando: "Mas o que meu irmão foi arranjar, Deus do céu? Uma mulher com filha? Se for casada, isso não pode dar certo".

CAPÍTULO 38

Maísa mudou inteiramente de opinião, quando Aline chegou e ela deu de cara com uma loira elegante e belíssima. Certamente por intuição, gostou dela de cara.

— Aline?
— Eu mesma. O que houve com Marcelo?

A visitante estava visivelmente ansiosa.

— Antes de você vê-lo, vamos conversar um pouco.
— Mas, fale, por favor, ele está ferido?
— Está gravemente, no coração.

A intenção de Maísa foi ser irônica, mas suas palavras chocaram a visitante, que empalideceu e já ia começar a chorar.

— Não! Não pode ser! Diga que não é verdade!

Maísa ficou desconcertada.

— Aline, me desculpe, me perdoe, foi uma metáfora! Ele não está ferido, nem doente. Entre, por favor, e me desculpe.

Aline ficara muito pálida e continuava trêmula.

— Mas que brincadeira, Maísa! Você quase me mata do coração.
— Desculpe mais uma vez, Aline, mas eu preciso lhe contar algumas coisas antes de você falar com ele — Maísa não sabia exatamente como explicar a situação. Não queria falar da revelação sobre Patrícia, mas precisava justificar o estado do seu irmão. — É o seguinte: Marcelo não toma bebidas alcoólicas fortes, como uísque, conhaque, vodca, apenas cerveja e, mesmo assim, moderadamente. Mas, hoje, ele teve uma notícia que o abalou muito e, pela primeira vez, vi meu irmão

encher a cara de uísque e, lógico, ele não ficou legal. Quero dizer, ele não está legal.

— Nossa! Que notícia foi essa assim tão grave?

— Bom, isso ele mesmo vai lhe contar, se achar que deve. O fato é que ele ficou muito abalado, e, depois de tudo que bebeu, ficou alto, desabou. Fiz de tudo para ajudá-lo, mas ele pediu para chamar você.

— Eu? Ele pediu?

— Pediu. Se eu fosse ele, não iria querer que você me visse no estado em que ele está, nem acho que você deveria vê-lo. Estou apenas fazendo a minha parte, a pedido do meu irmão, a quem amo muito.

— Maísa, não posso dizer que Marcelo e eu temos uma história, porque nos conhecemos há apenas poucos meses, mas lhe garanto que se trata de uma amizade muito especial. Ele tem me ajudado muito e à minha filha, Emily, de 11 anos. Portanto, neste momento, eu tenho o dever de tentar ajudá-lo, não importa o estado em que ele esteja. Não vou gostar menos dele por isso.

— Desculpe, Aline, você está certa. Venha.

Maísa conduziu Aline até o quarto de Marcelo e deixou-a entrar primeiro.

— Pronto, eis aí o moço exagerado.

Rapidamente, Aline aproximou-se dele e sentou-se ao seu lado, na beira da cama. Ele estava com o rosto virado para o outro lado e não a viu chegar. Ela passou a mão de leve no rosto dele e disse:

— Oi?

Mesmo sem virar o rosto, ela percebeu que ele sorrira. Então, repetiu:

— Oi?

Ele balbuciou em voz alta:

— Estou delirando, não pode ser. Aline não está aqui.

Ela falou carinhosamente:

— Eu estou aqui, sim, seu bobo.

Ele voltou-se rapidamente para ela e seu rosto vermelho iluminou-se em um largo sorriso.

— Aline, é você mesmo? Não é uma miragem?

Ela abaixou-se e beijou de leve os lábios do rapaz.

— Você acha que isso é uma miragem?

Então ele ergueu os braços e envolveu-a, puxando-a para si.

Maísa pigarreou para chamar a atenção do casal e disse, sorrindo:

— Vou deixá-los a sós, tenho trabalho a fazer. Tchau, Aline, voltaremos a nos ver. Foi um prazer conhecê-la.

Aline virou o rosto e respondeu:

— Da mesma forma, Maísa.

Marcelo puxou Aline de novo para si e começou a chorar.

— O que é isso, moço? Calma, eu estou aqui com você.

Ele choramingou:

— Eu não queria que você me visse assim. Estou envergonhado.

— Eu sempre quis conhecê-lo por inteiro. Já conheço algumas partes, esta é nova para mim, mas é você. E não vou deixar de gostar de você por causa dessa parte. Bonita ou feia, ela faz parte de você.

Ele ficou sério e segurou o rosto dela com as duas mãos.

— Aline, eu te amo.

Ela sorriu emocionada.

— Sabe que é a primeira vez que você me diz isso?

— É porque eu sou um bobo. Já devia ter dito antes, porque faz tempo que sinto amor por você.

— Então, preste atenção, seu bobo: eu também te amo. Faz tempo, aliás, mas também fui boba, reprimindo isso.

Voltaram a se beijar, porém, dessa vez não tão suavemente. Ela pediu:

— Você precisa dormir um pouco para se recuperar.

— Só se você ficar comigo.

— Posso me deitar ao seu lado?

Ele brincou:

— Sem roupa?

Ela provocou:

— Se você acordar recuperado, prometo pensar no seu caso.

E foi assim, com os dois deitados e abraçados, que ele iniciou um sono reparador. Mesmo achando, no fundo, que tudo aquilo poderia ser um sonho, ele torcia para que fosse verdade, se é que ele merecia tanta felicidade.

Marcelo abriu os olhos devagar, depois que, no sonho, ouviu alguém falar-lhe com uma voz de veludo:

— Oi...

Viu primeiro um vulto à sua frente, na cama. Depois, a visão foi clareando, e o vulto foi tomando forma.

— Oi...

Uma mulher belíssima estava à sua frente, debruçada sobre ele, com os lisos cabelos dourados roçando seu peito.

— Oi...

Ele se deu conta da realidade.

— Aline? Isso é um sonho ou eu morri, e você é um anjo?

Ela sorriu.

— Um anjo seminu na cama de um solteiro? Não combina.

— Deus! Eu não acredito! É você mesmo, linda?

— O que você acha disso? — e beijou-o nos lábios. — Ainda reconhece meu beijo?

— O sabor de seus lábios é inconfundível — e puxou-a para si, beijando-a também.

— Como conseguiu estar aqui? E Emily?

— Quando vim para cá, pedi a Lenice que ficasse em casa com ela, até eu voltar.

— Mas você avisou a ela que vai demorar a voltar? Que vai passar a noite aqui? Não vou deixá-la sair tão cedo, e isso pode ser um problema.

Aline riu.

— Isso eu não disse, engraçadinho. Mas nada que um telefonema não resolva.

Ele a fez deitar-se ao seu lado e deu um suspiro.

— Ah, que bom estar aqui, a sós com você, querida. Conforme você mesma pediu, pensei que não iríamos nos ver durante um tempo, para você assimilar a solteirice. O que a fez mudar de ideia?

— Meu ex-marido.

Ele se surpreendeu.

— Oi?

Ela teve que rir, para depois explicar:

— Téo fez a gentileza de me ligar para informar que antecipou os planos e já está morando com a My, Mai ou o raio que a parta. Ela pediu demissão do banco e logo juntaram as escovas.

Marcelo ficou surpreso.

— Sério?

— Sério. Então, decidi que se ele já pode, eu também posso. E cá estamos.

Marcelo vibrou:

— Aleluia! Passaporte liberado! Mas como você apareceu justo naquela hora?

— Sua irmã me pediu para vir. Aliás, disse-me que você pediu que eu viesse, ela apenas deu o recado.

— Ah, Maísa, minha querida irmã... O que ela não faz por mim? Mas o que ela disse a você?

— Pelo telefone, quase nada, mas, quando cheguei aqui, disse que você estava de pileque, se encheu de uísque por causa de uma notícia que o deixou abalado, mas não me contou qual. Eu vim correndo depois de inventar uma desculpa para Emily e Lenice.

— Ah, mas eu não queria que você tivesse me visto daquele jeito. Um vexame total.

— Na vida, todas as pessoas dão vexame, uma vez ou outra. O que não pode é virar hábito.

— Nunca mais vou beber tanto — fez uma pausa e sorriu. — Só se você me abandonar.

— Então, você nunca mais vai beber tanto, porque nunca vou deixá-lo. Você está perdido. Vou grudar em você pelo resto da vida.

— Então comece a grudar desde já.

Marcelo virou o corpo e deitou-se sobre Aline.

— Calma, moço, antes precisamos fazer algo.

— O quê, linda?

— Tomar um banho. Ainda estou suada pela carreira que dei, e você está com um estranho perfume parecido com uísque.

Ele voltou para o lugar de antes.

— Está bem, mas vamos tomar banho juntos.

Ela se fingiu de chocada.

— Marcelo! Mas assim você vai me ver nua!

Ele deu uma gostosa gargalhada.

— Bobona! Mas essa é a ideia.

Ela fez cara de inibida.

— Não sei se vou ter coragem.

Ele brincou:

— Alôôô! Sou eu, Marcelo, o livreiro, o bom samaritano, seu amigo, seu amor, sua paixão! Vai ter vergonha de mim?

Ela também brincou com ele, se fingindo de tímida:

— Mas eu não o conheço direito, não sei se você não quer só se aproveitar de mim, uma desamparada mulher recém-divorciada...

— Escuta aqui, dona envergonhada, ou você vai agora para o banheiro ou eu mesmo vou tirar sua roupa e levá-la para lá.

Ela se levantou da cama num pulo.

— Não, socorro! Não precisa, já estou indo.

E quando ela já ia entrando no banheiro, ele gritou:

— Vou lhe dar dez minutos para tirar a roupa. Quando eu for, quero encontrá-la nua! E você acertou: vou me aproveitar muito de você!

Ambos caíram na gargalhada.

Decorridos os dez minutos, ele se despiu e entrou no banheiro.

Se tivessem pedido a Marcelo para imaginar uma deusa da beleza e sensualidade, ele teria imaginado uma mulher exatamente como Aline aparecia diante dos seus olhos extasiados.

Um corpo escultural, inteiramente despido, com a água escorrendo por ele, um lindo rosto emoldurado pelos cabelos que caiam até os ombros, os lábios úmidos e um olhar entre convidativo e tímido. Ali estava Aline, inteiramente nua, como nunca a vira.

Ela também o fitou com profunda admiração, depois de percorrer com o olhar todo o corpo dele, também nu.

A aproximação de ambos foi lenta, e, quando se encontraram, saborearam o contato morno dos dois corpos, um contra o outro, com toda entrega e intimidade.

Não precisaram falar nada. A suavidade, a ternura e, ao mesmo tempo, a intensidade dos toques e gestos, falavam por si. Em poucos instantes, o que havia de inibição caiu por terra e, entre sorrisos e beijos, ora suaves, ora intensos, ensaboaram-se e se enxugaram. Em seguida, foram para a cama.

Eles demonstraram que a paixão ardente também pode ser suave, lenta e carinhosa. Foi assim, sem pressa, nem inibições, que exploraram mutuamente seus corpos, cada centímetro quadrado. Só algum tempo depois, partiram para o apogeu.

Foi como uma navegação em mar revolto, uma luta amorosa, uma corrida ao fim do mundo cercada por raios, estrelas e cometas, até a explosão final.

Depois, havia dois corpos suados, abraçados, arfantes e cansados, mas felizes, satisfeitos e gratos à vida por ter permitido e possibilitado aquele encontro mágico e há tanto tempo desejado.

O cansaço provocado pelo amor é relaxante. Por isso, cochilaram alguns minutos e despertaram quase ao mesmo tempo.

Aline falou com uma voz rouca de emoção, mas serena:

— Querido, sabe o que descobri?

— Diga, minha linda.

— Amo supermercados, amo saquinhos de plásticos, adoro idosos que esquecem a carteira em casa, sou fascinada por livrarias e, principalmente, por capas de livros estragadas. Mas, acima de tudo, sou apaixonada por livreiros.

Ele fez a parte dele.

— E eu amo mulheres bonitas que ajudam homens desajeitados a abrir saquinhos plásticos, principalmente se forem professoras de natação para crianças.

Ela completou carinhosamente:

— Desde que ela se chame Aline e tenha uma filha chamada Emily.

Ele não deixou por menos:

— E que o livreiro se chame Marcelo e tenha uma irmã chamada Maísa.

Depois desse diálogo divertido, voltaram a se beijar, primeiro com ternura, depois com paixão avassaladora. E tudo recomeçou.

Na manhã seguinte, recostados juntinhos num largo sofá na sala do apartamento de Marcelo, relembravam cenas vividas por eles antes de assumirem o amor.

— Sabe quem encontrei outro dia?

— Não imagino.

— Em um dos meus momentos de solidão e morrendo de saudades de você, fui ao supermercado em que nos vimos pela primeira vez. E, por uma feliz coincidência, encontrei aquele senhor que esqueceu a carteira.

— Sério? E ele reconheceu você?

— Sim, foi ele quem me cumprimentou primeiro.

— Que legal!

— E ele queria pagar minhas compras...

— Que fofo... Ele deve ter ficado muito grato a você e quis lhe agradecer.

— Eu sei, mas não precisava.

— E, dessa vez, conseguiu abrir os saquinhos plásticos?

Ele resolveu fazer uma brincadeira perigosa:

— De jeito nenhum. Ainda bem que Vanessa apareceu na hora e me ajudou...

Aline deu um pulo, virou o corpo, montou sobre o peito dele e pôs as duas mãos no pescoço do rapaz, como se fosse estrangulá-lo.

— Marcelo! Eu não acredito! Diga que é mentira! Diga!

Ele não parava de gargalhar, mas conseguiu se defender:

— É mentira, é mentira!

— Seu bobo! Não brinque comigo dessa maneira. Nunca tive ciúmes assim, mas, de você, não quero nem imaginar outra mulher dando em cima — e deu-lhe um intenso beijo na boca.

Ele falou sério:

— Linda, nunca tenha ciúmes de mim, Depois que a conheci, não há outra mulher no mundo que me faça perder a cabeça. Eu também pretendo jamais desgrudar de você.

— Eu sei, amor. Você brinca comigo, eu brinco com você, mas a verdade é que eu confio inteiramente em você. Espero nunca me arrepender disso.

— Você nunca vai se arrepender. Eu também confio muito em você e espero que a história que vivi com minha mulher jamais se repita.

— O que houve?

Surpreendentemente, ele falou com tranquilidade:

— Ela me traiu com um colega de trabalho.

Aline ficou tão surpresa que, de um pulo, saiu do colo dele e voltou a se sentar ao seu lado.

— Marcelo, não acredito!

— Mas foi verdade. Só soube ontem. Maísa mostrou-me algumas fotos que não deixam dúvidas.

— Foi por isso que você bebeu tanto?

— Foi. Mas, no final das contas, foi bom, porque me livrei do fantasma dela. Agora estou livre dessa obsessão boba e não quero nem mais ouvir o nome dela. Foi então que tive a certeza de que amava você havia tempo, e esse amor estava travado, reprimido pelo "luto" sem sentido.

— Amor, não pense mais nisso.

— Nem tem como: agora só tenho pensamentos para você.

Voltaram a beijar-se longamente. Quando se afastaram, Aline ficou olhando para ele e depois disse:

— Sabe o que me ocorreu agora? Como a vida é interessante. Ambos fomos traídos pelos cônjuges. Eles nos traíram com colegas de trabalho. E a traição de ambos foi descoberta através de celulares. Não é muita coincidência? O que será que tudo isso significa?

— Muito simples: todos esses sinais significam que fomos feitos um para o outro e que forças muito acima de nós trabalharam para fazer com que nos encontrássemos e nos apaixonássemos.

Novos e intensos beijos. Pelo tempo que reprimiram o desejo que sentiam e pelo tempo que sofreram de carência afetiva, eles possuíam um enorme saldo devedor de carícias, e queriam colocar no positivo o quanto antes.

Aline teve uma lembrança importante:

— Amor, o Tobias falou que precisávamos ir ao centro espírita fazer algumas preces de agradecimento pelo que aconteceu no piquenique e trouxe de volta a saúde emocional e espiritual de minha filha, lembra?

— É verdade. Daqui a pouco, vou ligar para ele.

— Por que não liga agora?

Ele revelou uma expressão travessa e maliciosa.

— Porque agora tenho uma coisa mais gostosa para fazer — e, rapidamente, sob gritinhos alegres dela, forçou-a a deitar-se novamente.

Quando ele já se debruçara sobre ela, Aline ordenou, gaiata:

— Espere, espere!

Ele fingiu impaciência.

— O que foi agora, treinadora?

E ela, rindo:

— Você vai ter coragem de transar com a mãe de sua sobrinha, tio Marcelo?

— Se vou? Mas sem o menor sentimento de culpa! Lá vou eu!

E foi.

CAPÍTULO 39

Dia 4 de fevereiro, manhã de segunda-feira.

— Tio Marcelo, ontem minha mãe sumiu o dia todo e ainda dormiu fora de casa. Se ela não estava com você, vou brigar feio com ela.

Estavam na sala do apartamento de Aline, recostados num largo sofá, a garota deitada com a cabeça sobre a barriga do rapaz.

— Sossegue, princesa, ela estava comigo, sim.

— O dia todo? E sobre o que vocês ficaram conversando tanto tempo?

Ele corou e ficou meio desconcertado.

— Bem, estávamos discutindo se seria uma boa ideia nos casarmos.

Emily gritou:

— Mas claro que é uma boa ideia!

— Eu também acho, mas preciso saber se sua mãe também acha.

— Ah, é? Vamos resolver isso já — e a menina gritou a plenos pulmões: — Mami!

Aline estava no quarto, penteando os cabelos e veio apressadamente à sala, descendo a escada com cuidado.

— Onde é o incêndio, filha? — brincou.

— Mami, você acha uma boa ideia se casar com o tio Marcelo?

Ela estava passando a escova nos cabelos, ainda de robe, mas, diante da pergunta inesperada da filha, interrompeu o gesto, surpresa.

— Que pergunta é essa, filha?

— Tio Marcelo disse que passaram ontem o dia inteiro discutindo se era ou não uma boa ideia vocês se casarem. Ele disse que acha, mas não sabia sua opinião.

Ela reprimiu o sorriso malicioso, principalmente porque, sem que Emily visse, ele fez uma expressão muito significativa.

— Ele disse isso, foi?

— Foi. E você, o que acha?

— Mas eu não posso achar nada, ele ainda nem me pediu em casamento...

A menina se voltou para ele:

— E aí, tio? Primeiro, tem que pedir minha mãe em casamento.

Ele se levantou do sofá, num pulo.

— Não seja por isso — postou-se diante dela, ajoelhou-se, abriu os braços e perguntou em voz alta: — Aline, mãe de Emily, quer se casar comigo?

Emily ficou pulando e gritando no meio da sala.

— Aêêê, tio!

E Aline não segurou o riso.

— Mas, assim, seu bobo? Ainda nem me troquei e nem acabei de pentear o cabelo!

— Quero me casar com você assim mesmo. Aceita ou não?

Emily não parava de pular e implorar:

— Responde, mãe!

Aline se ajoelhou diante dele e respondeu:

— É claro que aceito, livreiro da minha vida! — e beijou-o nos lábios.

Emily não parava de pular e gritar, eufórica:

— Ebaaaaa! — e correu para os dois, que se levantaram e se abraçaram sorrindo. — Precisamos comemorar.

— Isso mesmo. Vamos almoçar fora.

Marcelo voltou a sentar-se, e Aline logo se acomodou em seu colo.

— Amor, posso dar uma sugestão?

Emily gritou:

— Pode!

Marcelo riu.

— Pronto, a resposta já está dada por essa intrometidazinha — Emily caiu na gargalhada.

— Minha sugestão é a seguinte: por que não convidamos sua irmã, Tobias, os meus e os seus pais para um almoço no próximo sábado? Aí, daremos a notícia do seu pedido a todos eles, ao mesmo tempo.

E a menina não se continha:

— Gostei! Ótima ideia!

Não restou ao casal senão rir muito daquela adorável intromissão.

Dia 4 de fevereiro, noite de segunda-feira.

Era a primeira vez que Aline entrava num centro espírita. De cara, gostou do ambiente: amplo, silencioso, uma música suave de fundo, iluminação discreta, paredes brancas e limpas, pessoas amáveis e sorridentes, comunicando-se em voz baixa, em sinal de respeito ao local.

Ela apertava com força a mão de Marcelo para se sentir mais segura, embora soubesse que em um ambiente dessa natureza não havia por que temer algo.

Tobias parecia conhecer todo mundo naquele lugar, pois era cumprimentado pelos que passavam ou que ali estavam. Ele respondia a todos, de maneira muito solícita e educada.

Assistiram a uma interessante palestra sobre fé num modesto mas amplo auditório. Depois de receberem um passe espiritual — cujo significado fora previamente explicado a Aline —, foram conduzidos a uma sala menor, onde havia uma grande mesa retangular, com várias pessoas sentadas à sua volta.

Tobias explicou a Aline:

— Essas pessoas são chamadas de médiuns. Elas vão nos ajudar, e eu vou me juntar a elas. Você e Marcelo ficarão nestas cadeiras ao lado. Prestem atenção em tudo, mas não falem, nem se manifestem, a menos que sejam chamados.

— Está bem.

Iniciada a sessão, o grupo à mesa fez várias preces e uma delas foi particularmente dirigida a uma entidade superior como agradecimento por ter permitido o contato com os espíritos de Alícia e Josias, no dia do piquenique.

O médium, que parecia coordenar a sessão, falou:

— Agora, rogamos à entidade superior que nos dirige, orienta e protege que nos permita contatar o espírito de Alícia, a irmã gêmea de Aline, filha do casal Dóris e Edgar, desencarnada em 1995.

Marcelo percebeu que Aline apertou sua mão com mais força. Para ela, devia ser uma experiência impressionante.

O médium continuou:

— Humildemente, pedimos ao espírito de Alícia que se manifeste, se desejar e se tiver permissão.

Esse pedido foi repetido mais duas vezes, até que uma jovem médium à mesa se pronunciou:

— Eu sou Alícia e estou à disposição de vocês.

Aline recostou-se ao ombro de Marcelo, e ele percebeu que ela estava chorando. Então, pôs os braços em torno de seus ombros e amparou-a.

— Alícia, seja bem-vinda. Gostaríamos de saber o que mudou em você depois do contato feito pelo irmão Josias através de Tobias.

— Já conversei muito com o Josias, e ele me ajudou a entender muitas coisas. Eu estou muito envergonhada e arrependida. Percebi o quanto eu estava errada, repleta de raiva e ressentimento contra meus pais e minha irmã Aline. Estava inteiramente equivocada. Eles não tiveram nenhuma culpa pelo que me aconteceu no lago, não só a mim, mas também ao próprio Josias. Agora sei que foi uma fatalidade. Meus pais sempre me amaram e protegeram. Aline, além de minha querida irmã gêmea, era minha amiga e companheira de brincadeiras e travessuras. Na minha ignorância, eu quase a prejudiquei e à minha sobrinha Emily. Peço humildemente que me perdoem.

— E o que você fará agora, Alícia?

— Aceitarei a punição que, por acaso, venha me ser imposta pelas autoridades espirituais. Mas, sobretudo, quero aprender e contribuir para a evolução do meu espírito.

— Alícia, nosso Pai maior não pune os que erram, apenas os orienta para que sigam o caminho da evolução espiritual. Assim, quando você retornar à Terra em nova encarnação, estará mais apta para uma vida mais feliz e equilibrada.

— Podem ter certeza de que serei uma das discípulas mais dedicadas. Mas, antes de retornar ao plano espiritual, eu gostaria de fazer um pedido.

— Atenderemos se estiver ao nosso alcance e nos for permitido.

— Sei que minha irmã Aline está presente. Gostaria de trocar algumas palavras com ela, se ela concordar.

Aline surpreendeu-se com aquele pedido e olhou para Marcelo, como que pedindo a opinião dele. Carinhosamente, ele pressionou suas costas.

— Vá, querida, não tenha receios, fará bem a você e a ela.

Titubeante, Aline levantou-se e, ao perceber que Tobias cedia o lugar dele à mesa, dirigiu-se para lá e sentou-se um pouco trêmula.

— Pronto, Alícia, sua irmã Aline já está à mesa. Pode falar com ela.

A médium, que transmitia as palavras de Alícia, falou com voz emocionada:

— Minha querida irmã! — e começou a chorar.

Aline ficou quieta, pois mão sabia o que dizer, apenas esperou.

— Minha querida Aline, eu lhe fiz tanto mal... Eu estava errada, minha irmã, atribuindo a você e aos nossos pais uma culpa que não tinham. Me perdoe, minha irmã, fui irresponsável e inconsequente e ainda causei a morte do nosso amiguinho Josias. E agora, influenciando minha linda sobrinha Emily, agi malvadamente em busca de uma vingança sem sentido. Me perdoe, irmã, eu a amo.

Finalmente, Aline encontrou coragem para responder, embora chorando e com a voz trêmula pela emoção:

— Minha querida irmã Alícia, eu também a amo. Sempre a amei desde criança e durante muitos anos me puni por não ter podido salvá-la. Hoje, para compensar essa perda, tenho como profissão e missão ensinar crianças a nadar. Sinto muita saudade de você, minha irmã, e gostaria de tê-la ao nosso lado, mas sei que não somos nós que decidimos nossos destinos. Seja feliz onde você está e saiba que sempre a amaremos e rezaremos por você, para sua paz e evolução espiritual.

— Que felicidade sinto ao ouvir suas palavras, querida irmã. Também sempre a amarei e, sempre que me for permitido, a protegerei e à minha querida sobrinha, sua filha. E, por favor, Aline, peça aos nossos pais que me perdoem e diga-lhes que estou muito bem e agora em paz.

O coordenador retomou a palavra:

— Tenho certeza de que eles já a perdoaram. Vá em paz, irmã. Enquanto isso, estaremos orando por você.

O grupo já se preparava para encerrar a sessão com as preces finais, quando outro médium se manifestou:

— Um momento, irmãos, por favor. Também obtive permissão para vir.

— Quem é você, irmão, e o que deseja?
— Sou Josias e quero falar com meu pai.
Uma voz emocionada quase gritou:
— Josias? É você, meu filho?
Tobias sentara-se ao lado de Marcelo, enquanto Aline estava à mesa. Mas, quando ouviu a nova manifestação, levantou-se surpreso, e Aline devolveu-lhe o lugar à mesa:
— Josias, é você mesmo?
— Sim, meu pai!
Os dois, médium e Tobias, irromperam em choro convulsivo. Os demais aguardaram com calma aquele momento de profunda emoção.
— Meu filho, que saudade!
— Meu pai, me perdoe pela minha imprudência. Eu não sabia nadar direito e fui imprudente. Me perdoe.
— Filho, você era apenas uma criança. Eu já o perdoei há muito tempo. Agora, no meu coração só há espaço para a saudade e o amor por você e sua mãe.
— Também tenho muita saudade de você, pai. Continue orando por mim e pela minha mãe. Estou sempre com ela, e estamos muito bem, aprendendo sempre, para sermos pessoas melhores quando reencarnarmos.
— Meu filho, eu não poderia ter maior felicidade do que esta, de falar com você novamente. Meu amor é o mesmo.
— Eu sei, meu pai. E quero dizer que, se me for permitido, ajudarei minha amiga Alícia no que for preciso, no seu caminho do desenvolvimento. Vamos nos dar muito bem, da mesma forma como era em vida.
— Estou certo disso, filho. Fique com Deus e conte sempre com nossas orações.
— Obrigado, meu pai, te amo muito.
Um grande silêncio tomou conta da sala, enquanto todos se recuperavam das fortes emoções vividas daquela noite.
Em seguida, o grupo fez nova prece de agradecimento e, pouco tempo depois, a sessão foi encerrada.
Aline estava com os olhos vermelhos de tanto chorar, emocionada.
Marcelo confortou-a:
— Pronto, querida. Agora tudo está, de fato, encerrado, da melhor maneira possível. Aqueles sustos com a Emily não acontecerão mais, desde que, conforme a orientação do Tobias, ela receba auxílio para

educar sua mediunidade, habituar-se a orar e a manter-se vigilante para que não seja novamente influenciada.

Na saída, aguardaram Tobias, e Aline abraçou-o comovida.

— Meu amigo, que emocionante foi ouvir as palavras de minha irmã e do Josias.

— Para mim, também foi uma experiência divina. Podemos ficar tranquilos, porque agora sabemos que ambos estão bem.

Marcelo envolveu a ambos num carinhoso abraço.

— Eu amo vocês.

CAPÍTULO 40

Dia 9 de fevereiro, manhã de sábado.

Para o almoço planejado, Aline caprichou na decoração do apartamento, reservando a área ao lado da piscina. Assim, ao ar livre, se não chovesse, todos ficariam mais à vontade. E tendo em vista a importância do evento e até para facilitar as tarefas, Aline contratara um bufê, assim, inclusive, poderia desempenhar com tranquilidade o papel de anfitriã.

Lenice foi de grande ajuda nesses preparativos, mas, depois de tudo organizado, foi convidada pela patroa a sentar-se também à mesa. Ele relutou, surpresa:

— Que é isso, dona Aline, o almoço é para seus convidados.

— Pois você agora é minha convidada, e não aceito um não. Faça-me o favor de sentar-se à mesa.

Hesitante, ela obedeceu.

Felizmente, todos os convidados aceitaram o convite. Maísa e Tobias foram os primeiros a chegar. Depois, vieram os pais de Marcelo, Sofia e Fausto e, quase ao mesmo tempo, os pais de Aline, Dóris e Edgar, em um carro especialmente contratado pela filha para buscá-los na fazenda e depois levá-los de volta. Assim, teriam mais conforto.

Antes da refeição, Aline já contara para seus pais e para Maísa o ocorrido no centro espírita, e isso lhes deu mais serenidade. Estavam todos em paz.

A grande surpresa para Aline foi a forma carinhosa com que sua filha tratou os avós todo o tempo. Beijou-os, abraçou-os várias vezes e chegou até a sentar-se no colo do avô. Nenhuma palavra foi dita a respeito do incidente do tiro involuntário na fazenda, como, de resto, de nenhum outro fato ligado aos sustos pelos quais Emily e sua mãe passaram. O clima era de absoluta alegria, satisfação e carinho entre todos.

Marcelo reservara uma surpresa para sua amada.

— Amor, convidei uma pessoa sem consultá-la. Espero que você não fique brava comigo.

Ela tirou o sorriso do rosto e ficou imediatamente séria.

— Marcelo, não me diga que você convidou a vizinha da sua irmã, aquela que deu em cima de você.

Ele sorriu.

— Não, senhora, é um homem. E tem tudo a ver com nosso encontro.

Aline relaxou, mas mostrou-se curiosa:

— Um homem? Que tem a ver com nosso amor?

— Tudo. Ele já chegou.

Ela passou o olhar pela sala.

— E onde está ele?

— Para que sua surpresa fosse maior, eu pedi que ele esperasse no *hall* até eu ir buscá-lo.

— Então vá, querido, não o deixe esperando mais. Já vamos servir o almoço.

Marcelo levantou-se, saiu por uns instantes e logo retornou acompanhado por Casimiro. Com o braço sobre os ombros do convidado, pediu a palavra:

— Queridos amigos e familiares, peço a atenção e o carinho de vocês para este meu convidado especial, que foi um verdadeiro instrumento dos céus para que eu viesse a conhecer o amor da minha vida. Ele se chama Casimiro.

Todos aplaudiram, alguns se levantaram para cumprimentar o recém-chegado, e Aline, boquiaberta, não conseguia se mexer diante daquela enorme surpresa. Ela reconheceu de imediato o velho gari e lembrou-se da discussão no caixa do supermercado, que, de fato, dera origem à conversa dela com Marcelo no estacionamento. Levantou-se e foi abraçá-lo, sorrindo:

— Que prazer vê-lo aqui. Foi ao senhor que o Marcelo pagou o dinheiro emprestado, não foi?

Os três riram.

— Foi, senhora, um empréstimo de araque, mas que me proporcionou o mais feliz Natal com minha família.

— E como você conseguiu fazer contato com ele, amor?

— Quando nos encontramos no supermercado, ele me deu um cartão de visitas. Agora ele trabalha por conta própria e me deu o telefone caso precisarmos dos seus serviços. Achei que seria legal convidá-lo para este almoço.

— Fez muito bem — e dirigindo-se a Casimiro, disse: — O senhor é muito bem-vindo à nossa casa e a este almoço especial.

— Eu me sinto honrado em estar aqui e fico feliz de saber que, de alguma forma, contribuí para o encontro de vocês.

— Só porque eu lhe devolvi o "empréstimo", esta jovem se encantou com meu gesto e me seguiu até conseguir me encantar.

Aline abraçou Marcelo.

— Ah, mas confesse que você adorou que eu o tivesse seguido até o estacionamento...

— Tanto adorei que vou me casar com você — e beijou-a. — Vamos nos sentar, Casimiro, antes que os convidados reclamem e a comida fique fria.

Quando todos já estavam à mesa, o almoço começou a ser servido pelos profissionais do bufê.

No meio da refeição, inadvertidamente, Maísa comentou com o irmão:

— Pensei em convidar Vanessa, mas como não havia falado com vocês...

Marcelo aproveitou para provocar Aline, sentada ao seu lado:

— Ora, mana, podia ter convidado.

Por baixo da toalha da mesa, e sem que ninguém percebesse, Aline tascou um beliscão na coxa do rapaz.

Marcelo riu e beijou carinhosamente o pescoço dela, cochichando:

— Adoro vê-la com ciúmes. Você não sabe como isso mexe com a minha imaginação...

Ela cochichou de volta:

— Depois eu vou beliscá-lo todinho...

Ele respondeu divertido e insinuante:

— Todinho? Não vejo a hora, amor.

Depois de algum tempo, ouviu-se a voz forte de Edgar:

— Bem, pelo que sei, fomos convidados para este saboroso almoço por alguma razão especial. Agora que já comemos e bebemos, creio que é chegada a hora de satisfazer nossa curiosidade, não acham?

O aplauso de todos funcionou como pressão sobre Marcelo. Ele se levantou, pigarreou e todos fizeram silêncio para ouvi-lo:

— Meus pais, pais de Aline, minha princesa Emily, minha irmã Maísa, meus queridos amigos Tobias e Casimiro, meu sonho se tornou realidade. Tenho 34 anos de idade, e, nestes dois últimos meses, em matéria de amor, aprendi mais do que em toda a minha vida. Aprendi, por exemplo, que o superlativo ou o ideal do amor não pode ser procurado, porque ele aparece quando você menos espera, mesmo sem ser chamado. Ele é colocado à nossa frente e, quando isso acontece, não temos a menor chance de resistir. Você deixa de lado as fantasias fúteis e sem sentido e se apega a uma realidade que também o faz sonhar, só que de verdade. Aprendi que vale a pena ser do bem, fazer o bem e esperar o bem, porque um dia você será premiado com a maior sorte do mundo. Eu ganhei esse prêmio e não sei se devo agradecer somente a Deus, aos valores que meus pais me ensinaram, aos conselhos que minha irmã e meu amigo Tobias me deram, ao Casimiro que, involuntariamente, nos aproximou, ou se a alguma entidade que gosta muito de mim, porque, só gostando muito de mim, me faria encontrar uma mulher que me completa e me faz sentir o mais feliz dos homens.

Após breve pausa, Marcelo continuou:

— Eu a pedi em casamento, e ela aceitou, acho que num momento de absoluta insensatez — todos riram com a pilhéria, e Aline levantou-se, beijou o rapaz na face e passou seu braço em torno da cintura dele. — E o prêmio que a vida me deu foi maior do que eu pensava e esperava, pois, junto à minha amada, veio um lindo e precioso bônus, a Emily, que já me transformou em tio — novos risos discretos. — Como já devem ter desconfiado, tudo isso que falei foi para dizer que Aline e eu vamos nos casar e teremos nossa Emily sempre perto — os aplausos foram intensos e demorados.

A partir daí, tudo se transformou numa feliz balbúrdia, pois todos se levantaram e se movimentaram, procurando abraçar, beijar e cumprimentar os noivos.

Quando finalmente conseguiram retornar aos seus lugares na mesa, Aline pediu atenção e dirigiu-se a Emily:

— Filha, o que você achou do discurso do tio Marcelo?

A menina olhou em volta e disse com sinceridade:

— Bom, eu não entendi nada, mas achei muito lindo! — todos se divertiram com a espontaneidade da menina. — Mas uma coisa eu entendi: tio Marcelo e minha mãe vão se casar, e eu fico muito feliz com isso. Só tem um problema: ele deixa de ser meu tio e passa a ser meu outro pai — com lágrimas nos olhos, Marcelo correu para abraçar e beijar a garota, sob os aplausos dos convidados.

Aquele apartamento inteiro respirava alegria, com risos e gargalhadas ecoando a todo o momento. Por isso, Aline surpreendeu-se ao notar que Tobias, sentado um pouco afastado do grupo, tinha os olhos marejados, apesar de ostentar um sorriso.

Ela aproximou-se dele e pôs a mão em seu ombro.

— Tudo bem com você, amigo?

Ele respondeu, olhando-a rapidamente:

— Tudo bem, senhora.

— Por que você não está junto com os demais, participando da alegria deles?

Ele olhou novamente para ela, os olhos cheios de lágrimas, e falou emocionado:

— Agora que sei que a senhora acredita na minha doutrina, eu posso confessar o que acabo de ver.

Aline abaixou-se, apoiando as mãos nos joelhos dele.

— O que você acaba de ver, meu amigo?

O semblante dele estava radiante.

— Um casal lindo, senhora. Um casal que não foi convidado, porque não poderia, mas vieram. E estão muito felizes. A moça, muito parecida consigo, não tirava os olhos da senhora, fitando-a com muito carinho. E o rapaz, muito bonito, não tirava os olhos de mim — Tobias fez uma pausa para enxugar as lágrimas com as costas das mãos.

Aline logo compreendeu de quem Tobias falava e ficou encantada. Sua voz saiu embargada pela emoção:

— Tobias, eles estavam aqui?

— Ainda estão e bem pertinho de nós.

Aline virou o rosto para olhar em volta, mas nada viu além dos seus convidados.

O olhar do velho estava fixo em algum ponto atrás de Aline.

— Estão tão lindos, brilhando e cheirando a rosas, meus queridos Josias e Alícia. Espero que um dia a senhora consiga vê-los.

— Estudarei e praticarei o quanto for necessário e, quem sabe, esse dom se desenvolva em mim, contando com sua ajuda.

— Assim espero. Agora, eles precisam ir e estão nos enviando beijos. Alícia está lhe dando um abraço, dona Aline.

De fato, Aline sentiu uma onda de calor passar pelas suas costas e deixar um agradável perfume de rosas.

Ergueu-se, voltou-se rapidamente, mas nada viu. Então, ajudou Tobias a se levantar da cadeira.

— Vamos, amigo, já fomos enormemente presenteados. Eu não poderia estar mais feliz. Vamos nos juntar aos demais, porque já estão nos chamando.

O velho levantou-se e ambos seguiram, ainda emocionados, para mais perto da piscina, onde o grupo se concentrava.

Ninguém percebeu, mas a água da piscina movimentou-se sozinha em pequenas ondas e círculos, como se alguém invisível ali estivesse a brincar ou simplesmente a registrar sua alegre presença naquele momento de felicidade.

CAPÍTULO 41

A despedida dos convidados foi barulhenta e devagar, como se ninguém quisesse ir embora. A troca de beijos e abraços foi ampla e por vezes repetida.

Quando, finalmente, se viram a sós, Aline e Marcelo voltaram para a sala, jogaram-se no sofá e logo foram seguidos por Emily, que se deitou sobre eles.

Lenice ficara no local da festa, limpando e arrumando pacientemente.

Aline chamou a filha para mais perto, fazendo-a ficar sentada entre o casal.

— Minha linda, mamãe precisa lhe dizer algo muito importante.
— Estou ouvindo, mami.
— Você já ouviu falar em lua de mel?

A menina sorriu com malícia no olhar.

— Eu já vi muitos filmes que falam disso. É para onde os casais viajam quando se casam.
— Isso mesmo. Pois, amanhã, mamãe e o tio Marcelo vão viajar para a lua de mel de uma semana. Tudo bem para você?
— Mas vocês não casaram ainda.
— Ah, só porque faltam alguns papéis, mas já está tudo certo. E, além disso, depois de todo o sufoco que eu passei com essa história do divórcio, você não acha que eu mereço umas férias com o tio Marcelo?
— Bom, isso é verdade. Mas tem que ser uma semana? Tudo isso? O que vocês vão fazer durante tanto tempo?

Como Marcelo percebeu que Aline ficara ruborizada, tomou a iniciativa de explicar:

— Vamos passear muito, dançar, ir a bons restaurantes, teatros, cinemas e, claro, namorar também.

— Mas vocês não podem fazer tudo isso aqui mesmo em São Paulo?

Foi a mãe quem explicou:

— Claro, poderíamos, mas o bom da lua de mel é a privacidade, o casal ficar sozinho, se curtindo, dormindo e acordando a hora que quiser, entendeu?

Marcelo completou brincando:

— E não ter que ficar tomando conta de uma filha muito travessa...

A menina protestou:

— Eu não sou travessa, papi!

Aline e Marcelo se surpreenderam e exclamaram juntos:

— Papi?!

Quem se surpreendeu agora foi a garota:

— Ué, e não é?

Marcelo apressou-se em confirmar:

— Claro, é isso aí: mami e papi.

Os dois beijaram a filha, que quis saber:

— E eu vou ficar com a Lenice?

— Sim, já conversei com ela. Tudo bem pra você?

— Tudo bem, eu gosto muito dela, é muito boazinha. E eu posso convidar alguma amiga para me fazer companhia?

— Claro, desde que obedeçam sempre a Lenice.

— Legal. Já sei até quem vou chamar. E para onde vocês vão?

— Aqui pertinho, para aquela nossa casa em Campos do Jordão.

— Uau! Lá é muito legal, o problema é que faz muito frio.

Marcelo foi sutilmente malicioso:

— Mas a gente acende a lareira.

Aline e Marcelo se olharam, não se contiveram diante da ingenuidade da filha e explodiram numa gostosa e imensa gargalhada. Mesmo sem saber o motivo, Emily os acompanhou.

A felicidade é assim mesmo, provoca este fenômeno natural: a gente ri de tudo, mesmo sem saber exatamente a razão.

Campos do Jordão é um conhecido e acolhedor município no interior do estado de São Paulo, a cerca de 170 quilômetros da capital. Com mais de 51 mil habitantes, é chamada de Suíça Brasileira, não só pela sua arquitetura europeia, mas principalmente por ter um dos climas mais frios do país.

Durante a estação do inverno, nos meses de julho, é invadida por inúmeros turistas brasileiros e estrangeiros.

Por suas características românticas, é um lugar apropriado para uma lua de mel, aquecida por tradicionais e sofisticadas lareiras.

Marcelo estacionou o carro na garagem do belo sobrado e, com a ajuda de Aline, descarregaram as malas e entraram depressa.

Não estava frio naquela época do ano, mas, mesmo assim, acenderam a lareira para criar o clima adequado ao romance.

Só então o casal respirou aliviado, e, no centro da sala, trocou um longo e carinhoso beijo.

Aline suspirou:

— Enfim, sós!

Havia sido encerrada a fase de discrição e segredos. Conscientes disso, o beijo foi muito mais demorado e caloroso, mas, delicadamente, Marcelo afastou a mulher amada.

— Amor, antes de esquecermos o mundo e entrarmos no paraíso, quero lhe dar um presente que venho guardando há muito tempo.

Ela balançou a cabeça, repreendendo-o.

— Marcelo, meu querido, não precisava fazer isso. Meu presente é você, e eu já o ganhei, não preciso de mais nada.

— Eu sei, meu amor, mas este também é muito importante — abriu uma das malas e de lá tirou um pequeno pacote, finamente embrulhado.
— Abra com cuidado, pois ele é muito valioso.

Ela hesitava e insistia:

— Amor, que extravagância, não precisava.

Delicadamente, ele pôs o dedo indicador sobre os lábios dela.

— Não fale nada, linda, apenas abra.

Lenta e cuidadosamente, Aline foi tirando, uma a uma, as várias camadas de papéis coloridos que envolviam o que parecia ser uma pequena caixa.

— Você é um menino muito travesso. Precisava de tantos papéis?

Ele apenas sorria.

A respiração dela estava ofegante por vários motivos. Quando, finalmente, ela descobriu a pequena caixa, olhou para ele antes de abri-la.
— Posso?
— Deve.
E ela abriu.
De início, sua expressão foi de surpresa, que depois foi se transformando num sorriso feliz e logo explodiu numa alta e gostosa gargalhada.
O ato seguinte foi lançar-se nos braços de amado e beijá-lo com paixão. Nesse impulso, a caixinha e seu conteúdo espalharam-se no chão acarpetado.
Se pudessem, os três saquinhos de plásticos aplaudiriam aquela cena ultrarromântica, protagonizada pelo casal mais feliz da face da Terra.
Fora graças a um deles que aquelas almas se encontraram em um simples supermercado para viver o amor maior.
E esse amor maior manifestou-se por todo o resto daquele dia e noite adentro, indiferente ao crepitar da lareira, cujas tênues chamas invejavam o ardente fogo daquela intensa e desinibida paixão.

FIM

GRANDES SUCESSOS DE
ZIBIA GASPARETTO

Com 19 milhões de títulos vendidos, a autora tem contribuído para o fortalecimento da literatura espiritualista no mercado editorial e para a popularização da espiritualidade. Conheça os sucessos da escritora.

Romances
pelo espírito Lucius

A força da vida	O matuto
A verdade de cada um	O morro das ilusões
A vida sabe o que faz	Onde está Teresa?
Ela confiou na vida	Pelas portas do coração
Entre o amor e a guerra	Quando a vida escolhe
Esmeralda	Quando chega a hora
Espinhos do tempo	Quando é preciso voltar
Laços eternos	Se abrindo pra vida
Nada é por acaso	Sem medo de viver
Ninguém é de ninguém	Só o amor consegue
O advogado de Deus	Somos todos inocentes
O amanhã a Deus pertence	Tudo tem seu preço
O amor venceu	Tudo valeu a pena
O encontro inesperado	Um amor de verdade
O fio do destino	Vencendo o passado
O poder da escolha	

Crônicas

A hora é agora!

Bate-papo com o Além

Contos do dia a dia

Conversando Contigo!

Pare de sofrer

Pedaços do cotidiano

O mundo em que eu vivo

Voltas que a vida dá

Você sempre ganha!

Coletânea

Eu comigo!

Recados de Zibia Gasparetto

Reflexões diárias

Desenvolvimento pessoal

Em busca de respostas

Grandes frases

O poder da vida

Vá em frente!

Fatos e estudos

Eles continuam entre nós vol. 1

Eles continuam entre nós vol. 2

Sucessos
Editora Vida & Consciência

Amadeu Ribeiro

A herança
A visita da verdade
Juntos na eternidade
Laços de amor
O amor não tem limites
O amor nunca diz adeus
O preço da conquista
Reencontros
Segredos que a vida oculta vol.1
A beleza e seus mistérios vol.2
Amores escondidos vol. 3
Seguindo em frente vol. 4

Amarilis de Oliveira

Além da razão (pelo espírito Maria Amélia)
Do outro lado da porta (pelo espírito Elizabeth)
Nem tudo que reluz é ouro (pelo espírito Carlos Augusto dos Anjos)
Nunca é pra sempre (pelo espírito Carlos Alberto Guerreiro)

Ana Cristina Vargas
pelos espíritos Layla e José Antônio

A morte é uma farsa
Almas de aço
Código vermelho
Em busca de uma nova vida
Em tempos de liberdade
Encontrando a paz
Escravo da ilusão
Ídolos de barro
Intensa como o mar
Loucuras da alma
O bispo
O quarto crescente
Sinfonia da alma

Carlos Torres

A mão amiga
Passageiros da eternidade
Querido Joseph (pelos espírito Jon)
Uma razão para viver

Cristina Cimminiello
A voz do coração (pelo espírito Lauro)
As joias de Rovena (pelo espírito Amira)
O segredo do anjo de pedra (pelo espírito Amadeu)
Além da espera (pelo espírito Lauro)

Eduardo França
A escolha
A força do perdão
Do fundo do coração
Enfim, a felicidade
Um canto de liberdade
Vestindo a verdade
Vidas entrelaçadas

Floriano Serra
A grande mudança
A outra face
Amar é para sempre
Almas gêmeas
Ninguém tira o que é seu
Nunca é tarde
O mistério do reencontro
Quando menos se espera...
A menina do lago

Gilvanize Balbino
De volta pra vida (pelo espírito Saul)
Horizonte das cotovias (pelo espírito Ferdinando)
O homem que viveu demais (pelo espírito Pedro)
O símbolo da vida (pelos espíritos Ferdinando e Bernard)
Salmos de redenção (pelo espírito Ferdinando)
Cheguei. E agora? (pelos espíritos Ferdinando e Saul)

Jeaney Calabria
Uma nova chance (pelo espírito Benedito)

Juliano Fagundes
Nos bastidores da alma (pelo espírito Célia)
O símbolo da felicidade (pelo espírito Aires)

Lucimara Gallicia
pelo espírito Moacyr

Ao encontro do destino
Sem medo do amanhã

Márcio Fiorillo
pelo espírito Madalena

Lições do coração
Nas esquinas da vida

Maurício de Castro
Caminhos cruzados (pelo espírito Hermes)
O jogo da vida (pelo espírito Saulo)

Meire Campezzi Marques
pelo espírito Thomas

A felicidade é uma escolha
Cada um é o que é
Na vida ninguém perde
Uma promessa além da vida

Priscila Toratti
Despertei por você

Rose Elizabeth Mello
Como esquecer
Desafiando o destino
Livres para recomeçar
Os amores de uma vida
Verdadeiros Laços

Sâmada Hesse
pelo espírito Margot
Revelando o passado

Sérgio Chimatti
pelo espírito Anele
Lado a lado
Os protegidos
Um amor de quatro patas

Stephane Loureiro
Resgate de outras vidas

Thiago Trindade
pelo espírito Joaquim
As portas do tempo
Com os olhos da alma
Maria do Rosário

**Conheça mais sobre espiritualidade
com outros sucessos.**

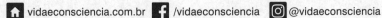 vidaeconsciencia.com.br 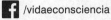 /vidaeconsciencia 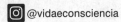 @vidaeconsciencia

Rua das Oiticicas, 75 – SP
55 11 2613-4777

contato@vidaeconsciencia.com.br
www.vidaeconsciencia.com.br